NUOVI AMBIENTI ITALIANI
COLLANA DIRETTA DA SILVIO SAN PIETRO

NEW SHOPS 6
MADE IN ITALY

A CURA DI SILVIO SAN PIETRO

TESTI DI PAOLA GALLO

EDIZIONI
L'ARCHIVOLTO

IDEAZIONE E CURA DEL PROGETTO
Silvio San Pietro

TESTI
Paola Gallo

RELAZIONI CON LE AZIENDE
Paolo Fasoli

REDAZIONE
Paolo Fasoli
Paola Gallo
Carlotta Sembenelli

FOTOGRAFIE
Alberto Ferrero

(Giuseppe Bellani, Paco Brei Estudio, Federico Brunetti, Enzo Bruno, Marco Carloni, Didier-Boy De La Tour, Donato Di Bello, Willo Font, Mitsuru Fujito, Janos Grapow, Olimpia Lalli, Miguel Martinez, Alberto Muciaccia, Federico Nider, Adriano Pecchio, Matteo Piazza, Walter Prina, Lorenza Ricci, Pietro Savorelli, Filippo Simonetti, Patrick Tan Kok Keong)

PROGETTO GRAFICO
Silvio San Pietro

REALIZZAZIONE GRAFICA E IMPAGINATO
Imago (Marina Moccheggiani, Francesca Giari)

TRADUZIONI
Word Studio (Andrew Ellis)

SI RINGRAZIANO
Gli architetti e gli studi di progettazione per la cortese collaborazione e per aver fornito i disegni dei loro archivi.
Si ringraziano inoltre per la collaborazione Imago, Grafiche San Patrignano, Euroteam, Studio Pollice.

Le informazioni riportate nelle *schede tecniche* e nel *repertorio* relative a ciscun progetto vogliono solo fornire un'indicazione di massima e pertanto non costituiscono un riferimento ufficiale. Non essendo in grado di entrare nel merito dei rapporti contrattuali tra committenti, progettisti e imprese, decliniamo ogni responsabilità circa eventuali imprecisioni o manomissioni che sono involontarie ed eventualmente dovute a una carenza della documentazione pervenutaci da progettisti, imprese, fornitori.

The information contained in the *Technical Data* and in the *Inventory* on each project is only intended to offer general indications and therefore does not constitute an official reference source. Since we were not privy to in-depth information on the contractual relationships between owners, designers and contractors, we decline any and all responsibility for any errors or omissions, which would be involuntary and the result of a lack of documentation from designers, contractors, suppliers.

[ISBN 88-7685-108-9]

EDIZIONI L'ARCHIVOLTO
Via Marsala, 3 - 20121 Milano
Tel. (39) 02.29010424 - (39) 02.29010444
Fax (39) 02.29001942 - (39) 02.6595552
www.archivolto.com
archivolto@homegate.it

I edizione settembre 2000

INDICE GENERALE
CONTENTS

INDICE ALFABETICO PER LOCALITA'
ALPHABETICAL INDEX OF PLACE-NAMES

INDICE ALFABETICO DEI NEGOZI
ALPHABETICAL INDEX OF SHOPS

INDICE PER CATEGORIE DI NEGOZI
CLASSIFIED INDEX OF SHOPS

INDICE ALFABETICO DEI PROGETTISTI
ALPHABETICAL INDEX OF DESIGNERS

Nicolò Scarabicchi

H. BAUM
Via Volta, 31 - Alassio - SV

Un unico ambiente dall'impianto longitudinale, impreziosito da una teoria di volte, diviene in questo progetto una scenografia espositiva essenziale e raffinata, perfettamente controllata in termini percettivi. L'andamento allungato della pianta originaria è stato conservato e ribadito nella ristrutturazione trasformandosi così in un percorso guidato nel quale gli oggetti esposti sono i veri protagonisti. A precisare questa scelta distributiva contribuiscono in maniera determinante la lunga trave elettrificata che sembra originata dalla piastra sospesa per l'illuminazione della vetrina e soprattutto la serie delle suggestive teche, annegate nel pavimento in cemento e resina dal colore neutro, che appaiono come fotogrammi in sequenza a suggerire una percezione inconsueta dello spazio al tempo stesso invitando a percorrerlo. Coerentemente con tale impostazione nessun elemento interferisce visivamente con la percorribilità dell'ambiente: così il banco cassa sul fondo, concepito come un volume pieno, modulato su diverse quote, sembra quasi appartenere alla preesistente struttura architettonica e il tavolo di servizio, insieme a un espositore su ruote, sono in realtà volumi di cristallo perfettamente trasparenti. Le attrezzature, disposte lungo le pareti, sono studiate come telai modulari in acciaio spazzolato e possono essere predisposte in modo intercambiabile per capi appesi o ripiegati. Un nastro metallico ne cela l'illuminazione e spalle di specchio le delimitano riflettendo la luce artificiale e naturale in un gioco di rimandi. Il loro disegno esile e leggero e i ripiani trasparenti le fanno apparire quasi sospese rafforzando così l'effetto immateriale

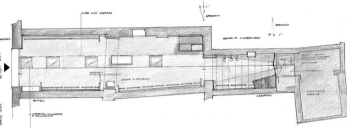

assegnato all'allestimento che tende a porre in primo piano unicamente i prodotti secondo una precisa strategia di comunicazione, solo apparentemente semplice, tradotta da un'accurata e sofisticata composizione.

A single uninterrupted space extending backwards below a succession of ceiling vaults provides the inspiring scenario for this ingenious store design, which nevertheless manages to keep a tight rein on the resultant visual effects. The elongated plan of the original building shell has been maintained, and even discerningly accented in the new scheme, transforming it into a "guided tour" in which the displayed products themselves become the dominating feature. The sense of forward progression is given further impetus by means of the long beam hung with light fittings running the entire length of the room, which seem to take its cue from the suspended lighting unit slung over the window display, and most likely from the serried glass showcases sunk into the plain resin-cement floor. The resulting arrangement unfolds like a sequence of still-photos prompting a new and unexpected perception of the space, while enticing the observer to explore. In keeping with this idea, none of the display equipment interferes with the desired sense of unimpeded space: the cash desk at the very end, a multiple, composite volume on various levels, seems almost part and parcel of the original architecture; likewise, a service table and nearby mobile display cabinet are rendered unobtrusive, almost ethereal, through the inviolate transparency of glass. The wall fittings are composed of modular systems in brushed steel, and can be accordingly assembled to address a variety of hanging or shelf-type display requirements; a fascia of metal trim conceals the light sources, and mirrors frame each stretch of display, in a continuous repartee of reflected natural and artificial light. The overall economy of line is matched by the translucent glass shelves, making the fixtures virtually float, a further expression of the almost self-effacing sense of weightlessness that the installation seeks to achieve, so that the products themselves are the primary focus of our perception.

Roberto Carpani

Giulio Masoni

Armanda Tasso

DANY & Co.
Via Trotti, 80 - Alessandria

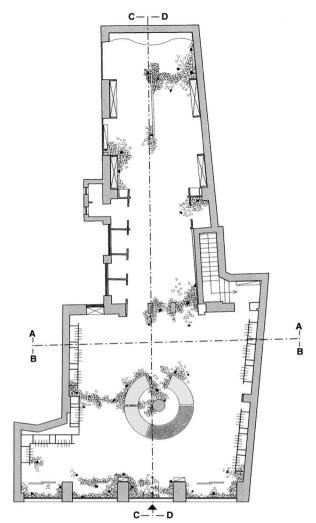

Ironiche icone sul tema della duplicità, della tentazione, della composizione armonica dei contrasti divengono gli elementi di caratterizzazione di questo negozio. Con l'obiettivo di conservare il più possibile l'esistente, come il pavimento in graniglia a grande semina o le finestre in ferro, il progetto ha risolto l'esigenza di rintracciare una precisa identità attraverso l'utilizzo di colori decisi e d'installazioni scultoree di notevole forza evocativa. L'ampia sala d'ingresso, d'impianto quadrangolare, trova un centro geometrico nella possente colonna viola attorno alla quale ruota il grande bancone circolare. Ai lati si distribuiscono semplicemente le appenderie d'acciaio. In asse rispetto all'ingresso due pilastri segnano l'accesso a un secondo vano che appare come un varco iniziatico verso lo spazio conclusivo: qui il ricco panneggio dei tendaggi di velluto cangiante, che schermano i camerini e le aperture verso la corte, è contrapposto alla parete specchiante sulla quale si stagliano due mezze figure in vetro fuso, un re che significativamente impugna il rebis Y simbolo dell'androgino, e una regina. Questa sorta di corridoio a cannocchiale prelude e indirizza allo spazio sul fondo, misterioso e al tempo stesso ludico: al centro vi campeggia un doppio serpente alato in ferro che attraversa un pannello di legno sagomato. È un'opera dell'artista Mario Fallini che dà una moderna interpretazione del mitico caduceo, attributo del dio Mercurio e poi bacchetta magica o araldica sulla quale si attorcigliano simmetricamente due serpenti che nella simbologia alchemica significano l'equilibrio fra elementi contrapposti. Sulla parete di fondo, di fronte al serpente, una grande mela rossa sospesa, in vetro, rimanda a simboli più intelligibili ma di analoga potenza espressiva. Ai lati, lungo le pareti, semplici vani attrezzati con ripiani sono destinati all'esposizione. A fronte di un'impostazione dei volumi essenziale e della scelta di materiali semplici questo intervento gioca sul tema del dualismo espresso dalle installazioni di sapore gioiosamente esoterico esposte in una scena connotata dai decisi contrasti cromatici dei rivestimenti: giallo e arancio nella sala d'ingresso, verde e viola negli spazi più interni.

A playful medley of ideas around the concept of duplicity and temptation coupled with a harmonious interleaving of contrasts are the immediate impressions one gathers from this new store installation, whose redesign has entailed keeping as much as possible of the existing vessel's features - i.e., the large-grain grit floors and iron window-frames - while establishing a precise identity of its own through the use of a lively palette and certain eye-catching sculptural features. The large, rectangular entrance lobby hinges visually on the sturdy violet-hued column at the center, around which pivots a circular service desk.
The sides are lined with unassuming steel hanging displays. In line with the entryway two pillars frame the way to another room, like some hallowed threshold leading into the space's back chamber: here at the entrance large drapes in shot velvet screen off the fitting rooms and the access with the courtyard. Visual counterweight is provided by the mirrored walls emblazoned with two silhouetted half-figures in molded glass: a kingly figure clutching a Y-shaped staff (symbolizing androgyny), and his queen consort. This telescoping corridor both presages and initiates the back chamber, whose atmosphere is steeped in a combination of mystery and playfulness: at the center rises a double winged serpent wrought from iron, spiraling up through a profiled wooden panel. This striking installation is the handiwork of Mario Fallini, who has recast the ancient symbol of Hermes' caduceus, the magical staff symmetrically entwined with two serpents, an ancient alchemical symbol for the balance of opposites. At the back wall in front of the serpent-sculpture hangs a large apple in red glass, a more blatantly allusive but equally cogent visual cue. The side walls are ranged with simple enclosures fitted out with display shelving. As if to offset the simplicity of the layout and essential materials chosen, the overall redesign establishes a markedly playful, esoteric mood underlining the theme of duality, with a series of strong color contrasts in the materials: yellow and orange in the lobby, and green and violet in the inner chambers.

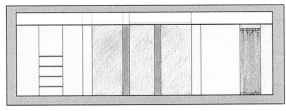

Sezione trasversale / Transversal section A-A

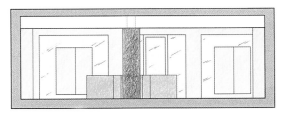

Sezione trasversale / Transversal section B-B

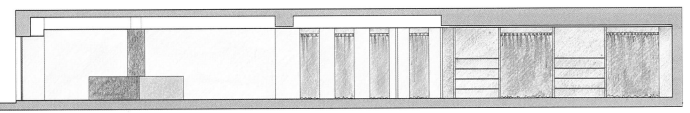

Sezione longitudinale / Longitudinal section C-C

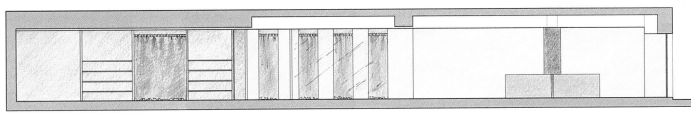

Sezione longitudinale / Longitudinal section D-D

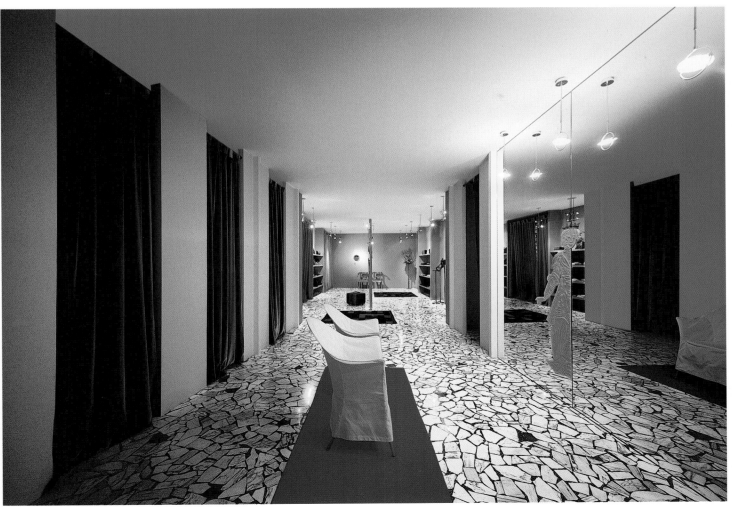

KWESTO
Huidevettersstraat, 45 - Antwerp (B)

La riconversione di un ex istituto bancario in spazio commerciale è stata l'occasione per riscoprire un'architettura importante, probabilmente un intervento novecentesco in stile neoclassico impostato su un edificio più antico. Le caratteristiche dello spazio originario sono divenute valori del progetto che ha recuperato l'imponente peristilio ridisegnando anche la struttura dell'enorme lucernario al quale sono sospese grandi lampade di tipo industriale. Così questo nucleo aulico diviene il fulcro anche del nuovo allestimento studiato per non interferire figurativamente con la qualità dell'architettura preesistente. Il morbido tono di bianco utilizzato per il rivestimento delle pareti, delle colonne, delle travi che disegnano la trama a cassettoni del soffitto, potenzia l'effetto anche scenografico dei volumi recuperati all'interno dei quali è stato predisposto esclusivamente un sistema flessibile d'attrezzature espositive distribuite secondo una logica museale. Gli arredi, pur disegnati in modo essenziale, non rinunciano a essere precisamente delineati senza alcuna condiscendenza stilistica: nicchie attrezzate con semplici appenderie alleggeriscono le pareti sulle quali, in corrispondenza degli angoli, compaiono strutture modulari cromate con ripiani trasparenti. Al centro i tavoli rettangolari d'acciaio o circolari in legno scuro, con piani di cristallo, sono alternati a esili espositori sempre d'acciaio inox o a strutture più massicce rivestite da pannelli di ferro con saldature in stagno a vista. I numerosi specchi duplicano gli effetti dell'illuminazione ottenuta con faretti incassati ma anche occultata dalle piastre sospese dei controsoffitti a potenziare la valenza scenica dell'architettura.

This unusual project for repurposing a former bank building into a sales outlet afforded an excellent chance for highlighting certain architectural features applied to the original building during a previous facelift - probably effected in the early 1900s - in neoclassical style. The building's original features influenced the concepts of the conversion scheme, which entailed rehabilitating the imposing peristyle and redesigning the huge skylight, from which hang large factory-type lights. In this way the old core, with its aura of history and past use, implicated a type of renovation that would not detract from the original architecture. The soft, pale hues adopted for the walls, columns, and network of beams of the coffered ceiling lend tasteful emphasis to the volumes recouped from the building fabric itself, within which flexible display systems create an ambiance reminiscent of museum design. Despite the unobtrusive styling, their forms are consciously delineated statements and eschew stylistic concessions: the display niches equipped with simple hanging devices enliven the walls, where at each corner emerge modular chrome-framed systems with transparent shelving. The midfloor area is taken up with rectangular steel tables or circular units in dark wood with glass tops; these alternate with slender cabinets, again in stainless steel, or with more bold devices clad in metal panels with welding marks left rough and raw. Fleets of mirrors multiply the effects of a lighting system comprised of recessed downlighters which are screened by floating sections suspended from the ceiling to give dramatic emphasis to the original architectural features of the setting.

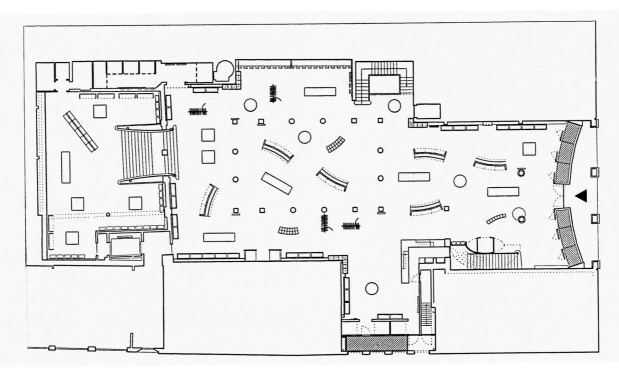

Paola Gigli

PRESTIGE ANNAMARIA POLCI

Corso Italia, 205 - Arezzo

Risultato di una riflessione volta a individuare le più opportune strategie di distribuzione ed esposizione rispetto alle contemporanee modalità di fruizione degli spazi commerciali, questo negozio intende morbidamente sedurre a partire dal trattamento del confine tra esterno ed esterno: l'area destinata alle vetrine, delimitata dal continuo involucro vetrato a tutt'altezza, apparentemente privo di infissi, sembra un'espansione del portico esterno anche grazie alla continuità della pavimentazione in lastre di travertino. L'ingresso, collocato in asse rispetto all'impianto longitudinale, introduce a uno spazio unico dove dominano forme arrotondate, avvolgenti: il volume elicoidale della scala che conduce al mezzanino si riverbera nella quinta curva attrezzata a segnalare l'ampio varco circolare a doppia altezza. Le colonne in ferro ossidato come i parapetti, i piani di lavoro ellittici in legno, i rivestimenti rossi delle sedute divengono segni forti all'interno dell'involucro neutro, impreziosito dalle sottili fresature sulle pareti continue e dalle leggere attrezzature espositive.

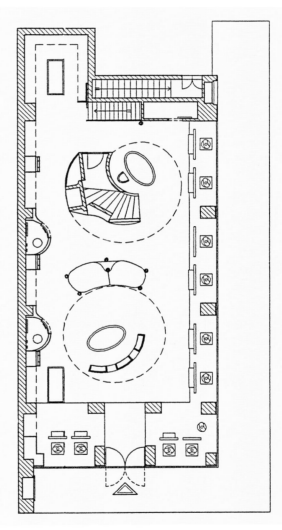

The upshot of a pondered effort to achieve the correct balance between distribution and display according to the canons of contemporary use of sales space, this store's immediate appeal begins with the choice of interface between inside and outside: the window frontage boasts full-height glazing devised to seem virtually frameless, like a continuation of the street arcading, an effect nicely emphasized by the travertine paving. The entrance aligned with the space's longitudinal plan gives onto a single unobstructed volume in which rounded, enveloping forms provide the keynote. The spiral stairway winding up to the mezzanine is echoed by the bowed service wall describing the ample visual breach extending up both floors. The weathered iron columns, parapets, elliptical wooden worktops, the red upholstery of the seating make their presence felt within this neutral setting, together with the running groove patterns adorning the walls and the neat display devices.

BRANDA
Via Firenze - Bastia Umbra - PG

Articolato in due ambiti, uno destinato alle calzature e uno all'abbigliamento, questo negozio è reso affascinante, prezioso e luminoso dagli specchi che rivestono quasi senza soluzione di continuità le pareti creando un contenitore in qualche misura sfuggente, impalpabile, liquido. Le attrezzature espositive bifrontali, poste su di un basamento bianco e composte da fondali di cristallo acidato sostenuti dalla struttura d'acciaio spazzolato, tracciano il perimetro affacciandosi anche sulle vetrine e fissano un ordine compositivo improntato su linee ortogonali. Ma questo sistema è volutamente contraddetto, a introdurre elementi dinamici, dalle componenti accessorie come le lunghe sedute curve in pelle bianca, lo stretto tavolo d'appoggio con la stessa forma, il banco cassa inserito in una quinta dall'andamento concavo/convesso e ancor più dall'inconsueta struttura costituita da un pilastro a vela che sostiene un piano d'appoggio ancora curvilineo. Il bianco domina le superfici delle pareti, dei tendaggi, dei controsoffitti a tratti sinuosi, accordandosi alla pavimentazione di legno chiaro.

Divided up into two separate sales units, one for shoes, the other for clothes, this store has been transformed into an attractive and brilliant environment by the almost seamless chain of mirrors lining the walls, with the result the "container" has an elusive, impalpable, almost liquid feel. The two-sided display systems resting on a white baseboard are backed with acid-etched panes of glass held in a brushed iron frame; these run the circuit of the room's perimeter, and also face onto the window displays, creating an orthogonal layout. But this arrangement is deliberately controverted by certain intrusive dynamic accessory features: the long curved seating upholstered in white leather, the narrow service counter in the same wavy shape, the cash desk inserted into a partition that follows and undulating concave/convex path, and even more so the unusual structure composed of a splayed pillar supporting a service counter - also having a wavy design - and everywhere an enveloping blanket of white, the walls, the curtains, and the carved bulkheads that follow the winding pattern of the floor.

MAXIMILIAN
Portici Minori, 10 - Bressanone - BZ

Sotto i Portici Minori di Bressanone un arco ogivale, ridisegnato dalla leggerissima intelaiatura dei cristalli, identifica l'ingresso di questo piccolo negozio nel quale s'instaura un serrato dialogo tra nuovo e antico in un gioco di reciproche valorizzazioni. Il ricercato tono avorio della pavimentazione in stesa continua, priva di fughe, dilata la dimensione modesta dello spazio e insieme alle pareti chiare, finite a spatola, definisce un involucro neutro e morbido. Le volte preesistenti sono così rese pienamente leggibili e assegnano un valore volumetrico all'ambiente impreziosendolo. In contrasto con l'andamento irregolare della struttura architettonica gli arredi sono disegnati in modo essenziale, con linee nette, realizzati con materiali freddi e trattati come segni luminosi. Al centro alcuni tavoli espositori, con il loro andamento concavo/convesso, tracciano idealmente una linea sinusoidale, il cui effetto è potenziato dalla retroilluminazione dei piani di cristallo acidato. L'ambiente acquista così un maggior dinamismo a dispetto dell'impianto piuttosto convenzionale. Alte mensole di luce ancora-

te a un pannello anch'esso opportunamente illuminato, sulle quali scorre uno specchio, caratterizzano la parete a destra dell'ingresso per il resto attrezzata, come quella opposta, da pannelli distaccati dalle pareti, incorniciati da profili d'acciaio satinato, anch'essi resi suggestivi e alleggeriti dall'illuminazione posta al loro interno, nei quali si alternano alle fasce laterali semitrasparenti elementi centrali in Mdf. I piani di cristallo e le appenderie in acciaio possono assumere facilmente diverse configurazioni in ragione delle variabili esigenze espositive.
A terra e in vetrina piccole pedane, anch'esse parallelepipedi luminosi, divengono ulteriori espositori e possono cambiare colore con la semplice sostituzione delle lampade fluorescenti. Gli arredi divengono così sottili volumi di luce: ciò soddisfa da un lato la volontà di non interferire sostanzialmente con l'organismo architettonico preesistente e dall'altro permette d'identificare un'immagine dal sapore tutto contemporaneo e un assetto espositivo funzionale alle contemporanee modalità di fruizione.

Under the elegant arcading of the so-called Portici Minori in the northern town of Bressanone (Brixen), a pointed arch gently contoured by a slender window frame announces the welcoming threshold of this compact store, whose redesign involves a clever interplay of styling in which the new engages in a close dialogue with the old, each one vying with the other. The muted ivory-toned floor spreads out through the store creating a uniform, patternless expanse that dilates the otherwise limited available space, and blends with the smooth, troweled-finish walls to create a soft, pliant shell. Left exposed to view, the ceiling vaults of the original shell endow the resultant space with a discerning volumetric authenticity.
The furnishings meanwhile are lean, unassuming, and all made from "cold" materials, fashioned as luminous spatial markers orchestrating the somewhat irregular plan imposed by the building, An assortment of display counters in rhythmically alternating convex/concave formations establish a sinuous trail through the space, which is shrewdly accented by the underlit counter-tops made of frosted glass. The resulting spatial dynamism belies the otherwise conventional geometry of the containing vessel. Tall illuminated shelf units anchored to an appropriately lit backing partition with sliding mirrored front panels establish the tone of the area to the right of the entrance while, directly opposite, the walls are arranged with suspended paneling anchored to matte metal frames in which the semi-transparent borders enclose sections of MDF. The smart glass table-tops and steel hanging devices can be variously reassembled according to the display arrangement required. Small daises distributed around the sales floor and in the windows double up as illuminated display stands, and range in hue and mood, depending on the color of the fluorescent tubes installed. In this way each unit imposes itself as a self-sustained body of light that carefully addresses the requirement to avoid any interference with the vessel's architecture, while providing a dynamic display arrangement that is wholly in keeping with the building's new function.

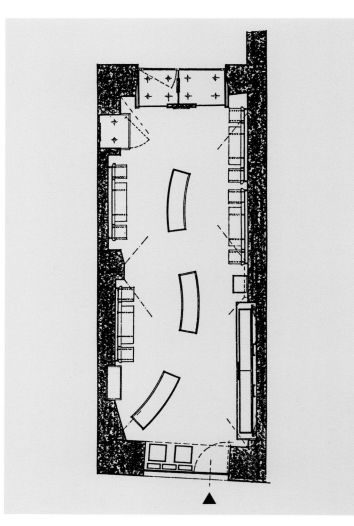

TUTTO WIND
Via Remesina, 24 - Carpi - MO

Le particolari esigenze funzionali di questo negozio ne hanno determinato l'organizzazione distributiva che prevede uno spazio vendita aperto, rivolto verso le vetrine, e una zona all'interno dotata delle apparecchiature di sviluppo e predisposta come sala di posa. La cerniera tra le due destinazioni è costituita dal grande banco semicircolare, connesso al più basso tavolo per i contratti, sui quali insiste, ribadendone la forma, il controsoffitto che occulta gli impianti tecnici. Alle spalle sono collocate le quinte colorate di rosso, variamente inclinate, che delimitano l'area operativa creando una sorta di fondale scenico. I larghi varchi previsti su di esse sono funzionali alla necessità di poter controllare l'intero spazio da parte di un solo operatore. A questo nucleo, reso fluido dalle linee arrotondate dei suoi componenti e arricchito dai pilastri trattati come espositori, fa da contrappunto la rarefatta essenzialità dello spazio vendita vero e proprio, attrezzato con contenitori isolati lungo le pareti concepiti come scatole lignee sostenute da strutture in ferro di sapore industriale che si traducono in vetrina nella variante semitrasparente sostenuta da colonnette zincate. I tavoli al centro della sala, che come il banco cassa alternano il bianco al colore caldo del legno, sono studiati come terminali dei computer e attrezzati con prese telefoniche per dimostrazioni mentre su una delle pareti un sistema di *blister-ranges* soddisfa ulteriori esigenze espositive.

Dictated by an exacting functional brief, the new design for this high-tech telecommunications service outlet pivots on an open sales area oriented toward the window fronts, and an interior section fitted out with developers and enlargers, and arranged as a room for photo-shoots. Bridging these two distinct areas is a large semicircular counter linked to a smaller table unit for contract negotiations, the dominant curve repeated in the ceiling bulkheads that harbor the cabling and HVAC plants. At the back a series of red partitions set a various angles corral off the different areas of operation, providing a lively backdrop. The large gap over each partition enables a single operator to monitor activities across the entire room. Deftly playing off this central block of fluid volumes enhanced by pillars that double up as display units, the sales floor proper is ranged with perimeter fixtures made of wooden box-like benches on metal frames with a distinctive industrial look, providing display devices of varying transparency supported on slender zinc-plated columns. With their alternating finish of white and natural wood tones, like the cash desk the centrally placed counters are custom-fitted with workstations and equipped with telephone outlets for providing hands-on product demonstrations, while one of the walls is arrayed with a system of blister-ranges granting extra display space.

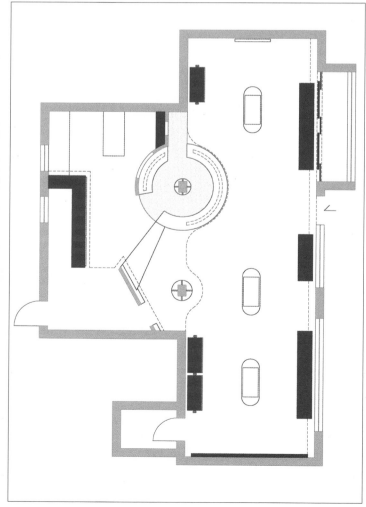

CASTELLANI

S.S. 11 Padana Superiore, 16/18 - Cernusco sul Naviglio - MI

Disposto su due livelli, il piano terra destinato alla vendita e il primo ad atelier, questo spazio si caratterizza per l'assoluta e intenzionale omogeneità cromatica ottenuta tuttavia con materiali diversi che determinano effetti scenografici particolarmente suggestivi. Le pareti trattate a smalto sono accostate alla pavimentazione laccata e alle leggere quinte espositive, composte da telai metallici e rivestite con carta da tè, disposte parallelamente tra loro, come fondali evanescenti, a scandire ritmicamente l'impianto regolare. Il progetto della luce, nascosta o inserita in gole profonde che incidono i controsoffitti, potenzia il disegno essenziale delle strutture e dei volumi così composti e insieme la zona d'ingresso identificata dal grande banco cassa, concepito come un parallelepipedo di vetro satinato illuminato dall'interno, che occulta tutte le strumentazioni. A esso è accostata una sorta di scatola di cartongesso internamente colorata d'arancione, unica e voluta interferenza, e così potente elemento di richiamo dalle vetrine, col bianco assoluto dell'allestimento.

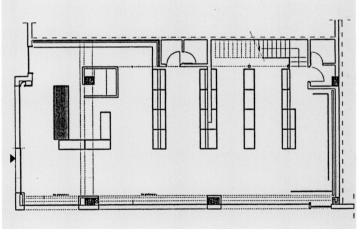

Arranged on two levels, the lower floor of this venue is entirely dedicated to merchandising, the upper as a workshop space. What is immediately noticeable is the overall coherence of the palette, despite its being applied to a range of materials - the outcome is beguiling, atmospheric even. The gloss-painted walls collude with the lacquered floors and the lightweight display partitions composed of metal frames clad with paper, arranged in parallel, forming diaphanous backcloths that give tempo to the otherwise regular layout. The lighting, all concealed or encased in deep cavities cut into the lowered ceilings, points up the essential design of the structures below, and the entrance hallway with its assertive cash counter designed in the form of a parallelepiped console of frosted glass illuminated from within, enclosing concealed instruments. Alongside this feature is a sort of box of plasterboard painted orange inside - the only deliberately obtrusive feature in the room and plainly visible from the street, whose bright color encroaches on the inviolable white of the entire installation.

Christina Parisi

LONGONI SPORT BIKE

Viale Fulvio Testi, 172/174 - Cinisello Balsamo - MI

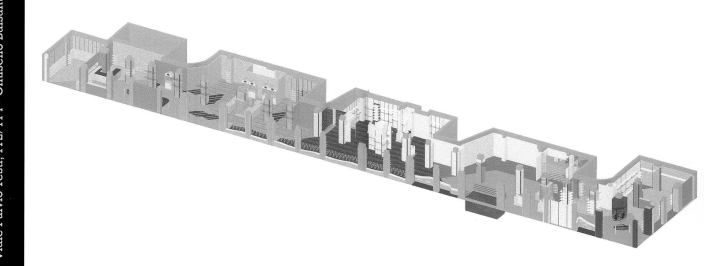

Una lunga prospettiva, concepita come una sorta di *promenade* urbana, costituisce la chiave d'interpretazione di questo spazio sia dal punto di vista architettonico sia strettamente commerciale. Una pedana blu, destinata all'esposizione di biciclette, si distende lungo il lato delle vetrine mentre sul fronte opposto una serie di grandi pilastri attrezzati identifica l'ingresso d'ogni differente area espositiva. L'apparente schematismo della composizione organizzata lungo quest'asse ordinatore, evidenziato anche da grandi lampade sospese, gialle, di sapore industriale, nonché dal potente canale a vista, d'acciaio satinato, che contiene gli impianti tecnici, è reso più dinamico dalle maglie inclinate che disegnano il pavimento e il soffitto. A terra i preesistenti cunei di piastrelle bianche, blu, rosse e gialle - colori del marchio - sono sfruttati per identificare la posizione dei differenti corner con le loro fughe diagonali così come i binari luminosi, sospesi, tracciano a soffitto grandi riquadri inclinati. Ne risulta una sovrapposizione di registri compositivi che dà origine a un ambiente informale, congruente alla tipologia degli oggetti esposti. E proprio un attento studio delle caratteristiche di questi particolari prodotti destinati all'attività sportiva, ha orientato la scelta dei materiali e dei colori delle attrezzature espositive. Le pareti dei vari "stand" sono rivestite da pannelli a doghe di laminato o alluminio, in varie finiture e colori, a costituire una sorta di *boiserie* high-tech attrezzata con ripiani o appenderie. Sul fondo la prospettiva è conclusa da una zona dedicata agli accessori caratterizzata dal grande banco giallo e blu; gli stessi colori scelti per le vetrinette. L'atmosfera disinvolta di quest'allestimento, risultato di un'accurata selezione dei materiali e delle loro finiture, cerca una sorta di coincidenza formale con i prodotti esposti al tempo stesso individuando un'efficace strategia di comunicazione commerciale.

A long vista conceived as a kind of urban promenade provides the conceptual cue for this newly refurbished sales outlet in terms of both the architectural choices and its commercial identity. A blue dais-stand for ranking bicycles on display runs the length of the windows, while opposite a clutch of large service pillars announces the assigned sales area. The evident schematic arrangement of this functional spine - boldly italicized by the presence overhead of yellow industrial-style pendant lights and showy HVAC ductwork in matte steel - is further underscored by the skewed grid pattern shared by floor and ceiling. Along the former the orientation of the existing wedge-shaped tiles in white, blue, red and yellow (the trademark's colors) has been utilized as a directional indicator posting visitors to each of the different sales corners, the diagonals accentuated by the overhead lighting tracks, marking out large inclined sections of ceiling. The resultant overlapping of compositional registers tends toward an informal look consonant with the goods on display. An attentive study of the special characteristics of this type of sports equipment has determined the choice of materials and color scheme for the display installation. The walls of the various stands are clad in panels composed of steel or aluminum sheeting with a variety of finishes, providing a sort of high-tech wainscoting fitted with shelving and hanging devices. Toward the back the store ends with an accessory sales area with an eye-catching yellow and blue service counter, the same colors applied to the glass display units. The relaxed, come-as-you-please atmosphere created by the installation stems from the choice of materials and the quality of finish, in a playful visual joshing with the items on sale, while asserting an efficacious communications strategy.

Gianpiero Nava

ALLISON TRAVEL
Via San Pietro, 5 - Cornate d'Adda - MI

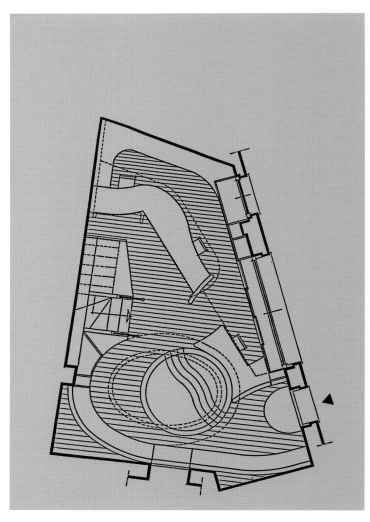
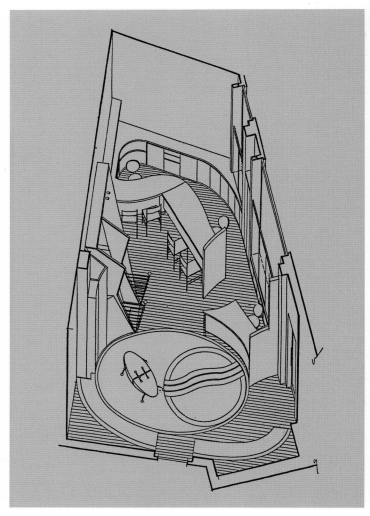

Il difficile impianto irregolare, a cuneo, di quest'agenzia di viaggi nel centro storico del paese è stato tradotto dal progetto in uno spazio fluido, accogliente, caratterizzato da linee curve e arrotondate che rimandano incessantemente una all'altra. Le pareti perimetrali, che tracciavano in origine un poligono irregolare, sono divenute una sorta di *boiserie* pressoché ininterrotta, attrezzata per l'esposizione dei cataloghi, che sembra galleggiare su uno zoccolo di luce e annulla gli angoli creando un involucro avvolgente. Si annulla così una percezione rigidamente prospettica dell'ambiente che diviene complesso: una scelta accentuata dalla grande ellisse che sfonda il controsoffitto entro la quale un ribassamento cavo, della stessa forma, in assenza di luce naturale si accende di un cielo stellato. A questo sistema di linee e volumi scenograficamente illuminati corrisponde a pavimento l'inserto circolare in seminato ocra, bianco e azzurro. Anche la posizione dei tavoli asseconda il profilo curvilineo del controsoffitto e il loro disegno, che prevede anse e curve, si conforma alle linee tracciate a pavimento, a soffitto e lungo le pareti senza soluzione di continuità. Una sorta di portale delimitato da quinte verticali dal profilo mistilineo connesse a una parete lignea inclinata sia in senso orizzontale sia verticale introduce, al tempo stesso occultandola, alla scala che collega gli uffici privati posti al piano interrato. L'intenzione di creare una scena suggestiva ma anche rassicurante e confortevole si traduce nella scelta dei materiali: il legno, utilizzato in un tono medio, è impiegato per il pavimento e la struttura delle attrezzature a parete ed è alternato al colore blu che identifica le mensole e i piani dei tavoli delimitati da quinte di varia altezza d'ottone anticato. Lo stesso materiale è stato applicato nella versione spazzolata, color giallo ocra, per le finiture in genere. A evocare l'idea del viaggio un'unica seduta di legno, sostenuta da sottili gambe metalliche, allude alla forma di una navicella, di una piccola barca che sembra sospesa sul pavimento reso immateriale dalla luce radente dei neon posti sotto le attrezzature espositive.

The somewhat awkward, wedge-shaped floor plan of this travel agent's in the historic town center has been attractively transformed into a fluid spatial continuum of curved lines and rounded forms that engage in an unbroken visual dialogue. The perimeter walls, which originally composed an irregular polygon, have been made to resemble an almost uninterrupted wainscot that floats above an illuminated skirting and smoothes over the corners, enwrapping the space in a continuous envelope. In this way, any rigid viewlines and perspectives are effectively annulled, giving rise to a more complex environment: the effect is amplified by a sweeping ellipse protruding from the lowered ceiling bulkhead in which another cut-away ellipse is spangled with star-like downlighters that make up for the lack of natural light. In correspondence with this ensemble of strikingly illuminated lines and volumes is a circular insert in the floor defined by an amalgam of ocher, white and light blue. Similarly, the arrangement of the tables complies with the flowing curves of the ceiling unit overhead, their rhythmical configuration of meanders and curves seamlessly enhancing those expressed in the ceiling, floor, and walls. A kind of portal framed by angled panels of varying curved profiles fixed vertically and horizontally around the doorway ushers onto a concealed stairway leading down to a suite of private offices lodged in the basement.

The new design's outspoken intention of creating an ambiance that is at once alluring and comfortable, seductive and reassuring, extends to the choice of soft-toned wood for the floor and wall fixtures; this alternates with the blue applied to the shelving, and the table tops corralled off by low partitions of varying height finished in antiqued brass. The same material is applied as a general scheme with a brushed yellow-ocher finish. To evoke the idea of travel, a single wooden seat on slender metal legs alludes to the shape of a skiff, floating as it were, weightless, over a pool of light created by neons encased in the skirting of the display counters.

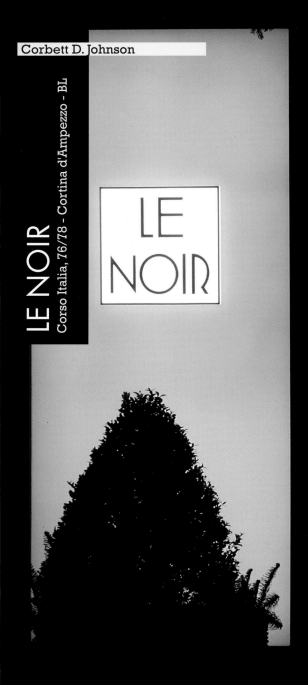

Corbett D. Johnson

LE NOIR
Corso Italia, 76/78 - Cortina d'Ampezzo - BL

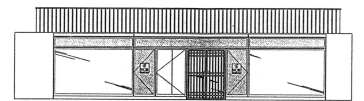

Prospetto d'ingresso / Entrance elevation

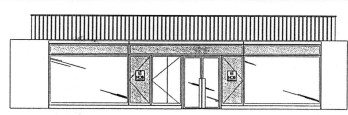

Prospetto d'ingresso / Entrance elevation

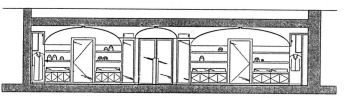

Sezione longitudinale / Longitudinal section A-A

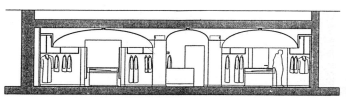

Sezione longitudinale / Longitudinal section B-B

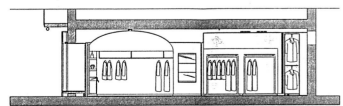

Sezione trasversale / Transversal section C-C

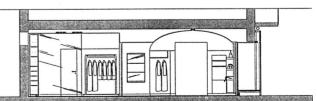

Sezione trasversale / Transversal section D-D

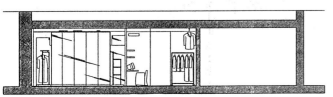

Sezione longitudinale / Longitudinal section E-E

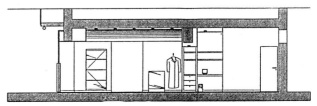

Sezione trasversale/ Transversal section F-F

Come in un interno borghese un ampio atrio d'ingresso, che accoglie il banco cassa, distribuisce i diversi ambienti che compongono questo negozio. Ai suoi lati si aprono simmetricamente due sale, una delle quali collegata a un ulteriore locale, e alle sue spalle è situata una zona riservata destinata a ufficio e magazzino. Alte volte impreziosiscono le stanze connesse da ampi portali e pannellature pressochè continue, solo interrotte al centro, fungono da fondali per le vaste e profonde vetrine. Le attrezzature espositive sono studiate come una tessitura lungo le pareti che riafferma la geometria regolare delle piante. Mensole e contenitori di metallo laccato bianco occupano i perimetri disponendosi in modo simmetrico rispetto alle aperture così come le essenziali appenderie, corredate da ripiani di cristallo, incastonate all'interno di profonde nicchie, che dilatano la dimensione fissata dagli angoli. L'ambiente più piccolo, destinato esclusivamente alla commercializzazione di un celebre marchio e schermabile grazie ad ante scorrevoli di cristallo verniciato bianco, si distingue per la finitura in ottone bronzato degli espositori. L'omogeneità del rivestimento chiaro delle superfici, alternato alla lucentezza degli specchi che nascondono contenitori o contrassegnano all'interno i fondali centrali delle vetrine, contribuisce a creare una scena luminosa tutta volta a favorire la massima visibilità degli oggetti e degli abiti rafforzata dall'illuminazione nascosta. Ulteriori cavità ricavate nelle contropareti divengono riquadri di luce o scintillanti teche di cristallo, leggermente aggettanti, per accogliere gli accessori. A pavimento il rivestimento di moquette beige attribuisce un carattere classico all'intero allestimento così come la posizione centrale dei tavoli studiati come contenitori e corredati da bacheche superiori di cristallo. Benché sia evidente in questo progetto una modalità compositiva che nell'essenzialità, nell'accuratezza realizzativa, nella scelta dei materiali e dei colori asseconda il gusto contemporaneo si respira un'atmosfera classica e riposante, come se qui fosse stata operata una sorta d'attualizzazione stilistica d'interni d'altri tempi.

Vaguely reminiscent of the hallway of a middle-class townhouse, this store fans out into a series of different rooms from the entrance, where visitors are greeted by the service counter. Two rooms open at either side symmetrically, one of which gives onto another room beyond, and at the back comprises a sort of private space reserved for office and storage facilities. High vaulted ceilings give a lofty tone to rooms linked by ample doorways, interrupted only at the center, creating a series of backdrops for the spacious, deep window bays.
The display systems provide a network along the walls that endorses the plan of the rooms. Shelving and containers of white-lacquered metal are accommodated round the perimeter, arranged symmetrically with respect to the lean display racks fitted with neat glass ledges recessed into deep niches that dilate the fixed space marked off by the corners. The smallest of the rooms, devoted exclusively to articles sold under the renowned designer label, can be screened off by means of sliding panels in white glazing; to distinguish the space, here the display fittings are trimmed with brass. The prevailing uniformity of the pale surface treatment, alternating with the gleam of the mirrors concealing storage units or used for the backs of the displays conjur an airy, luminous environment that guarantees maximum visibility for the items and clothing, all intensifed by the concealed light sources. Other recesses orchestrate the walls with a series of slightly protruding vitrines of glowing crystal for the display of accessories. The beige-carpeted floor meanwhile lends a classical flavor to the entire installation, as does the central position of the tables, designed to serve as containers, with crystal showcases above. Although this restyling shows an evident tendency to play along with contemporary taste for essential, economic lines and clear-cut design and choice of materials and palette, it conveys a nonetheless fundamentally relaxed, classical atmosphere, not unlike a stylistic reenactment of a bourgeois interior of yesterday.

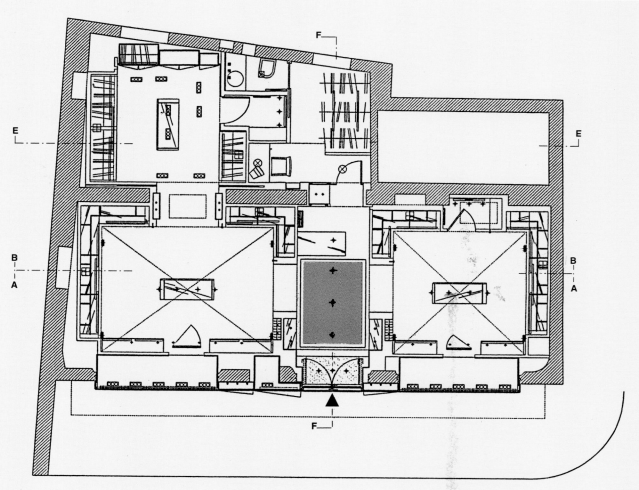

Fin dall'esterno è comprensibile l'impostazione compositiva che organizza questo negozio centrata sull'asse di simmetria dell'impianto longitudinale dell'ambiente d'ingresso: le due vetrine, schermate da fondali di cristallo acidato sono separate dall'anta centrale, a tutt'altezza, del portale. All'interno lo spazio è scandito dalla teoria dei pilastri lungo le pareti svuotati da strette nicchie luminose o sottolineati da alti specchi racchiusi da raffinate cornici metalliche e sostenuti da lunghe aste. Il loro raccordo con il controsoffitto avviene mediante una profonda scanalatura della stessa larghezza che ne alleggerisce la consistenza ma al tempo stesso ne ribadisce la posizione. Si determina così un ambiente continuo e fluido ma anche ritmato per momenti successivi tra loro identici e caratterizzato dal trattamento organico di superfici e volumi. Questo gioco è potenziato dal disegno della controsoffittatura continua lungo il perimetro, fatta eccezione per l'innesto dei pilastri, punteggiata da faretti incassati e al centro sfondata da riquadri più profondi contrassegnati anche da corpi illuminanti di dimensioni maggiori.

La posa della pavimentazione enfatizza la longitudinalità dell'impianto e il suo colore caldo e chiaro determina un'atmosfera accogliente e luminosa. Una quinta di legno conclude sul fondo la prospettiva e al tempo stesso identifica l'area dedicata a un noto marchio. Le attrezzature trovano così una collocazione perfettamente organica all'impostazione volumetrica occupando le superfici precisamente delimitate dai brevi aggetti dei pilastri e sono organizzate su pannelli color avorio predisposti con cremagliere per l'ancoraggio di ripiani di cristallo trasparente o più alti di legno laccato o ancora di essenziali appenderie. A integrare le dotazioni espositive sono poste cassettiere di legno chiaro. Gli esili tavoli di servizio d'acciaio satinato, con il loro disegno minimale e i piani trasparenti, non interferiscono in termini percettivi con l'ordine rigoroso della composizione.

Even from the outside one gets an idea of the internal composition of this elegant store, whose layout is arranged symmetrically along a long circulation spine that follows the lengthwise development of the building: the two front display windows, screened at the back by partitions of acid-etched glazing, are separated by a large full-height doorway set centrally in the store frontage. Inside, the space is orchestrated with a line of pillars along the walls, accommodating slender illuminated niches, or underlined by tall, narrow mirrors in metal frames supported on long shafts. These are made to blend with the ceiling arrangement via a deep groove of the same width which tends to attenuate their sense of mass while clearly marking each one's position. The result is a fluid continuum in which rhythm is provided by the reiteration of identical elements and the organic treatment of surfaces and volumes. This visual interplay is further enhanced by the elaborate lowered ceiling that runs unbroken around the perimeter except for where it meets the pillars, all studded with recessed downlighters and having a central section of larger squared design with light sources of greater dimensions. The floor pattern is designed to emphasize the lengthwise development of the sales space, and its pale warm tone ensures a bright and welcoming environment. A wooden partition closes the vista at the back of the room, denoting meanwhile an area reserved for the display of a celebrated brand name. The display fixtures are thus installed in a perfectly organic arrangement of well-defined volumes, occupying spaces cleverly demarcated by the slight protrusion of the pillars, and accommodated on ivory-colored panels attached to rack systems fitted with translucent crystal ledges, or higher shelves in lacquered wood, or graceful hanging devices. Complementary to this arrangement are chests of drawers with a pale wood finish. The slender service counters in brushed steel with glass tops add a note of minimalism, without intruding visually on the rigorous order of the room's composition.

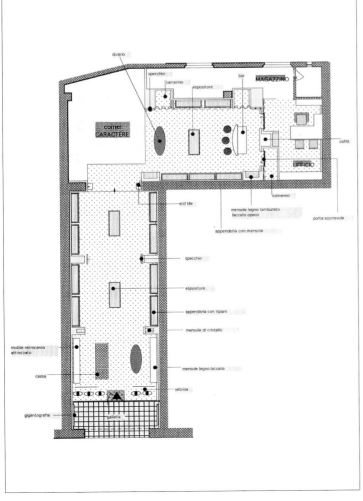

divano
specchio
camerino
espositore
bar
MAGAZZINO
corner
CARACTERE
caffé
UFFICIO
camerino
still life
mensole legno tamburato
laccato opaco
porta scorrevole
appenderia con mensole
specchio
espositore
appenderia con ripiani
mensole di cristallo
mobile retrocassa
attrezzato
mensole legno laccato
cassa
vetrina
gigantografia
galleria

Elisabetta Tanesini

VANIGLIA
Corso della Repubblica, 31 - Forlì

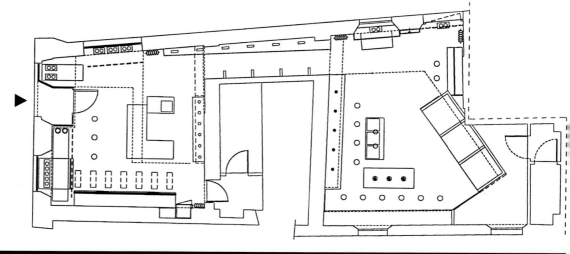

In questo negozio nel centro della città, posto al piano terra di un bel palazzetto ottocentesco, un lessico architettonico minimale si coniuga a un uso del colore che chiarisce ed esplicita le scelte formali e al tempo stesso diviene un fattore di caratterizzazione, il modo per rintracciare l'identità dello spazio. Il difficile impianto planimetrico, che prevede due vani collegati da un corridoio, è stato ricomposto, in termini percettivi, dal gioco attento delle luci e dai volumi che definiscono le attrezzature espositive a terra o le incorniciano sulle

Centrally sited in downtown Forlì, the refurbishment of this ground-floor store lodged in a handsome nineteenth-century building pivots on its calibrated architectural vocabulary, combined with a mindful color scheme that both lightens and underscores the forms created, while serving as a determining feature of the whole and thereby lending identity to the space. The awkward floor plan, consisting of two rooms linked via a corridor, was reworked visually through adroit lighting arrangements that define the shapes of the

pareti all'interno di nicchie profonde e allungate, sapiente-mente illuminate, generate dal continuo sfalsamento delle superfici verticali. La modulazione delle quote variate dei controsoffitti, talvolta incisi da tagli profondi, rigorosamente paralleli, rafforza una complessità spaziale tradotta da linee pulite, essenziali, decise. Su questa trama che rende dinami-co e articolato lo spazio, in origine rigido e bloccato, il bian-co assoluto dominante è ammorbidito dal tono caldo e chiaro della moquette che riveste il pavimento e ravvivato dal colo-re azzurro che campisce interamente la parete a destra del-l'ingresso o accende i parallelepipedi laccati, racchiusi in teche di cristallo, che fungono da tavoli espositivi o ancora contrassegna alcuni dei fondali delle vetrine nella versione in resina. Il rifiuto di un'uniformità cromatica espresso dall'utiliz-zo di un unico, luminoso colore in contrasto, coincide in que-st'intervento con la sua stessa formulazione compositiva e ciò fa sì che non si tratti di mero decorativismo. In modo organi-co alle scelte formali operate è trattata la struttura della bus-sola d'ingresso, un semplice parallelepipedo di ferro; lo stes-so effetto materico è offerto dal telaio sospeso, a sostegno di faretti orientabili, collocato in corrispondenza del banco cassa. Duplicati da uno specchio sul fondo anche i morbidi panneggi delle tende argentee dei camerini contribuiscono ad accentuare la rigorosa limpidezza di quest'allestimento così come la trasparenza opalina dei pannelli di plexiglas, utilizzati nelle vetrine, illuminati all'interno.

floor-standing display units, and frame the wall units set inside deep, elongated shrewdly lit alcoves created from the continuous staggering of the vertical surfaces. The rhythmical variations in ceiling heights, sometimes deeply scored in rigorously parallel geometries, points up the spa-tial complexity with lean, essential but assertive lines. With-in this pattern the once rigid, formal spaces are mantled throughout in a dominant white attenuated by the warm hues of the carpeting, and set off by the pale blue that fills the wall to the right of the entrance, or colors the lacquered parallelepipeds enclosed in crystal-encased tables that double up as geometric display cases; the same soft blue glow emanates from the resin versions of the wall vitrines. This denial of a uniform color scheme by the introduction of this strong, luminous tone parallels the concept behind the store's new layout, emancipating color from its role as mere decoration. Neatly intermeshing with the formal concepts in play is the modest entrance, composed of a simple metal-framed enclosure; this same metallic effect is expressed in the suspended frame hung with swiveling spotlights illumi-nating the cash desk.
The soft folds of the fitting-room drapes are multiplied in an end mirror, endorsing the airy simplicity of line that charac-terizes the entire arrangement, which is further heightened by the backlit panels of opaline Plexiglas that decorate the window fronts.

Lorenzo Carmellini
Rocco Magnoli

GIANNI VERSACE
Via Giovanni Montauti, 3 – Forte dei Marmi - LU

La ristrutturazione di questo negozio, aperto negli anni Ottanta, è stata operata sulla base di un progetto originario accurato da un punto di vista architettonico che ha modulato una precisa scansione distributiva, una funzionale articolazione degli spazi composti da sale affiancate disposte longitudinalmente e connesse da ampi varchi anche voltati. La puntuale organizzazione dell'involucro ha permesso la facile trasformazione di questi ambienti sul piano dell'immagine assecondando le mutazioni del gusto. Il nuovo allestimento è stato indirizzato a un globale alleggerimento principalmente grazie all'eliminazione di alcuni possenti elementi marmorei appartenenti alla precedente sistemazione caratterizzata da un'impostazione più scenografica. L'orditura lignea con mezzane dei terracotta dei soffitti preesistenti riscalda ora il nuovo rivestimento delle pareti scelto in una morbida tonalità di bianco che si accosta al pavimento di pietra grigia intarsiato da nastri di marmo bianco e rosso tracciati come linee sottili. L'involucro così ridefinito è uno sfondo armonioso per le nuove attrezzature espositive realizzate con un disegno di matrice classicista. I tavoli e i mobili di legno biondo, alleggeriti da bacheche superiori di cristallo, sono parallelepipedi a base rettangolare o quadrata delimitati da lesene, come se fossero piccole architetture, la cui disposizione in ogni ambiente, lungo le pareti o in corrispondenza dei passaggi riafferma la sequenzialità degli spazi. Leggeri ripiani di cristallo, sostenuti da mensole ricurve d'ottone bronzato, integrano le dotazioni espositive così come le vetrinette autoportanti e le quinte bifrontali di cristallo sabbiato entro telai che compongono una maglia modulare di riquadri a sfondo delle ampie vetrine. Profili d'ottone bronzato incorniciano anche i grandi specchi, l'anta scorrevole che consente d'accedere a una zona di servizio sul fondo e i cristalli trasparenti che nella sala d'ingresso tamponano tagli passanti nelle murature pensati per collegare percettivamente le sale.

The complete structural overhaul of this store, which first opened in the 1980s, is the result of a project that involved particular care from an architectural point of view in order to obtain a carefully controlled scheme of internal distribution, where the accent was on obtaining a functional hierarchy of separate sales spaces composed of a set of contiguous rooms running lengthwise into the heart of the building, and connected via a sequence of large vaulted archways. The skillful organization of the interior shell thus obtained has made it easy to keep updating the look and style of each chamber as tastes evolve and change over time. First and foremost, the store's redesign needed to achieve a cleaner, simpler composition, and this was accomplished through the elimination of various obtrusive marble elements that belonged to the previous installation, an arrangement that had favored a more theatrical store identity. The fine network of wooden beams framing the original terracotta ceilings now lend a note of warmth to the new wall treatment in soft blanched hues that blend with the gray stone floor decorated with strips of red and white marble inserts arranged in classical patterns. The tables and pale wood furniture units, enhanced with upper ledges in clear glass, have rectangular or square bases bordered with pilasters to give them an architectural look; in each room these units are arranged along the walls or aligned with the circulation route, to endorse the longitudinal sequence of the spaces. Slender shelves of clear glass resting on curved brass brackets complement the display equipment, together with the little vitrines and two-sided screens of sanded glass framed in surrounds that compose a grid module used for the backs of the ample window displays. Brass is also used for the frames of the large mirrors, for the sliding partition giving access to the service area at the back of the store, and for the transparent panes in the entrance set into grooves in the walls to give visual cohesion to the rooms.

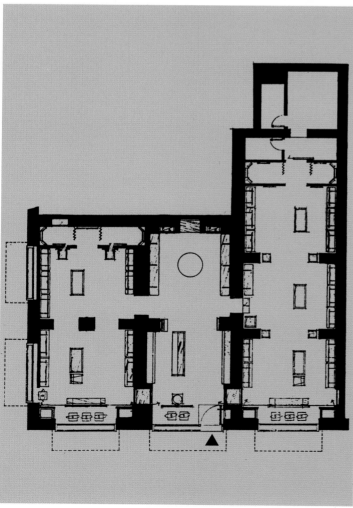

Ernesto Rocchi

Cesare Trentin

PARAFARMACIA ESSERE BENESSERE

Via Crea, 10 - Grugliasco - TO

Innovativo dal punto di vista commerciale perché destinato alla vendita di prodotti parafarmaceutici, questo negozio è il risultato dell'applicazione puntuale dei più aggiornati criteri di *visual merchandising* tradotti da un linguaggio high-tech che risolve con meticolosità ogni esigenza espositiva e funzionale. Dall'ingresso, impreziosito da vetrinette cilindriche luminose, uno stretto ruscello blu tracciato sul pavimento giallo ocra, lucido, di resina, assolve da un lato un compito decorativo e dall'altro invita sinuosamente a percorrere lo spazio fino all'isola dei banchi vendita, sul fondo, segnalati anche dalla struttura sospesa che ospita i monitor. All'azzurro acquoso di questa scia corrisponde il blu cobalto del rivestimento a soffitto che risvolta parzialmente sulle pareti in varie sfumature per fare da sfondo alla scritta riproducente il marchio del negozio composta da lettere che sembrano librarsi e ondeggiare nell'aria. Alla ricerca di un'atmosfera di tipo naturalistico, sia pure per elementi metaforici, tradotta da colori che suggeriscono un'idea d'armonia e benessere, fanno da contrappunto il grande condotto metallico e scintillante che canalizza gli impianti, le lampade a sospensione di sapore marcatamente industriale, il rivestimento sfavillante in laminato d'alluminio dei tavoli. Lo spazio, completamente libero, diviene un percorso lungo il quale sono strategicamente collocate tutte le attrezzature espositive per stimolare l'acquisto d'impulso. Le pareti sono predisposte con un sistema flessibile, costituito da strutture autoportanti a doghe d'alluminio anodizzato o grigio scuro con mensole di cristallo, che permette differenti configurazioni e organizza la sequenza dei diversi marchi segnalati da apposite insegne retroilluminate. Pannelli leggermente curvati, che si prolungano oltre la cornice delle insegne, annullano gli spigoli creando intervalli percettivi sulla sequenza ininterrotta delle mensole insieme a bassi corner aggettanti. Un'accuratissima illuminazione, costituita da faretti orientabili sospesi che punteggiano il perimetro dell'ambiente e dalle luci inserite nelle scaffalature, è tutta funzionale alla valorizzazione dei prodotti.

Appointed the innovative role of sales outlet for para-pharmaceutical products, this new store is the result of a discerning application of leading-edge concepts in visual merchandising that rely on a high-tech vernacular tailored to the exacting specifications of this particular type of product display. Proceeding from the entrance past the cylindrical illuminated vitrines, a watery band of blue meanders along a polished resin floor of deep ocher, providing an engaging decorative note while ushering patrons along to the group of sales counters at the back of the shop, whose presence is advertised by the suspended frame supporting a bank of monitors. The aqueous blue of the trail leading from the entrance conspires with the cobalt blue treatment of the ceiling, which leaches partially down the walls in varying intensity, providing a background to the company logo composed of letters that seem to hover in airy suspension. This emphasis on an "naturalistic" atmosphere, shrewdly transmitted through the metaphor of a palette designed to express harmony and physical well-being, is strikingly offset by the prominent ductwork of gleaming metal that conceals cable management and air-conditioning plants, together with suspended lights of a distinctly industrial flavor, and the glittering aluminum-plate table tops. Without interruption the display induces the visitor to run the gauntlet of beckoning display units decked with must-haves for the impulse buyer. The wall fittings consist of a flexible modular system made from free-standing aluminum laths in anodized or dark gray finish fitted with crystal slab shelving; the system can be configured to suit the diverse brand names, each one identified with backlit trademark banners. Gently curved panels that extend outside the frames of the logos ensure smooth edges, establishing subtle visual punctuation along the otherwise seamless array of products and terminating in low protruding stands. The high priority given to illumination is evident in the swiveling canopy downlighters that constellate the room's perimeter, and the embedded shelf lighting, all cleverly orchestrated to draw the maximum attention to the products on display.

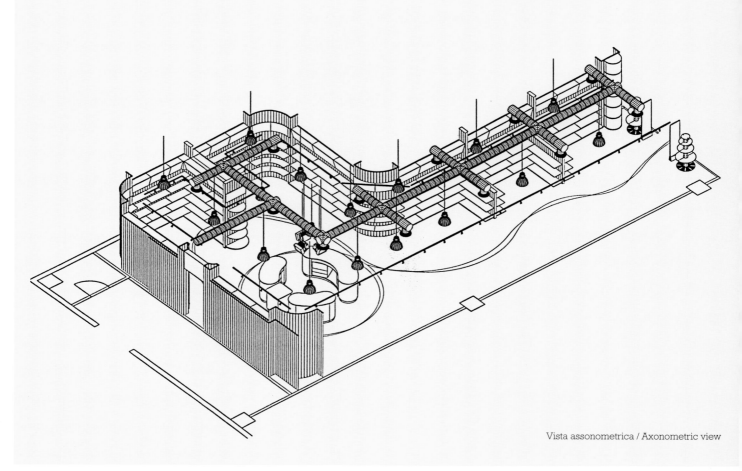

Vista assonometrica / Axonometric view

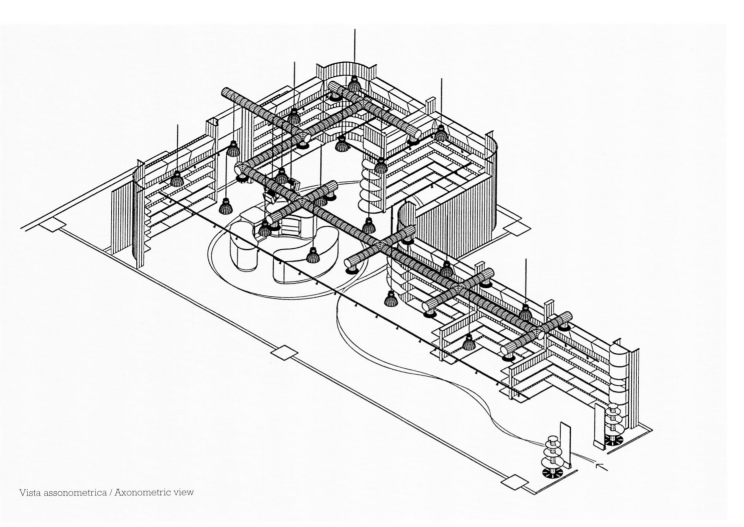

Vista assonometrica / Axonometric view

GIANFRANCO FERRÈ STUDIO
Via Krasnoarmeyskaya, 94 - Kiev (UA)

Una continua pensilina e grandi pilastri preesistenti inquadrano le aperture di questo negozio che commercializza moda italiana nella capitale dell'Ucraina. All'interno il progetto ricerca un effetto di lievità che si traduce nella ricercatissima connessione di tutte le superfici, verticali e orizzontali, a comporre uno spazio perfettamente controllato in ogni componente anche di dettaglio. Varie tonalità di bianco, dal gesso al pergamena, sono utilizzate in morbida sequenza per la pavimentazione di pietra, per i pannelli lignei, per le pareti, per i controsoffitti a definire un involucro cromaticamente neutro ma molto caratterizzato dalle differenti tessiture dei materiali. La scansione a riquadri della pavimentazione è replicata, senza soluzione di continuità, dalle leggere scanalature che contrassegnano le pareti rivestite di legno equipaggiate con boccole d'acciaio per l'ancoraggio delle attrezzature. Queste sono barre d'acciaio o essenziali piani di cristallo trasparente agganciati anche a sottili cavi tesi da pavimento a soffitto. In contrasto con le sofisticate modulazioni di bianco del contenitore architettonico il nero assoluto identifica elementi accessori dal disegno meno minimale: altissimi paraventi di pelle nera, scorrevoli, consentono di organizzare in modo mutevole lo spazio e sempre di pelle nera è il rivestimento del banco cassa, dei tavoli con piani di cristallo nero e dei sedili dotati di spettacolari sostegni d'alluminio lucidissimo dal profilo curvilineo. I grandi specchi sulle pareti, con le loro cornici inclinate, introducono una nota vagamente déco.

A continuous window canopy resting on a series of bold pre-existing columns enframe the openings of this store for Italian fashion set in the capital of the Ukraine. The design of the new interiors conveys a sense of levitation, which is established through the highly elaborate system of interconnectivity linking all the planes and involves both vertical and horizontal surfaces, resulting in a space in which all aspects and details are under complete control. Various tones of white obtained by varied surface treatment in a mixture of materials - including plaster and parchment - are deftly played against the even expanse of pale stone floors, the smart wooden paneling and lowered ceilings, creating an apparently uniform neutral chromatic scheme of nuanced textural variations in the materials employed. The checkered floor pattern is reiterated by the uninterrupted grooves along the paneled walls fitted with steel ferrules that provide a system of anchorage for the modular display fittings. These are composed of steel bars or evanescent transparent ledges strung from thin cables fixed to floor and ceiling. In contrast with the unbroken blanket of white that characterizes the container, jet black is the dominant tone of the accessory systems, of a less minimal design: tall sliding screens in black leather enable multiple arrangements of the space; also clad in black leather are the service counter, the crystal-topped tables and seats resting on sleek props of curvy polished aluminum. Meanwhile large wall mirrors with tilted frames give a faintly Deco cast to the arrangement.

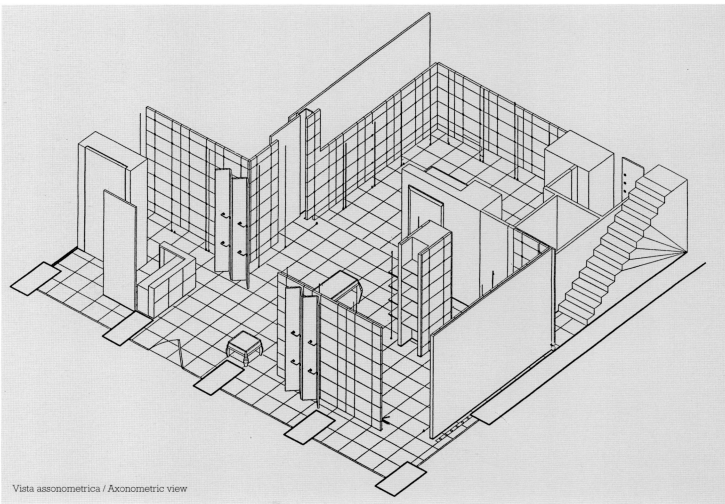

Vista assonometrica / Axonometric view

Aldo Parisotto
Massimo Formenton

MONTE NAPOLEONE
Via Pushkynskaya, 41 - Kiev (UA)

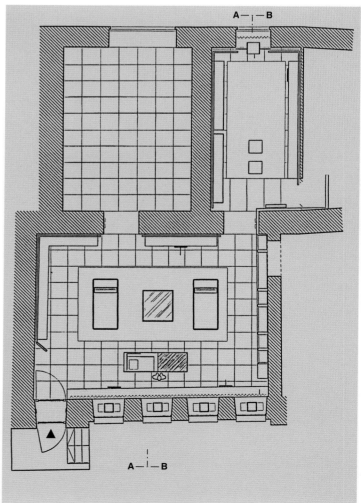

La diffusione dei prodotti di moda *made in Italy* e la loro presentazione interessa ormai sempre più anche i paesi dell'est in passato completamente estranei sia a questo tipo di mercato sia ai temi dell'architettura, del design, dell'allestimento come usualmente trattati nel mondo occidentale. Ne è prova evidente questo negozio di prodotti di lusso a Kiev che è il risultato di una progettazione tutta italiana dello spazio e delle attrezzature. Le quattro vetrine, predisposte con cubi bianchi sui quali gli oggetti sono appoggiati come fossero preziosi reperti museali, sono schermate da un lungo tendaggio bianco, continuo, che all'interno dà origine a una ricercata atmosfera anni Trenta. Tale ispirazione trova conferma nella scelta dei rivestimenti nonché nel disegno e nella selezione degli arredi. La pavimentazione di marmo ricomposto accostata alle pareti chiare, finite a gesso, crea un involucro sofisticato, come si trattasse di un interno borghese. Nella grande sala d'ingresso il banco cassa, un parallelepipedo allungato alleggerito da un'alta zoccolatura d'acciaio illuminata da neon, è risolto con un effetto quasi cartaceo ottenuto con una serigrafia su vetro e un grande tappeto delimita la posizione delle celebri "Barcelona" di Mies van der Rohe collocate parallelamente all'asse di simmetria indicato dal basso tavolo quadrato in metallo e vetro. Un disegno di sapore modernista, aggiornato dall'uso di materiali di gusto contemporaneo, contrassegna anche le attrezzature a parete: un ampio pannello di legno scuro mette in risalto la composizione a nicchie svasate, bianche, che deriva dalla combinazione di rettangoli alternativamente orientati. Completano l'allestimento, anche delle due sale adiacenti l'ambiente d'ingresso, quinte sovrapposte alle pareti, rivestite con velluto chiaro, sulle quali si stagliano sottili mensole di cristallo talvolta corredate da fasce di legno scuro poste alla base. Le grandi piastre sospese dei controsoffitti, percorse da scanalature nelle quali è alloggiata l'illuminazione, riproducono la pianta d'ogni locale creando una cornice di luce lungo il perimetro che nella sala d'ingresso mette in risalto il curioso fregio ad archetti.

If proof was ever needed of the unstoppable diffusion of Italian-made high-end fashions even in countries of the eastern bloc - countries previously disinterested in this type of product and generally speaking quite unaffected by the issues of architecture, interiors, or installation technologies that so preoccupy designers in the Western world - that proof can be found in this sales outlet for luxury goods in Kiev, whose complete facelift and refitting is entirely the handiwork of Italian designers. The four broad street-front windows are fitted out with cubic display pedestals that proffer their objects as if they were precious exhibits in a museum; the window-backs consist of a long uninterrupted curtain of white material that is reminiscent of the somewhat highbrow style prevalent in the 1930s. A smooth floor of reconstituted marble borders the candid plastered walls, as if in emulation of a refined townhouse interior. In the main entrance hall the extended parallelepiped of the main service counter is buoyed up by a high steel skirting lit by a concealed neon strip, and carries a papery-effect etching on glass; a large carpet cordons an area strewn with examples of the celebrated Mies Barcelona seating arranged parallel to the room's axis of symmetry, which is declared by a low square metal table with glass top.

The prevailing tone of Modernism enhanced with a more contemporary application of materials can also be perceived in the wall displays. These consist of a broad panel of dark wood offsetting the white recessed embrasures arranged in rectangles set at alternating degrees. The completing touches of the new installation, which spills over into the two rooms that lie adjacent to the entrance, are the suspended wall partitions clad in pale velvet on which sleek glass shelving prevails, here and their enhanced with a fascia of dark wood below. The pattern of large bulkhead sections scored with channels for recessed lighting mimics each room's floorplan below, creating a glowing, pelmet-type perimeter - a lighting feature that nicely points up the curious arched frieze visible in the entrance hall.

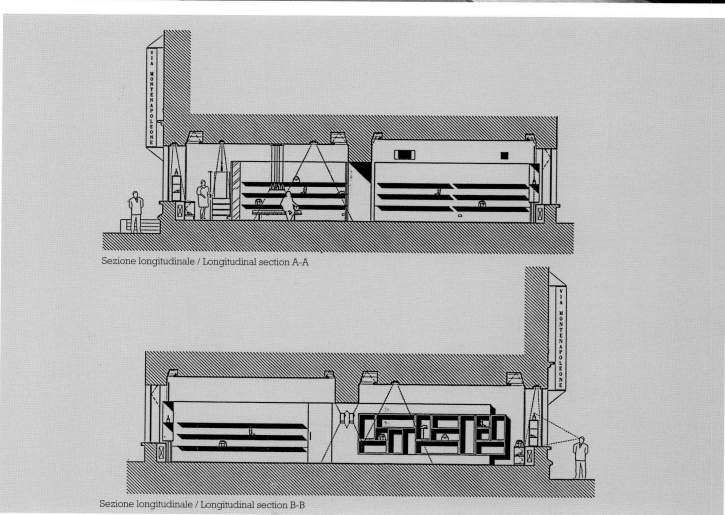

Sezione longitudinale / Longitudinal section A-A

Sezione longitudinale / Longitudinal section B-B

Fernando C. Mosca

WOLFORD
Calle Compostela, 5 - La Coruña (E)

Interpretazione sofisticata dello spazio come involucro, come contenitore è quella attribuita a questo negozio spagnolo. L'apparente semplicità di una scatola architettonica limpida si arricchisce di soluzioni raffinate che determinano un'atmosfera rarefatta, quasi sospesa. L'impianto allungato trova una scenografica conclusione nella grande quinta sul fondo, sulla quale compare il marchio dei prodotti commercializzati, alla quale si affiancano gigantografie d'immagini scattate da Helmut Newton.
Anche la piastra del controsoffitto asseconda l'orientamento della pianta ma una lunga scanalatura l'interrompe, in corrispondenza di una delle pareti, per accogliere le luci che segnalano le attrezzature espositive in legno: disegnate come scatole modulari sono poste su una sorta di basamento/contenitore bianco che percorre tutta la lunghezza dell'ambiente. Sul lato opposto questo modo scultoreo di disegnare le superfici diviene ancor più evidente: affiancata da uno stretto taglio verticale la profonda e ampia nicchia luminosa, ricavata all'interno di una controparete sospesa, incornicia alti ripiani, leggermente sporgenti, attrezzati con vassoi di legno corredati da espositori d'acciaio satinato. Al centro il grande tavolo composto da volumi marmorei lucidi, bianchi, diventa il vero protagonista della scena corredata solo dal banco cassa, sempre di marmo, che incastona una vetrina di cristallo e dagli espositori cubici neri. Anche il fondale della vetrina, a tutta altezza, precisa il carattere concluso di questo spazio ammorbidito dal tono uniformemente avorio dei rivestimenti.

A sophisticated transformation of space as an involucrum or container is the keynote of the redesign of this Spanish sales outlet. The elusive simplicity of the limpid architectural vessel that contains it is enhanced through a series of ingenious visual devices that give rise to an ambiance endowed with a weightless, almost airborne atmosphere. The space extends lengthwise toward a striking backdrop at the rear of the store, where alongside a wall emblazoned with the product label's logo stand wall-size blow-ups of photos by Helmut Newton. Even the lowered ceiling bulkheads rehearse the layout's shape, which is only broken by a running groove level with one of the walls housing the downlighters that shine onto the wooden display systems below: these box-like modular fixtures are adroitly accommodated on a sort of white container-cum-plinth running the full circuit of the room's perimeter. On the opposite side to this, the sculptural leitmotif that informs the entire suite is carried one step further: flanked by a narrow vertical strip, a niche set into the false wall encases further shelving units, slightly abutting, arranged with wooden trays accoutered with metal display units in satinized steel. The center of the room is commanded by a large table composed of polished white marble sections with a large crystal glass insert, and black display cubes. The full-height windowback provides a clever conclusiveness feature, investing the space with a sense of enclosure, softened by the uniform ivory mood of the furnishings.

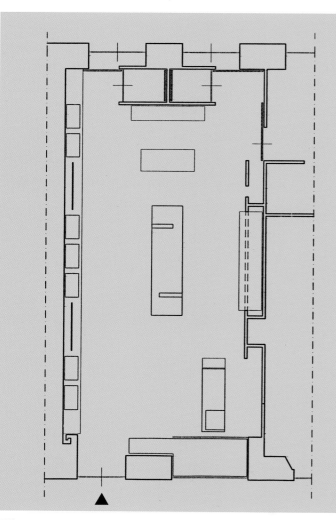

Leonardo M. Contissa

GIOIELLERIA LUCA CAZZANIGA
Via Risorgimento, 13 – Mariano Comense – CO

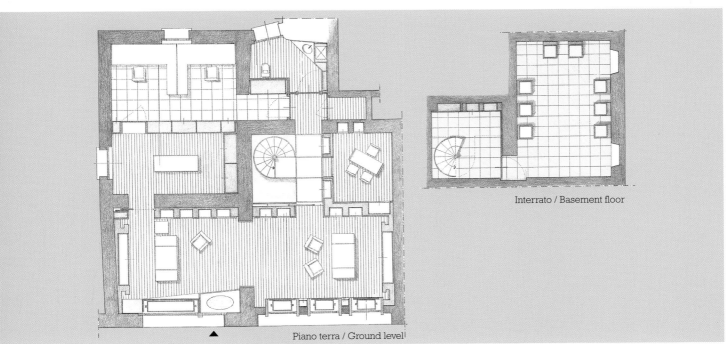

Interrato / Basement floor

Piano terra / Ground level

Varcato l'ingresso di questa gioielleria un ampio locale dal-
l'impianto allungato costituisce il vero e proprio spazio espositivo ed è concettualmente e fisicamente distinto da quelli
retrostanti destinati alle contrattazioni riservate e agli ambiti di
servizio. Un vano contrassegnato dalla pavimentazione vetrata
accoglie la scala d'acciaio con gradini di cristallo che conduce al piano interrato utilizzato come ulteriore area espositiva e
reso suggestivo dalla copertura voltata di mattoni a vista. La
sala principale al piano terra è organizzata da un'articolazione
spaziale rigorosamente geometrica nella quale il progetto
della luce è parte integrante della modulazione dei volumi e
delle superfici. Sul pavimento di legno scuro si stagliano le
pareti di marmo chiaro la cui consistenza tridimensionale è
evidenziata dalla cornice superiore. Le forano ritmicamente
nicchie espositive precisamente evidenziate da profili in
acciaio. Sul lato opposto le alte pannellature di wengè, delimitate dai fianchi chiari in marmo e alternate a basi di sostegno
per cubiche teche di cristallo, originano una composizione
che rispecchia quella del prospetto esterno in una sorta di
ribaltamento del rapporto tra pieni e vuoti. I lati corti, simme-
trici, grazie ai contenitori finiti a marmorino alleggeriti da una
vetrina a nastro nella parte superiore, fanno da sfondo ai tavoli
anch'essi concepiti come luminosi espositori di cristallo. L'in-
troflessione delle attrezzature espositive al piano terra sembra
ribaltata alla quota dell'interrato dove essenziali cubi trasparenti sono sospesi alle contropareti chiare.

Once past the entrance of this elite downtown jewelers' store, a
spacious room extends lengthwise into the building affording
the store's main display area and having its own identity, distinct from the other rooms beyond, reserved variously for private consultation with clients, and as service areas. A room
with a glazed floor ushers toward a charismatic steel stairway
equipped with glass steps that lead down to a basement area
with a vaulted ceiling in exposed brickwork. The main room
on the ground floor has been reorganized around a strict geo-
metrical formula in which the lighting plays a integral part in
the modulation of volumes and surfaces. Strikingly offset by
the dark wood floor, the solidity of the pale marble wall-
cladding is emphasized by the cornice. The walls themselves
are pierced at intervals by display niches carefully picked out
by metal surrounds. On the opposite side, the tall wainscoting
in fine wenge wood interrupted by pale marble strips and
alternated with base plinths supporting crystal showcases,
gives rise to a composition that emulates the store's exterior
design, in a sort of inversion of roles between mass and void.
The shorter sides of the space, symmetrically arranged, boast
containers in marmorino with a running display showcase
along the top, providing a backdrop for the tables - these too
designed as luminous glass showcases. The apparent concav-
ity of the display systems on this floor are contrasted by the
reverse arrangement on the floor above, where sets of essential transparent cubes are suspended from the wall paneling.

ALESSI
Corso Matteotti, 9 - Milano

In linea con l'incessante aggiornamento che distingue la produzione di questo marchio anche il negozio milanese è stato completamente rinnovato - pur conservando e valorizzando alcune strutture, elementi e rivestimenti del precedente allestimento curato da Ettore Sottsass - sulla base di un progetto messo a punto per tutti gli spazi vendita Alessi nel mondo. I tre principali livelli che articolano lo spazio sono collegati da un avveniristico ascensore, un parallelepipedo di cristallo e specchio il cui movimento aziona un programma d'illuminazione con diverse combinazioni cromatiche. L'idea di un'esperienza estetica, di un viaggio nel design non solo è tradotta dall'emozionante sistema dell'illuminazione ma anche dal trattamento omogeneo delle pareti che divengono un involucro attrezzato differenziato alle varie quote solo per il colore: giallo al primo piano e argento metallizzato al piano terra e al sotterraneo. Gli espositori, delimitati in alto da una fascia continua e alla base da contenitori incisi a piccoli riquadri, sono studiati come moduli che possono assumere diverse configu-

razioni per raccogliere con coerenza filologica tutte le diverse collezioni e per mostrare le varianti di finiture e colori di ciascun oggetto seguendo la stessa impostazione del nuovo catalogo e del museo Alessi. Così le vetrine sono predisposte con semplici ripiani di cristallo o con mensole sagomate a gradini per esporre al meglio oggetti di differenti dimensioni. La sequenza delle scaffalature è intervallata da elementi verticali, nei quali sono incastonate piccole nicchie ad arco, che non solo soddisfano esigenze funzionali ed espositive ma connotano le pareti come un'architettura ritmicamente scandita da paraste. La sostanziale omogeneità dei rivestimenti dai bagliori metallici, il cui effetto è potenziato dagli specchi, è ribadita anche dal trattamento dei tavoli che risultato dell'assemblaggio di più cubi sempre color argento con piani di cristallo sui cui fianchi è riprodotto lo stesso motivo a geometrici riquadri delle basi delle attrezzature. Una geometria e una composizione puntuale e coerente organizza così lo spazio che diviene una scena al tempo stesso rigorosa e fiabesca.

Always busy pushing back the frontiers of modern design, Alessi has given its Milan store a thorough facelift while mindful to make good the structural legacy of the building, and adding new elements and extra touches to the previous installation created by Ettore Sottsass, the entire project based on a design identity that has been applied to all the Alessi stores around the globe. The three main levels of the floorplan are linked up via a futuristic elevator composed of a parallelepiped of glass and mirrors which triggers a sequence of lighting while in motion. The idea of an esthetic tour through Design is not only expressed in the elevator's clever light&motion show, but can be seen in the even treatment of the walls, which have been turned into an enveloping service system that is distinguished by a floor color-code: yellow for the first story, and metalized silver for the ground and basement stories. The display devices are crowned by a running fascia and a base of containers inscribed with small squares, these being modular units that can be reconfigured to lend philological coherence to the

various collections of designer objects, and demonstrate the variants of finish and color of each item, following the arrangement prescribed by the Alessi product catalogue and the Museo Alessi installations. The window displays are arrayed with unassuming glass shelves and stepped profiled ledges; this solution entails customized displays of varied dimensions that best highlight the features of each object on show. The sequence of shelving alternates with vertical elements mounted with small arched niches which, ranged across the surface like pilaster strips, lend rhythm to the wall and perform the dual task of providing excellent display units. The consistent use of metal throughout the interiors (abetted by the presence of mirrors) is further reflected in the treatment of the tables, which are composed of silver-toned cubes topped with glass plate and sides emblazoned with the same motif of squares found along the bases of the display fittings. The discreet application of geometries and exacting, coherent composition have engendered a space that is at once precise and beguiling.

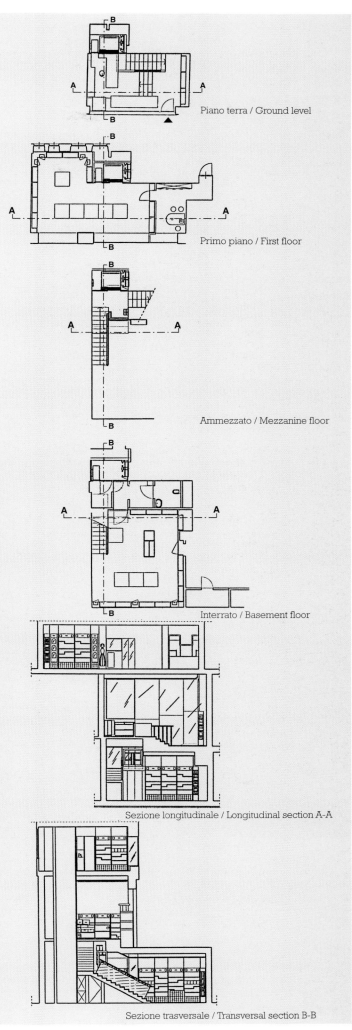

Piano terra / Ground level

Primo piano / First floor

Ammezzato / Mezzanine floor

Interrato / Basement floor

Sezione longitudinale / Longitudinal section A-A

Sezione trasversale / Transversal section B-B

BOSS

Corso Matteotti, 11 - Milano

Grandi lastre di cristallo delimitano il confine, che diviene così quasi inesistente, tra l'esterno e l'interno di questo negozio e permettono di cogliere la sua articolazione su tre livelli. Un bordo luminoso, incassato nella soletta, produce un arretramento del controsoffitto rispetto al filo delle vetrine e al tempo stesso sottolinea il ruolo grafico dello spessore a vista del primo piano. L'importante volume della scala che collega i tre piani diviene un elemento plastico, enfatizzato dal rivestimento bianco, percepibile fin dall'esterno. E uniformemente bianchi sono anche soffitti e pareti cui è accostata la pavimentazione di granito grigio a definire globalmente un involucro architettonico di classica eleganza. La varietà delle piante ai tre diversi livelli ha in qualche misura determinato la distribuzione delle attrezzature espositive che tendono a ricomporre un ordinamento unitario: le pareti sono scavate da ampie nicchie, interamente rivestite di legno chiaro, che ospitano appenderie e mensole variamente componibili grazie alle cremagliere inserite nei fondali. A esse si alternano specchi o più piccole bacheche sempre ricavate nello spessore delle pareti. Un'illuminazione puntiforme, prevalentemente composta da faretti incassati, valorizza con accuratezza l'esposizione. In contrasto con il legno chiaro delle attrezzature perimetrali, gli espositori da centro sono tutti in legno scuro e compongono pedane e tavoli dal disegno raffinato oltre all'importante banco cassa la cui posizione di fronte all'ingresso è segnalata dalla pannellatura a tutt'altezza della parete retrostante.

Vast panes of sheer glazing create an almost invisible threshold between the interior and exterior of this new store design, allowing a clear view from the street of its orchestration on three separate levels. An illuminated surround recessed into the sill sets the ceiling bulkheads slightly back from the level of the window, while underscoring the graphic relief created by the first-floor level. A strong connective role is played by the stairway that links up all three stories with sinuous plasticity emphasized by the white surface treatment, giving it marked visibility even from outside. This uniformity of hue is continued in the white ceilings and walls and the gray granite floor, establishing an architectural shell of classical elegance. The varied shape of each level has largely determined the distribution of the displays, which tend toward a unitary arrangement: the walls are scored with generous alcoves clad in pale-toned wood that host versatile hanging displays and shelving rendered fully adjustable by a customized rack system fitted to the back. These recesses alternate with mirrors or small display cabinets also engaged into the walls. The illumination comes principally from overhead recessed pinpoint lights carefully distributed to pick out the products on display. To contrast the pale wood of the showcases around the perimeter, the central display units are in a darker wood and assume the form of raised platforms and elegant drawing tables, complemented by an imposing service counter set against a full-height section of paneling directly in front of the entrance.

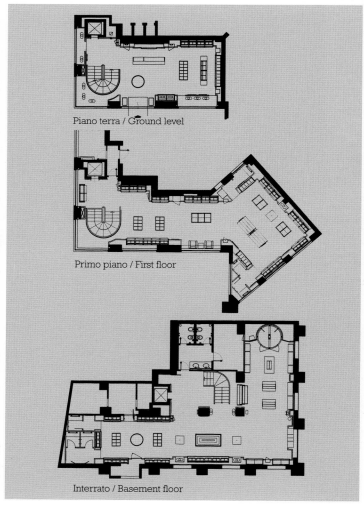

Piano terra / Ground level

Primo piano / First floor

Interrato / Basement floor

Laura Sclavi
Benedetto Pogliani

BULGARI
Via Spiga, 6 - Milano

Ampie aperture chiariscono la nuova impostazione attribuita al punto vendita milanese di quest'importante casa. L'impenetrabilità del precedente allestimento è stata annullata da questo progetto che instaura un rapporto più diretto con il contesto. La sequenza delle vetrine è coordinata da un'unica immagine sviluppata in modo ricercato: il motivo del portale, per così dire in negativo e in positivo, è tradotto da un materiale prezioso e consistente come il marmo scelto in un tono rosato; i volumi ottenuti ospitano le teche espositive e al tempo stesso permettono di cogliere l'organizzazione interna. Lo spazio dalla forma regolare e allungata, con un'appendice in uno degli angoli, è trattato come un unico open space su due livelli e giocato sulla continua alternanza di pieni e vuoti, di superfici concave e convesse. Espositori lignei occupano l'ambiente d'ingresso reso fluido dalle scaffalature variamente curvate della parete di destra morbidamente modellata. Una quinta curva in marmorino, fronteggiante l'ingresso, attrezzata con nicchie, indirizza verso la grande scalinata a ventaglio, di marmo, che dà accesso alla quota sopraelevata. Il volume ogivale in legno chiaro che la delimita diviene espositore sul sopralzo. Qui l'atmosfera si fa più raccolta: cubi luminosi di cristallo sono incassati nella boiserie continua disegnata a grandi riquadri dagli inserti più chiari. Cornici convesse di legno chiaro, galleggianti entro profili di luce, contengono lastre di cristallo assemblate con un sofisticato sistema di tensori a identificare l'angolo dedicato alla collezione "Home Design".

Large window bays have provided an altogether more radiant and welcoming ambiance to the new sales outlet for this high-end fashion jeweler. The daunting mood of the previous installation has been successfully overcome by the redesign of the shop's interiors, which now establishes a more direct rapport with its setting. The sequence of windows is coordinated by a single image developed with great care: the portal motif, in both negative and positive, so to speak, affirms itself in precious, substantial materials such as the soft rose-hued marble, which is used to create volumes that provide a base for the displays and also determine the store's internal layout. The floor plan is a regular oblong with a smaller, square room attached to one corner, and is treated as a single open space on two levels in a continuous pattern of alternating mass and void, of concave and convex surfaces. Wooden display systems occupy the entrance area, which is enlivened with curved shelving along a gently modeled wall. Opposite the entrance a curved partition in marmorino set with niches announces the large fan-shaped marble staircase ascending to the raised sales floor: the ogival unit in pale wood that delimits the stairs becomes a display case on the floor above. Here the atmosphere is more intimate, and we find illuminated crystal cubes set into the continuous squared paneling highlighted by lighter inserts. Convex frames of pale wood float within illuminated silhouettes containing panes of crystal fixed in a tensor-framework to identify the corner devoted to the "Home Design" collection.

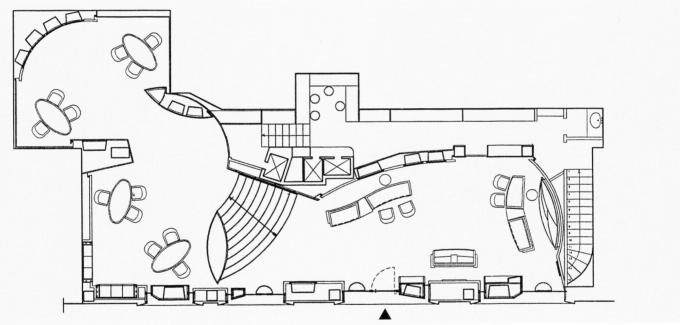

MAX & Co.
Via Dante, 7 - Milano

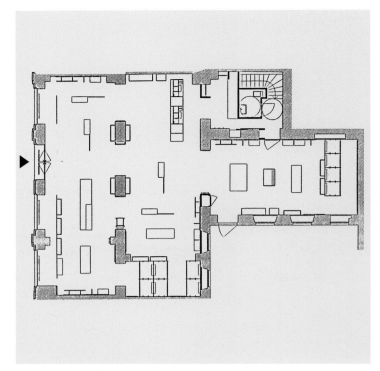

Una semplice articolazione all'interno di una geometria elementare, d'immediata comprensione, caratterizza questo negozio che acquista dinamismo grazie a un uso non convenzionale dell'illuminazione e dei materiali. Il pavimento bianco, come le pareti, conferisce un tono deciso e pure rassicurante all'involucro architettonico la cui regolarità è inaspettatamente contraddetta dai lunghi tagli diagonali che attraversano i controsoffitti suggerendo innumerevoli percorsi. Sottilissimi fogli d'alluminio suddividono lo spazio insieme a più consistenti quinte rivestite con un tessuto in Pvc dalla consistenza plastica, innaturale. Su di esse le attrezzature sono essenziali profili d'alluminio naturale o bianco che compongono linee e gabbie.

Anche i tavoli e gli espositori a terra, disegnati come volumi puri o come basse pedane, sono rivestiti con lo stesso materiale plastico il cui utilizzo, alternato ai bagliori freddi e lucenti del metallo, rinnova il rigore d'impronta modernista della composizione che sembra qui voler piuttosto tradurre il condiviso immaginario sui caratteri degli interni del futuro.

An uncluttered interior layout based on elementary and immediately comprehensible geometries is the keynote of this store redesign, which acquires dynamism through an unconventional application of illumination and materials. The white floors and walls inform the architectural enclosure with a pure, self-assured mood, the basic regularity of its layout contradicted by the long diagonal grooves in the ceiling bulkheads, suggesting myriad possible routes through the store.

The room is divided up by thin aluminum sheeting alternating with more substantial partitions clothed in a lamina that has an unreal, plastic feel. These are arrayed with display devices of sleek plain or white aluminum surrounds that compose a variety of linear frames and enclosures. The tables and display units in the form of unassuming floor-standing entities or low daises, are clad in the same plastic skin whose application, alternating with the cold gleam of the metal fixtures, reiterates the prevailing modernist slant of the entire installation, as if to give the impression of an interior from some future world.

Primo *flagship store* della catena Mosaïque, questo negozio nel cuore di Brera ma lontano dalle più caotiche vie commerciali, è stato concepito in modo da poter acquisire visibilità rispetto al contesto. La scelta del bianco uniforme per le attrezzature espositive e per tutti i rivestimenti dell'involucro architettonico - pavimento, pareti, controsoffitti - corrisponde alla volontà di catturare l'attenzione. Anche le nuove vetrine, lastre trasparenti a tutt'altezza, contribuiscono a soddisfare quest'esigenza.

La scelta di un non colore, al tempo stesso deciso e caratterizzante, è rafforzata anche da un attento progetto d'illuminazione che garantisce una luminosità diffusa grazie ai faretti incassati nel controsoffitto ma anche effetti più suggestivi, in corrispondenza dei giochi di volumi che annullano i diversi ingombri tecnici, di grand'efficacia durante le ore notturne quando la zona diviene particolarmente animata. I camerini, la sala di prova, il locale termico, il magazzino per le calzature sono ricavati nei passaggi od occultati da quinte che non interrompono visivamente lo spa-

zio ma lo ridisegnano con maggior limpidezza. I diversi vani così ottenuti, connessi e impreziositi da varchi voltati, acquisiscono una linearità di gusto tutto contemporaneo; le attrezzature espositive realizzate secondo un disegno essenziale, dal carattere puramente funzionale, sono studiate per valorizzare i prodotti, spesso molto colorati, e per contribuire all'uniformità cromatica dell'insieme. Lungo le pareti, a comporre nuclei isolati, sono quindi semplicemente collocate le appenderie di ferro smaltato e le mensole corredate da cassettiere. Gli espositori per le scarpe divengono anche fondali per le vetrine e arricchiscono lo spazio come piccole installazioni. A fronte di una neutralità linguistica e materica insistita, che diviene la cifra di riconoscimento di questi interni, una serie di preziosi arredi di modernariato in legno e pergamena, anni Quaranta, posti all'interno e utilizzati come espositori nelle vetrine, addolcisce il rigore compositivo dell'allestimento contribuendo a suggerire l'idea di una scena domestica, di un ricercato interno borghese nel quale sostare con agio.

The new flagship store of the Mosaïque retail chain, this new sales outlet just out of earshot down a back street of the quiet Brera quarter of Milan, has been conceived to stand out from its surroundings. The application of an even blanket of white throughout the store for the display systems and for the interiors themselves (floors, walls, ceilings) conspires nicely with this approach to forceful visibility. The new showcases, consisting of full-height transparent glazing, provides further accentuation. This idea of a coherent, uniform colorlessness is underscored by the clever lighting system that guarantees a consistent wash of light by means of recessed spotlights in the ceiling bulkhead, but here and there light is used to delightful effect with respect to the play of different volumes created by the technical plant ducting and is highly effective at night, when the Brera neighborhood becomes particularly busy.

The fitting-rooms, tailor's shop, heating plant unit, and shoe storage are all located in the passageways or hidden by partitions which instead of interrupting the visual flow of the

space invest the layout with greater clarity. The various spaces thus recouped from the site, linked up and enhanced with vaulted archways, have acquired a more modern, contemporary flavor; the display systems custom-built to an essential and purely functional design brief are tailored to highlight the products displayed, sometimes in bright colors, and to contribute to the chromatic harmony of the whole project. Lined along the walls in self-standing islands are hanging display devices in enameled iron, and shelf units with drawers. The shoe racks double up as backdrops for the window displays and create a series of inviting installations. In contrast to the singularity of visual language and material that provides the dominant key for the suite, splendid pieces of Forties-style furniture in wood and parchment are distributed through the store and used as display units in the window, softening the otherwise strict compositional tone of the installation and even gently hinting at a domestic setting, like a living room in which the customer is put at his or her ease.

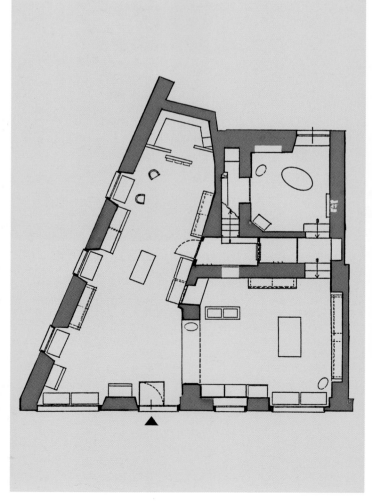

Fernando C. Mosca

NADINE
Corso Vittorio Emanuele II, 34 angolo Galleria Passarella - Milano

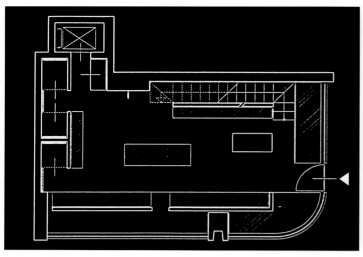

Altissimi cristalli continui garantiscono la totale permeabilità tra esterno e interno ed esaltano il senso di verticalità che diviene la chiave interpretativa di questo spazio. Questa scelta compositiva è ribadita dal grande dipinto che occupa per l'intera altezza una delle pareti e stabilisce una connessione tra i due livelli qualificando al tempo stesso la stretta scala che conduce al soppalco. La scherma, rispetto alla vetrina, un pannello di cristallo acidato. La trasparenza delle vetrate perimetrali consente di cogliere anche il disegno essenziale e rigoroso, d'impronta minimalista, delle strutture e delle attrezzature. Così è visibile l'alto spessore della soletta che interseca il pilastro in un gioco di fasce ortogonali ma anche la curiosa vetrinetta orizzontale posta tra il fondale della vetrina e la balaustra, quasi invisibile, del piano superiore. La finitura grezza della pietra grigia che riveste i pavimenti e i gradini della scala contrasta volutamente con i materiali utilizzati per gli arredi - acciaio, legno scuro, vetri trasparenti o acidati - trattati come forme plastiche.

Tall panes of sheer crystal glazing establish a sense of total permeability between exterior and interior in this new store design, emphasizing the motif of vertical thrust underlying this intelligent shop design. This vertical compositional idea is echoed in the large painting that occupies the full height of one of the walls, asserting linkage between the two levels of the store and giving coherence to the narrow staircase leading to the mezzanine above. Screening the stairway from the display window is a panel in acid-etched glass. The transparency of the glazed perimeter walls affords a clear vision of the lean, slightly minimalist, tone of the interior's structure and display equipment. Hence a view of the thick dividing floor interlocking with the support pillar placed between the windowback and the barely visible banister of the upper story. The roughly finished gray stone employed for the paving and stairs deliberately contrasts with the materials used for the furnishings - steel, dark wood, transparent tops of acid-etched glass - all of which are invested with torsion and plasticity.

Marco Claudi

NESPRESSO CLUB

Galleria San Babila, 4/D - Milano

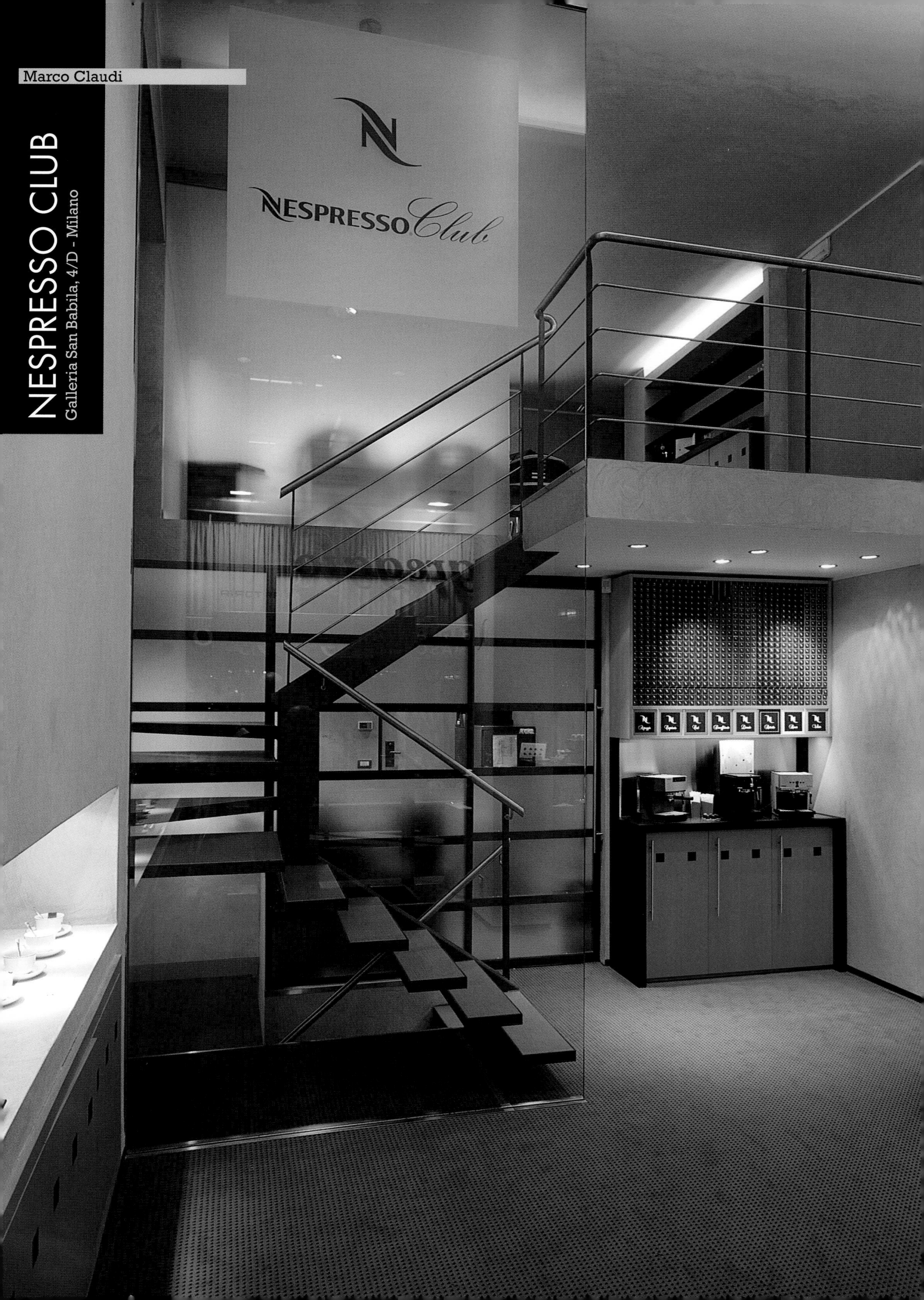

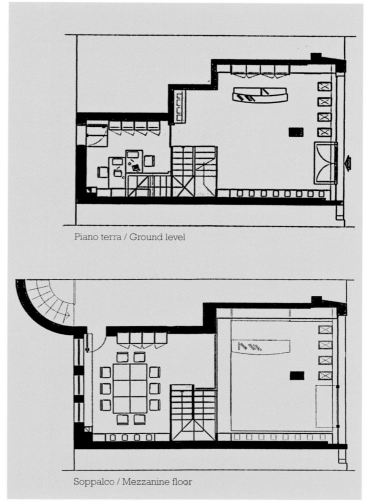

Piano terra / Ground level

Soppalco / Mezzanine floor

Né un negozio né un luogo di ristoro in senso proprio, questo spazio è una sorta di boutique del caffè che offre servizi, prodotti, assistenza. In termini progettuali la composizione è giocata con limpidezza ma a delineare un involucro articolato e ricco, disegnato con accuratezza. Il cristallo a tutt'altezza del fronte ingloba il portale d'ingresso cui è affiancata l'area della vetrina attrezzata con parallelepipedi di legno chiaro illuminati dall'interno e impreziositi da piani di cristallo acidato. All'interno un'importante parete trattata come una superficie continua è tagliata per tutta la lunghezza da una profonda nicchia sotto la quale è ricavato un contenitore, incassato, sempre di legno chiaro. Lo intarsiano piccoli riquadri di wengè, lo stesso motivo che arricchisce il banco sul fronte opposto dall'andamento solo leggermente curvato, corredato alle spalle da un contenitore anch'esso a muro e segnalato dalle due lampade a sospensione. Un'altissima quinta di cristallo, che reca nella parte alta la serigrafia del marchio, delimita solo in termini concettuali la bella e leggera scala, sostenuta da un'unica trave di ferro alla quale sono ancorati i gradini di legno. Percorrendola si raggiunge la quota del soppalco, che si affaccia sul piano sottostante con una sorta di balconata, parzialmente schermata da un pannello continuo di cristallo acidato e attrezzata come sala per riunioni. Nella sala d'ingresso la piastra del controsoffitto, distaccata dal perimetro, ribadisce la regolarità dell'impianto planimetrico. Alle spalle della scala lo sfondo è composto da un ulteriore mobile per l'esposizione delle macchine da caffè e delle miscele definito dal piano, dai fianchi e dalle tarsie in legno scuro in contrasto con il faggio delle ante e da una quinta composta con vetri acidati organizzati dalla maglia modulare di rettangoli della struttura in ferro. L'anta scorrevole di cui è dotata dà accesso alla zona riservata destinata a ufficio. La moquette chiara, dalla tonalità rosata, si armonizza con i toni dei legni a configurare un'atmosfera riposante e sofisticata ed è punteggiata dai piccolissimi marchi il cui profilo rimanda al motivo del quadrato utilizzato per caratterizzare i mobili.

Neither a shop nor even an eatery in the strict sense of the word, this space is more appropriately defined as a "coffee boutique" that offers a broad of range services, products, and assistance all specific to the theme of coffee. In design terms the composition has been kept limpid, the tone fresh, while making best use of the elaborate inner shell created especially to exacting design criteria. The full-height crystal glazing of the frontage enframes a portal alongside which lies the window display furnished with squarish units in pale wood illuminated from within and topped with frosted glass panes. Inside the store an eye-catching wall is treated as a continuous surface grooved the full length with a deep continuous niche below which runs an engaged container-ledge, also in pale-toned wood; this is decorated with little inserts in wenge, a motif that recurs in the gently curved service counter opposite, behind which rises another container, also recessed into the wall, its presence hailed by two pendant lamps. A soaring wall of glass emblazoned at the crown with the store logo, provides an intangible, almost theoretical partition for the slender staircase supported on a single iron upright to which the wooden treads are anchored; this leads up to the mezzanine that looks out over the ground-floor sales area with a sort of balcony hosting the meeting room and partially screened by an acid-etched glass panel serving as a banister. In the entrance hall the ceiling bulkhead, set slightly in from the wall, lends emphasis to the room's shape. Beyond the stairway the end of the room is occupied by another piece of furniture hosting a broad display of coffeemakers, pots, and blends with a top and side planes in dark intarsia offsetting the paler tone of the doors, and a back wall of acid-etched glass panes set into a rectangular grid of metal. The sliding panel opens to provide access to the area reserved for office facilities. The pale, off-pink carpeting blends favorably with the tones of the wooden fittings, imbuing the space with an aura of restful, muted sophistication, and is strewn with tiny signs whose silhouette echoes the squared motif applied throughout the furnishings.

A completamento del negozio esistente, d'impronta tradizionale, i nuovi spazi sono progettati per delineare una scena che attribuisce il massimo rilievo agli oggetti esposti. La scala che dal piano terra conduce ai nuovi ambienti dell'interrato crea un varco già visibile dalle vetrine e, protetta semplicemente da balaustre di cristallo, si segnala per il rivestimento nero delle alzate in contrasto con i gradini di pietra chiara, la stessa tonalità di colore scelta per la pavimentazione di cemento spatolato. Percorsa la discesa una parete rivestita con tessere di mosaico impreziosisce l'atmosfera al piano sottostante. Qui lo spazio si articola in due locali dalle caratteristiche volutamente differenti. Il primo è dominato da linee rette: una sorta di mensola ribadisce la disposizione a "C" della pianta e, inci-

sa da un taglio continuo luminoso, valorizza le attrezzature: mensole e appenderie ancorate a binari che segnano le pareti con linee parallele. A terra una bassa pedana riproduce un analogo motivo e anche le lampade a soffitto sono disegnate come bassi parallelepipedi. Quasi a sorpresa questa geometria è contraddetta dal volume ovale del secondo ambiente generato dall'andamento delle pareti e insieme del controsoffitto e della breve scala che compenetrano lo spazio superiore. In questo caso, per enfatizzare la plasticità dell'involucro, le attrezzature sono nicchie lunghe e profonde perfettamente incastonate nelle pareti come fossero fasci di luce. Arredi anni Cinquanta introducono una nota retrò quasi contrapponendosi, in un gioco sofisticato, all'essenzialità dell'insieme.

Neatly offsetting the somewhat traditional existing store, the design of the new spaces delineates an ambiance that gives the utmost relief to the objects on display. The ground-floor lobby provides a threshold to the new basement sales spaces that can be glimpsed from the street through the windows, cordoned off by an unobtrusive crystal balustrade, with a stairway whose risers are in a contrasting darker tone than the steps, which match the uniform floors of smooth cement. Proceeding down the stairway, one passes by a wall embedded with mosaic tesserae that lends an atmospheric touch to the entire basement story. Here the space is divided into two rooms of distinctly different shapes. In the first the dominant motif is a long, continuous line: a sort of ledge runs the perimeter emphasizing the C-shaped plan and, equipped with a continuous illuminated groove, highlights the display system of combined shelves and hanging devices fixed to parallel tracks along the walls; at floor level a low dais resumes the linear motif, and likewise the ceiling lamps describe a set of low parallelepipeds. An unexpected counterweight to this geometry is offered by the oval sweep of the second room, its shape generated by the curved walls and lowered ceiling, and the short flight of stairs up to the ground floor. In this second room, to emphasize the plasticity of the inner shell, the fittings are deep extended niches perfectly encased in the walls like long bands of light. Scattered pieces of 1950s furniture add a nice passé touch, almost a counterpoint to the sophisticated leanness of the whole.

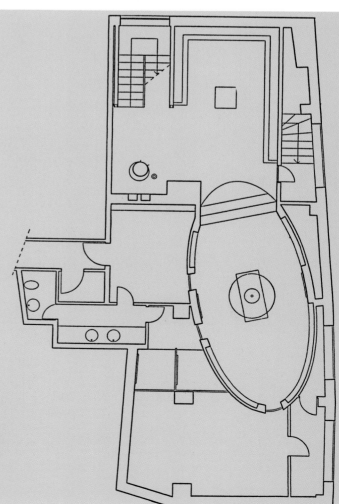

POLLINI
Corso Vittorio Emanuele II, 30 - Milano • Via Cavour, 27 - Ravenna

Ravenna

Milano

Soluzioni che rimandano esplicitamente ai modelli compositivi delle avanguardie artistiche olandesi d'inizio Novecento ridefiniscono l'atmosfera di questi celebri negozi di calzature. Nel caso milanese il nuovo allestimento ha comportato anche una nuova articolazione degli spazi su tre livelli che ha permesso di ottenere una più ampia superficie di vendita. In ogni caso l'immagine globale di entrambi i negozi è definita sulla base di criteri formali ed espressivi del tutto analoghi: le contropareti che ospitano le attrezzature espositive in nicchie sembrano sospese nel vuoto grazie alle cornici di luce ottenute con l'illuminazione nascosta e ricompongono l'involucro architettonico scandendolo ritmicamente. I rivestimenti cementizi dei pavimenti, lucidati, costituiscono uno sfondo volutamente scarno e pure di grande effetto per gli arredi che sembrano perdere le proprie specificità funzionali per divenire piani e volumi indifferenziati, quasi installazioni sospese su zoccoli di luce. Il legno scuro è utilizzato per caratterizzare i banchi cassa e i mobili espositori a cassetti e basi di cemento strutturano le sedute composte da cuscini di pelle o, anche simultaneamente, le pedane delle vetrine che, in alternativa, sono predisposte con tavoli composti da basi in plexiglas e ripiani di cristallo contenuti da strutture d'acciaio verniciato chiaro. Oltre alle luci fluorescenti e incassate l'illuminazione è garantita da un raffinatissimo sistema alloggiato in appositi tagli a parete e a soffitto schermati da sportelli orientabili in alluminio lucidissimo per direzionare i fasci di luce.

Ideas that hark unashamedly back to the compositional models of the early twentieth-century Dutch artistic avant-gardes connote the stores of this renowned shoe manufacturer. The refurbishment of the Milan branch has entailed reorchestrating the floorspace on three levels to enable a greater selling area. The global image that both stores project pivots on strict formal criteria: the floating effect of the paneling that hosts the recessed display devices is enhanced by an illuminated surround generated by concealed lighting, a solution that is assimilated with the building shell and lends rhythmic coherence to the entire space. The polished screed floors establish a restrained environment that artfully shifts attention to the fixtures and fittings, which nonetheless cleverly dissemble their functional characteristics, becoming a homogenous set of undifferentiated planes and volumes, like mini-installations suspended on plinths of light. Dark wood has been used, however, to distinguish the service counters and the drawered display units, and concrete bases are used for seating elements composed of leather cushions, in some case also for the window daises which, alternatively, can sport tables made of Plexiglas bases and crystal tops contained in steel frames painted with a bright finish. Besides the fluorescent lighting and recessed downlighters, the overall lighting scheme comprises a highly sophisticated system of illumination lodged in grooves cut into the wall paneling and ceiling voids equipped with movable blinds in polished aluminum that focus the light on the displays.

Milano

Milano

Milano

Milano

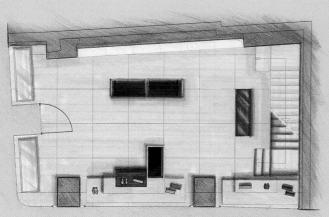

Milano - Piano terra / Ground level

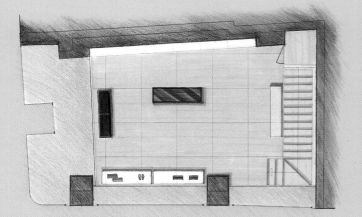

Milano - Soppalco / Mezzanine floor

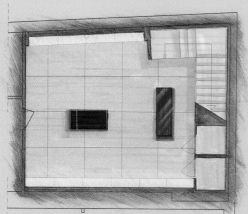

Milano - Interrato / Basement floor

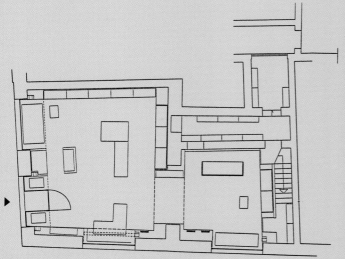

Ravenna - Piano terra / Ground level

Ravenna

Ravenna

Ravenna

Ravenna

Una sorta di atrio attrezzato con piccole vetrine e destinato nelle intenzioni a ospitare una mostra permanente di opere di scultori contemporanei, si pone come filtro tra il fronte e il negozio vero e proprio concepito come una galleria espositiva. Ogni *escamotage* banalmente scenografico, frequente nell'allestimento degli spazi destinati alla vendita di gioielli, è bandito da questo progetto che piuttosto identifica una composizione rigorosa e sofisticata che non si sovrappone figurativamente agli oggetti ma anzi li valorizza e al tempo stesso non rinuncia a rintracciare una propria identità formale tutta da riconoscere nell'accuratezza del disegno e nella ricercatezza dei dettagli. Il percorso, che si adatta alle strutture portanti dell'edificio, è organizzato dalle pareti interamente rivestite in pietra d'Istria d'Orsera - lo stesso materiale posato in grandi lastre a pavimento - scanalate in senso orizzontale oppure lisce in corrispondenza delle piccole teche incassate illuminate con un sofisticato sistema a fibre ottiche. Le diverse finiture del rivestimento giocano così sull'alternanza di luce e ombra e, accentuando il senso della prospettiva, ribadiscono un senso ritmico della composizione che ha tutto il carattere dell'architettura più che dell'allestimento d'interni. I controsoffitti finiti a stucco spatolato bianco, disegnati come sottili piastre sospese distaccate le une dalle altre e dalle pareti perimetrali, contribuiscono a rafforzare questa scansione quasi musicale dello spazio che determina un risultato di notevole eleganza. Sotto le teche espositive le cassettiere di metallo brunito, sempre incastonate nelle pareti, introducono una nota cromaticamente contrastante e forniscono un'indispensabile integrazione delle attrezzature fungendo da vassoi scorrevoli. Per ammorbidire la decisa neutralità dell'involucro architettonico giocato sui toni del grigio e del bianco il colore morbido del legno di pero è utilizzato per contrassegnare altri contenitori di servizio incassati a parete, le porte interne e i tavoli la cui forma sembra contraddire l'ortogonolità insistita dell'insieme: sottili coni sostengono piani sagomati secondo linee arrotondate.

An atrium-style threshold composed of small vitrines, assigned the function of a permanent exhibition space for works by contemporary sculptors, acts as a filter between the window area and the shop itself, whose design evidently draws inspiration from the classic gallery or exhibition installation. Having purged the project of all the visual theatrics that normally accompany the merchandising of jewelry, the designers in this case have opted for a rigorous and sophisticated composition that carefully avoids intruding on the goods themselves, preferring instead to highlight the items on display without forgoing an affirmative statement of formal identity: this is manifested in the cogent overall design and a notable attention to detail. Devised to fit in with the bearing structures of the host building, the circulation route is comprised of walls clad throughout in fine Istrian stone, the same stone used for the large floor slabs, their grooves running horizontally or laid seamlessly, in correspondence with the vitrines illuminated by a sophisticated system of optic fibers. The varied techniques thus involved generate a chiaroscuro sequence of alternating light and shade that deftly accentuates the sense of perspective, lending a compositional rhythm that is closer to architecture proper than to installation design as such. The lowered ceilings are finished in smooth white plaster arranged in thin panels suspended individually, slightly shy of the wall, endorsing the elegant, almost musical scoring of the space to striking effect. Sunk into the wall like the display cases, the drawer units below finished in burnished metal introduce a carefully moderated chromatic contrast while providing the indispensable integration of service fittings by doubling as sliding trays. To attenuate the decisive neutrality of the host shell with its play of grays and whites, pale pearwood is employed variously to distinguish additional service containers engaged in the walls, and also for the inner doors and tables, whose shape seems to disclaim the emphatic grid arrangement imposed elsewhere through the scheme: these are subtle cones supporting curving table tops.

Salvini

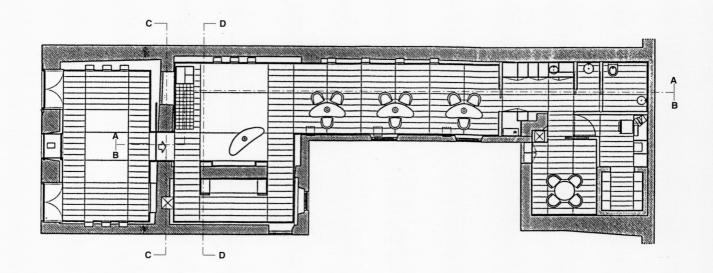

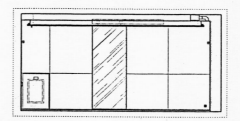

Sezione trasversale / Transversal section C-C

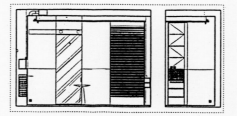

Sezione trasversale / Transversal section D-D

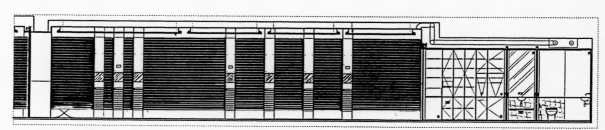

Sezione longitudinale / Longitudinal section A-A

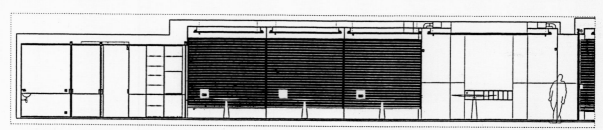

Sezione longitudinale / Longitudinal section B-B

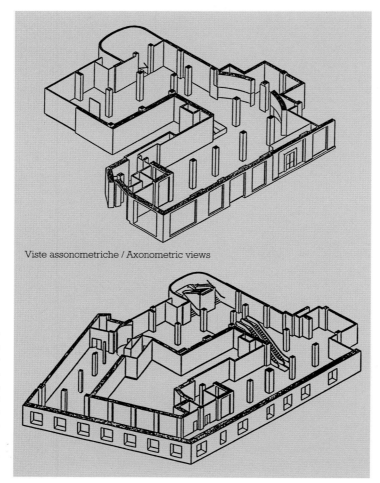

Viste assonometriche / Axonometric views

Da sempre ospitato in un edificio degli anni Trenta affacciato su una delle piazze più emblematiche della città, questo store di una celebre catena è stato ridisegnato integralmente secondo un progetto che non solo tende alla riqualificazione formale degli spazi ma, contemporaneamente, a rinnovarne il sistema di comunicazione che aggiorna radicalmente la *corporate identity* del grande magazzino popolare omologandola, nella sostanza, a quella che identifica spazi commerciali più esclusivi. La facciata su Corso Venezia è stata ricomposta secondo il suo aspetto originario dalle nuove vetrine a tutt'altezza - dalle quali, grazie a un pozzo nella soletta, è possibile percepire il grande spazio del piano sotterraneo - e dal nuovo ingresso identificato dal portale blu come quello rivolto verso la piazza. Lo stesso blu corporativo è impiegato per le tende esterne. All'interno i due livelli connessi dalle nuove scale mobili e da un ascensore panoramico, oltre ai collegamenti pedonali, sono modellati dai giochi dell'illuminazione nei controsoffitti e uniformati dai pavimenti composti da lastre di marmo quadrate, posate in due differenti formati, alternate a più piccole aree di parquet. Il bianco domina sulle superfici che divengono così lo sfondo più adeguato per la ricca articolazione delle attrezzature tipica della tipologia del grande magazzino e legata evidentemente alla varietà anche dimensionale delle merci. Gli espositori, disposti lungo il perimetro o da terra sono in legno verniciato, metallizzato o laccato e sono disegnati per corrispondere alle specifiche esigenze d'ogni reparto.

Although it has always been hosted in this fine building constructed in the 1930s abutting one of the city's most busy and representative squares, this particular outlet of the popular department store chain has undergone a total facelift according to a project that not only entailed entirely reworking the available spaces at formal level but at the same time reworking the signage system that endorse the department store's corporate identity, bringing its style in line with more exclusive type of store. The original state of the full-height glazing along the façade looking out onto Corso Venezia has been restored; a cut-out section of the sill along the window front allows passers-by a view down into the lower sales floor - and a new blue door added to match the one on the piazza. The same corporate blue is used for the awnings along each prospect. Inside the two levels linked via panoramic escalators and separate stairways, have been endowed with a uniform style through the lighting system in the lowered ceilings, and the floors all harmonized with an even expanse of gray marble slabs laid in two different formats and interspersed with small areas of carpeting. An overall white dominates the wall surfaces to provide an adequate backdrop for the elaborate display systems suitable for the array of products sold in department stores, flexible not just to the products' variety but also to their dimensions. The display equipment ranged along the perimeter or in standing units are in painted wood, metal-coated or lacquered, and are custom-designed to suit the needs of each department.

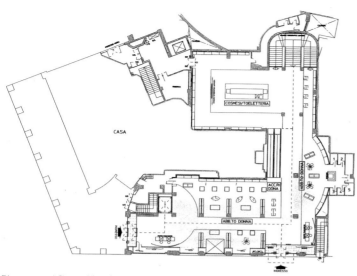

Piano terra / Ground level

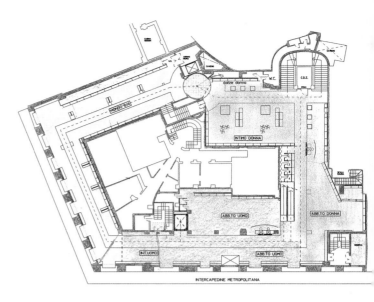

Interrato / Basement floor

Prospetto d'ingresso / Entrance elevation

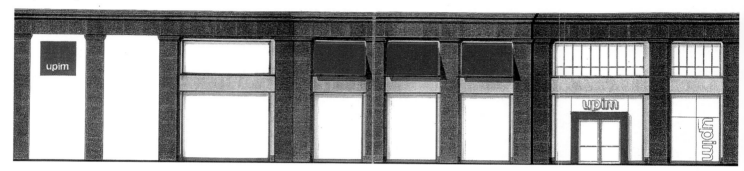

Uno *showroom* concepito quasi come un piccolo tempio nel quale si debba officiare un rito è questo spazio di piccole dimensioni composto da due locali. Una passerella di legno a listoni li collega e diviene il percorso per accedere a questo scrigno dorato, una sorta di platea dalla quale stupirsi della scena scintillante. Superfici curve, interamente dorate, la compongono. Come cornice, a concludere il disegno a onda del nuovo involucro, una veletta bianca scherma luci nascoste che illuminano le pareti stesse e i soffitti. Una fascia alla base accoglie faretti incassati. Sull'oro dei rivestimenti lunghe mensole di cristallo sembrano sospendere nel vuoto gli oggetti esposti. I pannelli di specchio della parete lungo il camminamento, sulla quale si aprono anche le finestre, duplicano questa scena con un effetto quasi fiabesco. A pavimento una miscela di piccolissime tessere d'oro ribadisce l'idea di un contenitore prezioso riflettendo con morbidezza l'illuminazione radente mentre inserti riempiti con sassi di fiume rimandando a un'estetica esotica e segnalano la posizione dei tavoli sempre in legno che, su di un unico sostegno, sembrano affondare radici nel terreno. I loro piani, con profili curvi, si collegano alla passerella con gradini che fungono anche da sedute nel caso di sfilate. Unico ulteriore corredo dell'allestimento sono le famose sedute di Tom Dixton in paglia che tracciano nello spazio linee sinusoidali. "...l'oro... avvolge questa situazione spaziale come note di musica barocca sul pentagramma di un giardino zen. E il rumore dei miei passi... quasi disturba il senso di pace che si respira in questo luogo, preambolo di un tempio o tempio stesso... dove chi entra riconoscerà le scarpe che aveva lasciato per fermarsi un po' a meditare." Così il progettista descrive il proprio lavoro e implicitamente elabora una rappresentazione del luogo del consumo diversa da quella per lo più diffusa, improntata su un'estetica minimalista e tecnicistica. Qui lo spazio commerciale è il luogo della meraviglia e rinnova l'interpretazione benjaminiana secondo la quale le grandi gallerie commerciali ottocentesche apparivano come stupefacenti templi dove celebrare la liturgia del consumo.

The first impression one gets upon entering this little showroom made up of two interlocking halls is that some arcane rite is about to be performed, as in a temple. A neat gangway of wooden planking connects the two rooms and ushers the visitor through this gilded jewel casket whose contents are transformed into scintillating props of a theater stage. The scene is composed entirely of golden curves, whose undulating design is reiterated in a wavy involucrum of white veils screening the built-in illumination that bathes walls and ceiling in a wash of brilliant light, while along the baseboard fascia recessed spots cast low beams across the floor. At intervals along this golden corridor clear glass shelves invisibly proffer objects that seem suspended in mid-air. Cut with a sequence of windows, the mirrored paneling on the walls along the walkway duplicate the scene, creating an almost fairy-tale atmosphere. Dappling the floor countless minute gold flecks endorse the sense of something precious, glistening in the light emitted from the skirting, while other inserts of pebble add an exotic note and mark the position of the tables, also in wood, which, supported on a single upright, seem rooted in the ground. Their elegantly curving tops are linked to the walkway via steps which double up as seating during the fashion shows. The only other furnishings are the renowned wickerwork seats designed by Tom Dixton that unravel sinuously through the room. "Here, gold envelopes this place like notes of Baroque music on the stave of a Zen garden," comments the designer, giving us an implicit portrait of this novel consumer locus so distinctly different from others in the category, with its highly pondered, minimalist outlook. "The sound of my own footfall seems almost an intrusion on the hush of the place, like some hallowed threshold, or a temple itself... in which whoever enters will recognize the shoes he removed at the door, now he has lingered for a moment's inward reflection." Here the sales space becomes a place of wonder, and revives the image advanced by Walter Benjamin, who said that the large nineteenth-century shopping arcades were like glistening temples of consumption.

JULIAN
Viale Matteotti, 33 - Milano Marittima - RA

onte esterno rivestito con lastre di travertino incornicia le
e superfici trasparenti delle vetrine, di bella proporzione,
istituiscono deliberatamente la continuità tra l'esterno e
erno di questo negozio e così affermano la sua incidenza
paesaggio urbano circostante. Un accurato ridisegno del-
icolazione degli spazi, disposti su due piani, crea un con-
ore nel quale s'integrano perfettamente superfici, volumi e
hie secondo una visione coordinata e organica improntata
massima essenzialità formale e a un assoluto rigore com-

positivo. L'accurato progetto d'illuminazione, sottolinea
rapporti tra pieni e vuoti, sostiene con coerenza ques
postazione. Le piante, dalla geometria piuttosto regolare,
ristrutturate dai nuovi percorsi continui e fluidi, sostar
mente organizzati intorno al nucleo della scala che coll
due livelli, chiusa e delimitata tra due pareti, utilizzata a
come aggancio per quinte attrezzate. L'involucro architett
è reso particolarmente luminoso dai rivestimenti chiari
superfici verticali e dei controsoffitti nonché dei pavime

inato di graniglia al piano terra e di moquette al primo
o. Ampi specchi enfatizzano quest'effetto lucente insieme
lexiglas opalescente che compone uno sfondo al piano
a e all'acciaio scintillante scelto per le appenderie, gli
ositori e i tavoli corredati da piani di cristallo ma anche
e scenografico rivestimento del banco cassa. Raffinati
chi di luce sono offerti dai corpi illuminanti incassati nei
e nelle feritoie sui controsoffitti o sporgenti come stretti
allelepipedi. La sostanziale omogeneità cromatica del-

l'allestimento è riscaldata e volutamente contraddett
prezioso legno d'ebano con il quale sono composti a
banchi vendita ed elementi espositivi e, al primo piano, a
ante scorrevoli a tutt'altezza che celano contenitori. Sofis
accostamento, questo scelto, che ammorbidisce i fr
bagliori del metallo e del cristallo rendendo gli spaz
avvolgenti sia pure con un deciso gioco di contrasti. Se
disegnate come bassi volumi e corredate da cuscini rives
velluto, completano con coerenza formale l'allestimento.

An extended prospect faced in travertine sections creates a handsome frame around the generously proportioned expanse of sheer glazing along the storefront, deliberately fostering an effect of seamless continuity between the store's exterior and its interiors, while asserting itself on the urban landscape encircling it. A discerning redistribution of the sales spaces on two floors has engendered a container in which surfaces, volumes and niches conform to a coordinated, organic vision geared to achieving the utmost formal clarity and an exacting compositional identity. Complying with this outlook is the shrewd lighting system, designed to pick out the rhythmic alternation of masses and voids. The floor layouts, though fairly regular, have been transformed by the new fluid customer circulation routes, mostly organized around the point of linkage between the two levels, namely, a sleek stairway enclosed and delimited by two walls that give anchorage to a set of service partitions. The overall brightness of the new inner shell is emphasized by the pale finish of the walls and lowered ceil-

JULIAN

ings, and complemented by the reconstituted grit floors on the ground story and the carpet on the floor above. Enhancing this luminous setting are broad expanses of mirror and opalescent Plexiglas partitions forming backdrops to the glistening steel of the various hanging devices, display systems, and clear glass-topped table surrounds, and also for the striking trim of the cash desk. Clever lighting effects are created by the units recessed into the slots and gashes in the ceiling or mounted in protruding narrow parallelepipeds. The substantial overall chromatic evenness of the installation is deliberately enlivened and even contradicted by the use of ebony wood for several sales counters and display devices and, on the upper floor, for the full-height door panels that slide across to neatly conceal the merchandise. This sophisticated juxtaposition takes the edge off the cold glint of the metal and glass fixtures, making the spaces warmer and more welcoming, despite the evident play of contrasts. Low seating blocks with velvet-covered cushions add the final touch to the installations formal coherence.

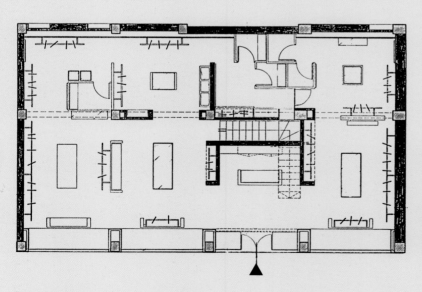

Piano terra / Ground level

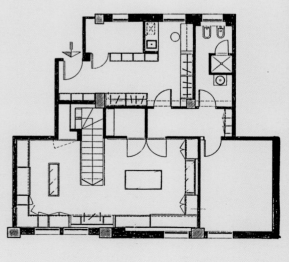

Primo piano / First floor

Valentina Onesti

Carlo Forcolini

POMELLATO
Métropole Palace - Montecarlo (MC)

In accordo con una tendenza che si è sempre più affermata negli ultimi anni, soprattutto nel caso di grandi marchi di fama internazionale, questo negozio è il risultato dall'applicazione di alcuni criteri guida identificati per tutti gli spazi Pomellato, adattati di volta in volta alle specifiche caratteristiche dei singoli ambienti. Si propende verso un'assoluta coincidenza tra l'immagine del prodotto e quella dello spazio nel quale è commercializzato e a una riconoscibilità che prescinde dalla localizzazione geografica. Posto all'interno del Centro commerciale di un elegante albergo, il negozio appare particolarmente visibile grazie alla vasta area della vetrina, interamente rivestita di marmo bianco, dalla forma irregolarmente poligonale, occupata da teche d'ottone luci-

do con cristalli curvati e sabbiati ruotanti su alti e sottili sostegni cilindrici. Una parete dorata fa da sfondo al grande pannello marmoreo, bianco, sul quale campeggia il marchio. All'interno un'ininterrotta parete rossa, variamente inclinata anche in senso verticale, si distende con un andamento sinusoidale sottolineato dal profilo del controsoffitto e dalla traccia delle piccole luci incassate. La punteggiano teche leggermente aggettanti, rivestite all'interno con un tessuto chiaro, disegnate da telai metallici verniciati di blu. La parete acquista una valenza plastica nello spazio che al tempo stesso modella e la scelta del prezioso tono di rosso, che risalta sulla pavimentazione di marmo a grandi lastre quadrate posate in diagonale, ne enfatizza il ruolo. Sul lato opposto

In conformity with a philosophy that has had steadily growing popularity in the past few years with major international brand names, this store's redesign follows a set of guidelines created for the entire Pomellato chain, applying criteria adapted case by case to suit the specifics of the individual setting.

The aim is to achieve a precise overlap between product and store in question and a brand ID that is immediately distinguishable, irrespective of its geographical location. Incorporated in the shopping mall of a large hotel, this store is particularly noticeable due to the huge glazed white marble-paved display frontage forming an irregular polygon and peopled with strategic polished brass display units with

curved ledges in sanded crystal rotating on tall, elegant cylindrical stands. A gilded wall forms a backcloth to the large white marble panel emblazoned with the company logo. The interior boasts an unbroken red wall that is tilted at various angles and unravels in snakewise fashion, underlined by the silhouette of the lowered ceiling and the trail of recessed pinpoint lighting. Along this wall are slightly protruding display units lined with a pale fabric and profiled in metal frames painted blue. The wall lends a certain sculptural plasticity to the layout, modeling the enclosure, its lush red strikingly offset against the soft marble hue of the marble floor further emphasizes its role. On the opposite side a continuous wainscoting composed of warm-toned wood

una continua *boiserie*, composta da pannelli di legno scelto in un tono caldo, riveste interamente le pareti e diviene un contenitore in corrispondenza dello spazio dedicato alla linea DoDo organizzato con le piccole vetrine quadrate che si differenziano per il rivestimento interno in carta di riso di vari colori. Un'illuminazione puntiforme, risolta con faretti incassati nel controsoffitto, garantisce una luminosità diffusa e omogenea. La ricercatezza degli accordi cromatici e della composizione si riflette anche nel disegno degli arredi accessori: un piccolo banco vendita conico, i tavoli di legno a sezione curvilinea su supporti sempre di metallo verniciato blu - lo stesso colore delle sedie e delle poltroncine in cuoio - gli specchi racchiusi da alte cornici lignee che delimitano le differenti postazioni. Ne risulta così uno spazio fluido, continuamente mutevole, nel quale appare evidente il compito anche scenografico degli espositori che focalizzano l'attenzione evidenziando la preziosità degli oggetti.

panels clads the entire wall surface, establishing a container of sorts for the enclave devoted to the display of DoDo-label products arranged with small square showcases that are distinguishable by means of the color chosen for their rice-paper lining. A generous array of pinpoint illumination provided by recessed spot downlighters spreads a welcoming, uniform glow throughout the store.
The discerning color scheme and careful design is carried through to the various display accessories: a small cone-shaped sales counter, the curved wooden tables perched on metal legs painted blue (the same color found on the leather seats and armchairs), the mirrors enclosed within tall wooden frames that signal the various service counters. The end result is a fluid, continually changing space in which the display devices play an outspoken role in giving dramatic effect to the displays, italicizing the exquisite make of each object.

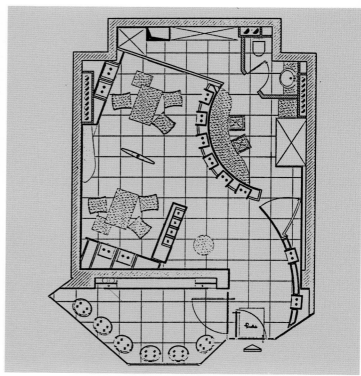

Laura Sclavi

Gabriela Dupeyron

BULGARI
Via Filangieri, 40 - Napoli

Anche in questo spazio napoletano articolato su due livelli i criteri omogenei rintracciati per identificare l'immagine di tutti i negozi di questa firma della gioielleria, sono improntati a una forte caratterizzazione architettonica tradotta da elementi studiati con accuratezza formale e adeguatezza funzionale. Il disegno delle vetrine, al piano terra di un importante palazzo, si arricchisce di massicci volumi ogivali in marmo rosa entro i quali sono inserite le teche espositive. All'interno, dove sono utilizzati in una raffinata alternanza i materiali che precisano l'atmosfera di tutti gli spazi Bulgari - legno di pero e acero per le *boiserie* a riquadri e gli arredi, marmorino e marmo rosa per gli altri rivestimenti - l'im-

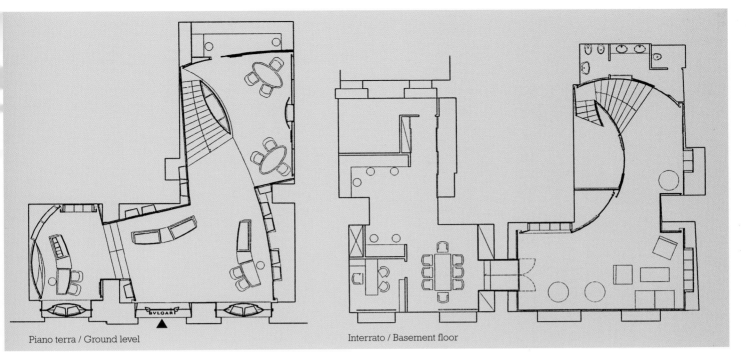

Piano terra / Ground level   Interrato / Basement floor

pianto a "L" diviene un volume unitario nel quale sono articolate le diverse funzioni e organizzate le varie tipologie d'oggetti. La dinamica introdotta dall'alternanza di linee concave e convesse, cifra di riconoscimento di tutti i negozi del marchio, anche in questo caso è espressa dalla parete curva forata da piccole nicchie espositive idealmente prolungata fino all'elemento ogivale che delimita la scala, aperta a ventaglio, d'accesso al piano interrato. Questa soluzione permette anche di circoscrivere un'area più raccolta arredata con un tavolo e delicate poltroncine in paglia di Vienna. Le tracce luminose che incidono il perimetro del controsoffitto enfatizzano strategicamente il ruolo degli apparati espositivi, la classica preziosità dei materiali e il senso di una composizione ricercata che modella plasticamente lo spazio rendendolo elegante e fluido.

As with all the Bulgari outlets, even here in the city of Naples the new store is carefully distributed on two levels according to trademark criteria established for all its points of sale. Along with its counterparts in other cities the Neapolitan branch is informed with a strong architectural imprint communicated through a highly select formal and functional vocabulary. The street-level window display arrangement in this important downtown building vaunts a set of striking ogival blocks of pink marble mounted with glass display vitrines. Further inside the store, where the characteristic Bvlgari atmosphere is achieved through a refined alternating of materials, namely, pearwood and maple for the squared wall-paneling and furnishings, with marmorino and pink marble for the other kinds of finish - the L-shaped floor plan becomes a single orchestrated unit in which the different service functions are arranged according to the various types of jewelry. As elsewhere, the dynamic established by the alternation of concave and convex lines - a standard feature of the chain's store ID - is expressed here by the curved wall perforated with small display niches that create a view-line toward the ogival unit marking the staircase that fans out toward the basement sales floor. This allows for a more collected area nearby, with a table and delicate chairs in Vienna straw. The trails of lights encircling the bulkheads give strategic emphasis to the display devices below, heightening the preciousness of the materials and the compositional élan that invests the space with an elegant, fluid plasticity.

BISAZZA SHOWROOM
West 23rd Street, 12 - New York (USA)

Si trova al terzo piano piano di un vecchio opificio quasi tutto di legno, vicino al famoso Flat Iron, questo nuovo *showroom* a Manhattan. Lo spazio dalla forma molto allungata e disposto su due livelli collegati da una breve scala di legno, è concepito come una sorta di catalogo tridimensionale dei materiali prodotti dalla Bisazza e della loro versatilità compositiva e cromatica. Già al piano terreno, come ingresso dell'intero edificio, sul pavimento a riquadri d'Avventurina blu, una successione di semicolonne rivestite con tessere azzurre scandisce il percorso e incornicia dodici pannelli in mosaico blu, argento e azzurro rappresentanti i segni zodiacali. Al piano il pavimento del salone d'ingresso, illuminato dal grande lucernario, cattura l'attenzione con la sua moltitudine di colori organizzati in motivi geometrici e composti nel grande cerchio al centro. Una mano rivestita in tessere dorate segnala il passaggio tra le due quote. Discesa la scalinata il disegno della pavimentazione, sempre alternando cromie, materiali e finiture della produzione Bisazza, sottolinea la longitudinalità dello spazio nella composizione a spina di pesce fino a raggiungere due basse quinte semicircolari. Queste, rivestite con tessere in varie tonalità di verde e disegnate come si trattasse di siepi rinascimentali, abbracciano il tavolo di legno e schermano un'area più operativa. Il "repertorio" dei materiali che compongono l'allestimento è integrato da una serie d'arredi, progettati da famosi architetti e designers, realizzati per valorizzare le potenzialità espressive della tecnica del mosaico.

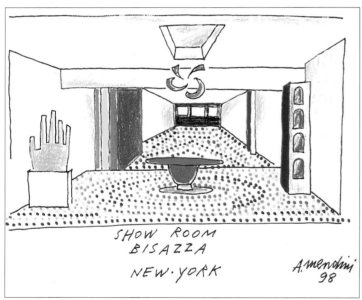

SHOW ROOM
BISAZZA
NEW·YORK

A.mendini
98

This showroom is located on the third story of an old factory built almost entirely of timber, not far from the renowned Flat Iron building in the heart of Manhattan. Its peculiar elongated floor plan distributed over two levels linked via a wooden staircase is a sort of three-dimensional review of materials from the Bisazzi production catalogue. At ground-floor level, a huge entrance lobby opens onto an expanse of floor in Avventurina-blue squares. A line of columns sheathed with tiny blue inserts marks the circulation route, framing twelve panels embellished with mosaic tesserae of blue, silver and azure representing the signs of the Zodiac. Looking across the expanse of the entrance lobby floor, one's attention is drawn to the lively colored geometric motifs inscribed in the large central circle, judiciously illuminated from above by a large skylight. A modeled hand in gold mosaic marks the passageway between the two levels. Once at the foot of the stairs, the floor design, while still evoking the palette, materials and finishes of the Bisazzi label, underlines the space's extension into the depths of the building with a herringbone pattern leading off to two low, semicircular partitions; tricked out with mosaic inserts of varying shades of green and shaped a little like Renaissance hedgerows, these encompass a wooden table and screen off a service area. The "repertory" of materials thus integrated with the installation is complemented by custom-built fixtures and furniture, created by renowned designers with the express purpose of highlighting the characteristics of mosaic art.

MISSONI
Madison Avenue, 1009 - New York (USA)

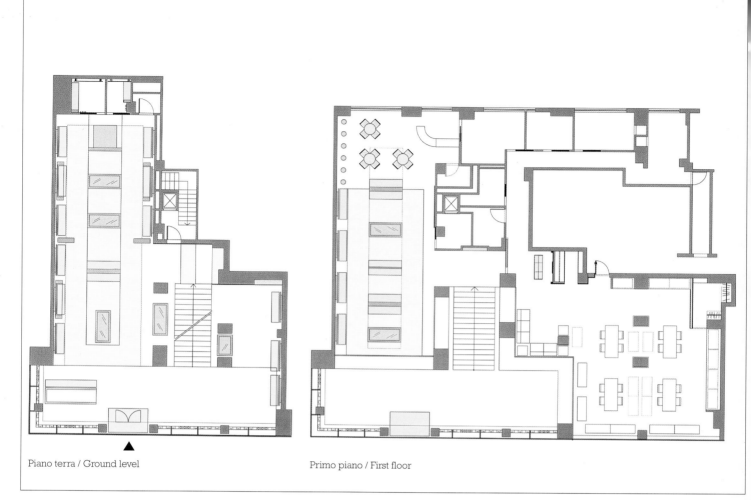

Piano terra / Ground level

Primo piano / First floor

Nessuna barriera interferisce dall'esterno con la possibilità di percepire l'organizzazione di questo grande spazio newyorkese per una grande firma della moda italiana: un enorme atrio a doppia altezza, assolutamente trasparente, lascia cogliere anche la struttura architettonica interna delineata dai profili netti dei pilastri e delle solette e prelude alla scala metallica che dà accesso al piano superiore. La luce, bianca o cangiante, potenzia l'effetto scenografico delle ondeggianti vele sospese che arricchiscono l'ingresso monumentale. L'organizzazione dei percorsi si svolge all'interno di un involucro architettonico cromaticamente neutro e prezioso al tempo stesso: la tonalità avorio e sabbia delle superfici illuminate da particelle dorate è resa morbida dalla finitura a spatola dei controsoffitti e dei pavimenti di cemento laccato e sfumato oppure rivestiti di moquette. La distribuzione delle attrezzature, pur assecondando l'articolata conformazione delle piante, è frutto di un controllatissimo progetto che promuove la percezione visiva e tattile dei capi esposti e ne valorizza le particolari trame, tipicamente caratterizzate da raffinatissimi accostamenti di colore, secondo un ordinamento per gruppi cromatici compatibili e quindi riconoscibili. Gli espositori a parete scandiscono ritmicamente le superfici verticali: la loro altezza sembra essere definita dalla luce secondo un profilo continuo benché varia sia la loro configurazione. Pannelli di specchio acidato a forte spessore, retroilluminati e attrezzati con ripiani di legno o appenderie d'acciaio graffiato e cerato, mettono in risalto gli oggetti su uno sfondo diafano al tempo stesso immateriale ma anche capace di riflettere forme e colori. Volumi di luce colorata disposti perpendicolarmente alle pareti interrompono la sequenza continua degli espositori. Al primo piano la grande piastra sospesa del controsoffitto delimita geometricamente la posizione dei tavoli alleggeriti dall'illuminazione amplificando la longitudinalità di quella porzione di superficie. Ne risulta uno spazio nel quale il minimalismo formale del disegno non tende tanto a formulare un'atmosfera asettica quanto a suscitare una comunicazione di tipo emozionale.

Completely free of visual barriers of any kind, this spacious point of sale in New York for the major Italian fashion label Missoni, lays its internal layout bare: a huge double-height lobby of utter transparency allows an unimpeded view of the internal architecture, where a clearly defined geometry of pillars and landings are complemented by a stairway ascending to the upper sales floor. The lighting, now white, now iridescent, enflames the shimmering expanses of suspended fabric that proclaim the dramatic monumental entrance of the store. The circulation spine weaves its way through an envelope that is at once chromatically unvarying yet freighted with a strong sense of rhythm: the uniform creamy-white and sandy tones of the illuminated surfaces charmingly dappled with gold particles are softened by the smooth plaster expanses of the lowered ceilings and the floors that alternate between coated cement and stretches of carpeting. The distribution of the fittings, while conforming with the articulated floorplans, is the fruit of the tightly controlled visual scheme aimed at highlighting the visual and tactile qualities of the products on display, giving pride of place to the characteristic Missoni weaves of densely interwoven colors. Products are methodically grouped according to compatible tones and hues, making each color combination and blend eminently identifiable. The display fixtures along the walls give cadence to the vertical planes: their height is determined by a running band of light along the summit that proceeds in a continuous but varied course. Striking customized back-lit panels of thick acid-etched glazing lavishly appointed with wooden shelves or sets of brushed steel hanging devices highlight the appeal of the items on sale, all set against a diaphanous backdrop which is at first sight apparently immaterial but is carefully devised to reflect the form and color of the goods. Colorfully illuminated units arranged perpendicular to the walls interrupt the regular sequence of the displays. The resulting sales space is such that the inherent minimalism of the installation's design plays down the ascetic simplicity of the interiors in favor of a sense of visual stimulation.

La scala che collega i due piani di cui si compone questo negozio domina l'ambiente d'ingresso totalmente percepibile dall'esterno grazie alle ampie aperture trasparenti. L'involucro architettonico è modulato dalla netta contrapposizione cromatica dei rivestimenti che accentuano la limpidezza della composizione spaziale e degli arredi: le pareti bianche, impreziosite dalla finitura morbida tono su tono, si stagliano sulla pavimentazione di pietra grigia, lo stesso materiale scelto per i gradini a sbalzo della scala protetta da un esile corrimano d'acciaio e illuminata da una grande apertura a soffitto che scende lungo una delle pareti. Al primo piano ripiani di legno disposti a "L" la proteggono fungendo anche da espositori. Le luci incassate entro barre

The staircase linking the two sales floors of this store dominates the entrance lobby, completely visible from the outside thanks to the generous expanse of frontage glazing. The architectural involucrum acquires visual tempo by means of the chromatic clash with of the installation fixtures, which point up the spatial composition and the furnishings: the blank walls accoutered with fittings in soft blended colors stand out against the floor in gray stone, the same material chosen for the treads of the stairway ascending with a slender steel handrail and illuminated by a large opening in the ceiling that continues down one wall. Upstairs wooden planks arranged in an "L" encircle the stairway, doubling up as display shelving. Lights encased in gleaming metal bars

scintillanti tracciano i controsoffitti e illuminano le attrezzature espositive perlopiù disposte lungo le pareti e studiate con accurata ricercatezza. Leggere strutture d'acciaio spazzolato sostengono appenderie, mensole e tavoli di legno scuro. Piani di cristallo trasparente completano i tavoli o, nella finitura acidata, compongono pannelli, distaccati dalle pareti, di sfondo agli abiti. Un piccolo cubo ligneo li raccorda a coppie. E ancora di legno scuro sono le superfici intervallate alle grandi scaffalature, attrezzate con mensole, sospese e scorrevoli, a determinare una ritmica alternanza di pieni e vuoti. Una geometria rigorosa e limpida ma anche variata organizza così tutte le strutture espositive secondo un progetto controllato in termini percettivi e funzionali.

winding through the lowered ceilings illuminate the display systems below, mostly wall-fitted units designed to exacting criteria. Light brushed steel elements provide frames for the hanging systems, shelving and dark-wood tables topped with panes of clear glass, also used for the signage, acid-etched with the brand logo slightly set away from the walls and acting as a backdrop for the clothes on show. Small wooden cubes help arrange these in twos. Also in dark wood are the surfaces alternated with large display units fitted with sets of suspended, sliding shelves giving a rhythmic sense of mass and void the length of the room, obeying a tight and limpid geometry that does not renounce flexibility, ensures a full command of the resulting visual impact of the display features.

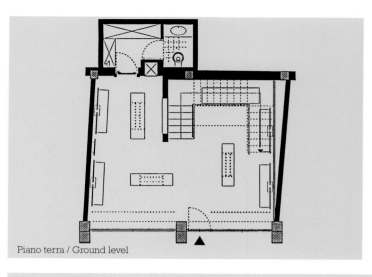
Piano terra / Ground level

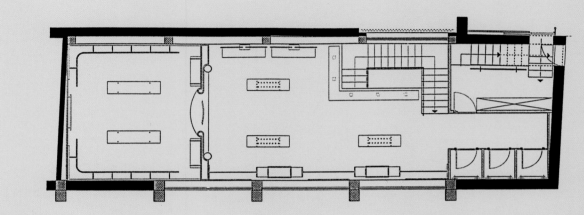
Primo piano / First floor

Carmelo Nicitra

MODUSVIVENDI
Via Quintino Sella, 79 - Palermo

Non casuale la denominazione di questa libreria palermitana che, rifiutando in qualche misura l'omologazione e l'impersonalità degli spazi della grande distribuzione, si promuove come luogo di aggregazione, di scambio, di ricerca, d'elaborazione culturale: una filosofia nel segno della tradizione colta e pure aperta agli stimoli offerti dalla tecnologia contemporanea. Così all'interno di una struttura architettonica tardottocentesca i decori liberty dei soffitti a volta e la morbidezza degli archi ribassati che connettono i vari ambiti dell'impianto a "L" compongono la scena di fondo per un progetto misurato e attento agli aspetti funzionali che tende a rendere protagonisti i libri e a delineare un'atmosfera pacata, luminosa e accogliente. Il pavimento di rovere sbiancato si armonizza con il bianco delle scaffalature, in melaminico, disposte lungo le pareti e impreziosite da bordure e finiture d'acciaio spazzolato, che creano un involucro monocromatico, continuo e formalmente uniforme. Una bassa pedana sospesa, alla base, le caratterizza insieme alla mensola aggettante che contiene l'illuminazione e reca le insegne che permettono d'intentificare i diversi argomenti. La profondità del ripiano consente lo scorrimento degli elementi che si sovrappongono alle attrezzature perimetrali aumentandone così notevolmente la capacità. Le stesse scaffalature sono studiate, su una delle pareti, per accogliere le postazioni che offrono servizi telematici e consentono ai frequentatori della libreria di navigare nel mondo dell'editoria elettronica. Uno schermo integra le dotazioni multimediali proiettando immagini di cultura o *cult movies*. La cultura dell'immagine e quella legata alle nuove tecnologie della comunicazione si integra così a quella più tradizionale della carta stampata a documentare la convinzione dei proprietari che la loro reciproca contaminazione non sia solo una realtà ma anche una nuova opportunità culturale. Al centro delle sale i tavoli d'acciaio con piani in laminato, sostenuti da gambe piramidali su ruote, favoriscono la possibilità di sfogliare comodamente i lbri così come il divanetto rivestito con un tessuto color arancio rappresenta un invito a sostare.

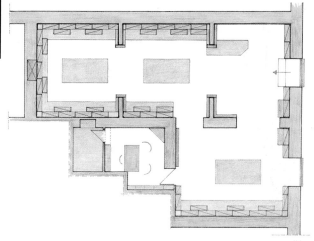

The choice of name for this new bookstore in the heart of Sicily's capital, Palermo, was certainly no accident. In some respects the design has taken pains to avoid the usual pitfalls of the somewhat impersonal features typical of the chain bookstore archetype, and instead aims to offer a point of convergence, a gathering place and think-tank which nonetheless makes excellent use of what today's leading-edge technologies can offer this type of cultural outlet. In this way the original interiors - comprising florid late-nineteenth-century fittings and vaulted Art Deco ceilings with a series of depressed archways linking the various rooms in an L-shaped plan - provide a striking setting for new interiors that create a restful, welcoming environment in which the lead players are the books themselves. The floor in bleached oak blends nicely with the white of the melamine shelving arranged along the walls enhanced by brushed metal profiles and trimming, creating an overall even-toned involucrum of seamless, uniform space. A low suspended dais running along the foot of the wall endorses the sense of onward flow, with an overhead shelf carrying the illumination and the product signage for easy identification. The depth of the ledge provides room for sliding secondary display units on rails in front of those mounted on the walls, thereby virtually doubling the shelving capacity. On one wall in particular, these shelves are especially designed to accommodate Internet workstations to enable visitors to browse the world of publishing at their leisure. A large-format screen broadcasts the multimedia services with news on cultural events interspliced with snatches of cult movie footage. Modern video culture and new communication technologies dovetail with the more emblematic traditional medium of the printed page, evidence of the owners' feeling that the two forms of media are not only closely interrelated but offer a crucial window of cultural opportunity. At the center of the rooms the laminate-topped steel tables supported on pyramidal legs on wheels invite visitors to idly leaf through books or relax with a book on the little sofa upholstered in orange fabric.

Aldo Parisotto

Massimo Formenton

A. TESTONI
Rue Royale, 15 - Paris (F)

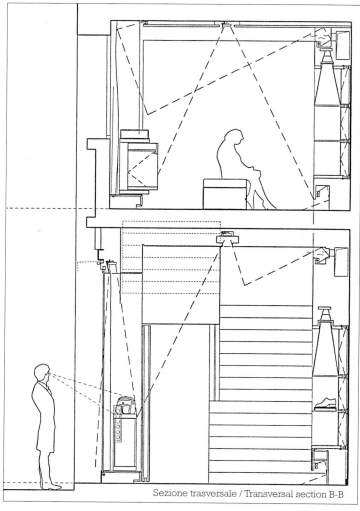

Sezione trasversale / Transversal section B-B

Una prestigiosa localizzazione tra le celebri e sfarzose rue Royale e rue Saint Honoré quella scelta per questo negozio che è il risultato dell'applicazione del *concept* studiato per tutti gli spazi vendita di un celebre marchio di calzature. Articolato su due livelli appare dall'esterno come un unico contenitore nel quale le superfici sembrano essere distaccate dalla struttura. La connessione percettiva avviene principalmente grazie alla parete, che appare sospesa, della scala affacciata sulla rue Royale incisa da nicchie luminose di color rosso acceso. E sospesi sono anche i controsoffitti, bordati da contorni di luce che li distanziano dalle pareti, incisi da una feritoia al centro che accoglie l'illuminazione composta da spot orientabili. Questi nastri di luce enfatizzano l'andamento longitudinale delle piante e indirizzano verso il fulcro dell'attenzione, il punto di fuga prospettico, rappresentato dalla suggestiva parete della scala. I materiali tendono a rafforzare la valenza espressiva del disegno dell'involucro architettonico e delle attrezzature. I pavimenti rivestiti di travertino compongono una sorta di percorso guidato continuo lungo il quale sono disposti gli espositori a parete perlopiù disegnati come ampie nicchie luminose predisposte con evanescenti mensole di cristallo. Una rivitalizzata estetica "minimal" impronta i criteri utilizzati per quest'allestimento che risolve le difficoltà dell'impianto planimetrico e delle dimensioni contenute dando origine a uno spazio leggero, disegnato con apparente semplicità e pure ricco di contenuti propriamente architettonici.

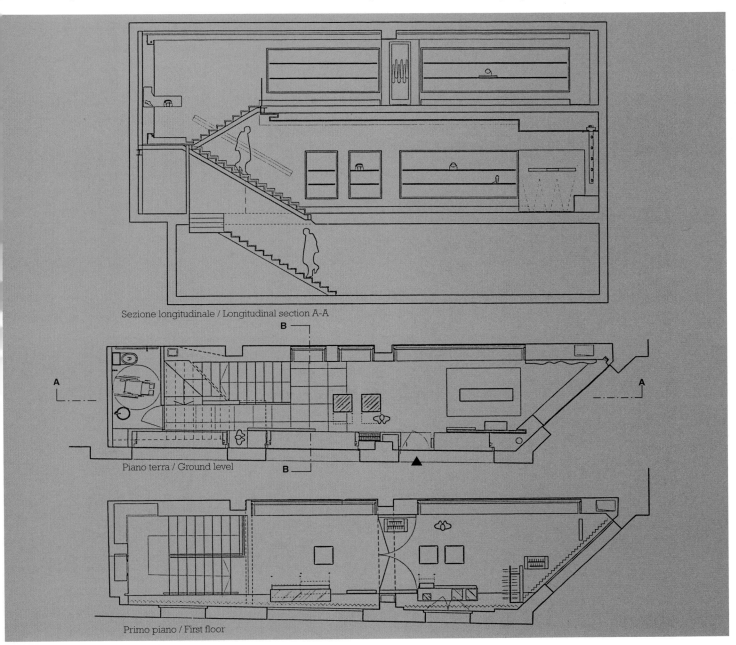

Sezione longitudinale / Longitudinal section A-A

Piano terra / Ground level

Primo piano / First floor

Set amid the prestigious palaces of the rue Royale and rue St. Honoré, this store's redesign is the fruit of an attentive employment of the corporate image specifications conceived and applied to the entire chain of this high-end shoe manufacturer. Though distributed over two floor levels, from the outside the store actually appears to be a single container whose surfaces are virtually detached from the structure itself. Visual cohesion is achieved principally through the seemingly suspended wall of the stairway overlooking the rue Royale inscribed with backlit niches that cast a pulsating red glow. Similarly floating are the lowered ceilings set slightly away from the walls by a continuous illuminated surround, and cut with a large gash down the middle that houses the directional spotlight fittings. These bands of light accentuate the space's lengthwise extension into the building and draw the eye toward a vanishing point focused on the bold stairway wall at the back.

The materials used show a certain complicity in the intended imprint of the design of both interiors and display fittings. The floors laid in fine travertine offer a sort of continuous tapis-roulant amid the lines of wall-mounted display cases most of which offer large illuminated niches arrayed with diaphanous shelves of clear glass. A vein of alert "minimalism" permeates the entire installation, which has perceptively overcome the physical shortcomings of the available space's dimensions, generating an agile, deceptively simple environment freighted nonetheless with a wealth of architectural features of its own.

Andrea Brici

FOTO PEPPO
Via Aurelio Saffi, 56/A - Rimini

Le scelte espressive adottate per la ristrutturazione di questo spazio sono state anche condizionate da esigenze di carattere funzionale e tecnico.
I gravi problemi di umidità che interessavano i tre locali sono stati risolti riportando alla luce l'originaria struttura portante, in mattoni e sassi, che è stata lasciata a vista quando esteticamente gradevole e invece rivestita con pannelli di sugherite intonacati e finiti in un caldo color giallo paglia se troppo deteriorata. Tale soluzione permette una maggiore traspirazione delle murature e quindi la loro deumidificazione favorita anche dal battiscopa radiante che scaldando la base delle pareti impedisce la risalita dell'umidità. L'eliminazione delle varie superfetazioni ha permesso anche di ripristinare, nella zona destinata ufficio, il bel soffitto ligneo ripulito e trattato. La scelta di una pavimentazione che simula l'effetto della pietra antica, composta in diversi formati, s'integra coerentemente alla rinnovata atmosfera di questi locali che molto deve al suggestivo effetto prodotto dalle "lacerazioni" delle pareti. Gli arredi, disegnati con tratti e materiali di segno tutto contemporaneo sono tuttavia studiati per interferire al minimo con l'involucro architettonico. Nella sala d'ingresso, propriamente destinata alla vendita, il legno scuro che contrassegna il tavolo e il mobile retrostante è aggiornato dalle strutture d'acciaio satinato e lo stesso materiale modella i cavalletti sospesi alle pareti che accolgono riproduzioni fotografiche di grande formato e ne consentono disposizioni variate. Distanziato dalla parete è anche il pannello di cristallo acidato, disegnato dalla bordura in acciaio, che incornicia le lunghe teche orizzontali di cristallo scenograficamente retroilluminate. Con una scelta formalmente congruente alla particolare tipologia commerciale l'illuminazione è risolta da una linea di spot montati su pantografi oltre che dai faretti incassati a pavimento. La nuova inclinazione della vetrina ne aumenta la superficie e consente dall'esterno di cogliere le componenti più suggestive dell'allestimento.

The approach adopted for the redesign of this store's interiors was to some degree conditioned by the functional and technical specifications of the client's brief. The project had first to deal with a serious problem of humidity implicating all three rooms, and this was effectively solved by rehabilitating the original load-bearing structure of brick and stone, leaving portions of the original stonework exposed in places where it provided an aesthetic enhancement, and covering it over with cork boarding painted with the generous coat of straw-yellow where the underlying fabric it was too deteriorated. This answer allowed greater transpiration for the walls, and the heat from the illuminated skirting helps stave off rising damp. The elimination of the features added over time enabled the rehabilitation of the office area's fine wooden ceilings, which were thoroughly cleaned and given protective treatment.
The floors are made of simulated ancient stone paving in various formats, and neatly matches the air of renovation grafted onto these interiors, an atmosphere largely indebted to the selective "lacerations" made in the walls. The fixtures, carefully designed with a keenly modern eye for line and materials, are intended not to be an unobtrusive complement to the architectural shell. In the entrance, strictly devoted to merchandising, the dark wood of the main service desk and the unit behind has been given a high-tech touch with brushed steel trim, a material that recurs on the suspended frames on the walls holding blow-ups that can be repositioned as needs require. Also set away from the wall is the acid-etched glass pane bordered by a sharp steel surround that provides a frame for the long horizontal glass showcases, all suitably lit for dramatic effect. In close harmony with the products on sale, the lighting system consists of a series of spots mounted on pantographs, counterbalanced by uplighters sunk into the floor. The new slant to the window bays increases the display area, and gives passers-by an immediate impression of the installation's more salient features.

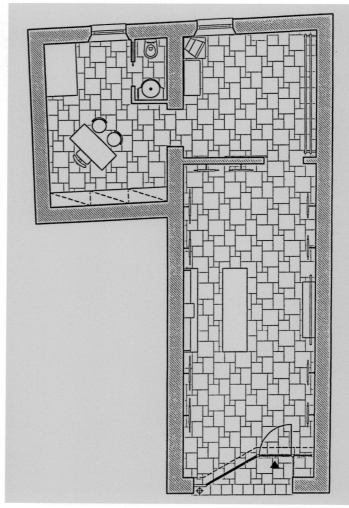

MESSORI
Corso d'Augusto, 13 - Rimini

Messori

Messori

La necessità di conservare alcuni elementi impiantistici e strutturali del precedente allestimento come la pavimentazione di legno e la passerella, ha rappresentato oggettivamente un vincolo per il nuovo progetto che ha tuttavia parzialmente assorbito l'assetto preesistente valorizzandolo. Eliminate le barriere che occultavano il soppalco, la cui traccia sopravvive nei profili curvi del controsoffitto e del pavimento, è stato quindi creato uno spazio continuo, fluido, privo di barriere, arricchito dalla luccicante scala d'acciaio lucido e cristallo che conduce al sopralzo ora parte integrante dell'esposizione.

A terra il profilo delle precedenti partizioni è indicato dai materiali: il rivestimento di legno chiaro, intarsiato con blocchetti di travertino e profili di marmo nero oltre che scenograficamente arricchito dalla pellicola sovrapposta sulla quale è riprodotto il marchio, è stato conservato e integrato al composto autolivellante, spazzolato e trattato a cera, di grande effetto oltre che risolutivo nell'eliminare il dislivello creatosi. Per attribuire una maggiore consistenza spaziale

alla fascia perimetrale delle vetrine, schermate da reti metalliche sospese, ne è stata aumentata la profondità con l'ausilio di pannelli di cartongesso che hanno originato nuovi volumi, come grandi pilastri, all'interno dei quali sono stati ricavati vani attrezzati con cassettiere e mensole. Le altre dotazioni espositive sono semplici appenderie metalliche dotate di ripiani e scaffalature dal design discreto per non sovrapporsi figurativamente agli abiti esposti. Ma il radicale *restyling* operato sull'organismo architettonico esistente è chiarito dai colori introdotti in un secondo momento. Così accesi toni pastello rivestono i nuovi pilastri che scandiscono le vetrine, contrassegnano il profilo della soletta del controsoffitto, segnalano una porta. Ma la loro funzione non è puramente decorativa e piuttosto volta a precisare le componenti strutturali del nuovo allestimento, la loro funzione compositiva. Ne deriva un'atmosfera informale e variata nella quale la molteplicità dei materiali e dei colori crea una scena dinamica e pure tutta funzionale alla valorizzazione dei prodotti.

Aggiornamento 2000 / Updating 2000

Although the necessity to retain some of the layout and structural features of the previous installation - i.e., the wooden floors and the walkway - posed a technical hurdle for the new design, actually this has cleverly assimilated part of the existing layout, indeed taking advantage of it. The removal of the various physical barriers that obscured the mezzanine - their presence lingering in the curving silhouettes of the lowered ceiling and flooring - has resulted in a fluid space free of obstacles, enhanced by the staircase of polished steel and glass leading up to the mezzanine, now an integral part of the display area. The outline of the previous partitions can still be seen in the pattern of the materials used in the floor: the pale wood section is enlivened with little inserts of travertine stone and black marble surrounds, the whole overlaid by a wear-resistant coating aptly emblazoned with the brand logo, and this has been integrated with the self-leveling concrete with its waxed finish, a solution that draws the eye but also solves the differences in floor level. To provide spatial cohesion to the perimeter of

the storefront windows, screened behind suspended metal netting, greater depth was obtained by means of plasterboard panels that create a set of new, pillar-like volumes doubling up as consoles with built-in sets of drawers and shelving units. The other display fittings includes simplified metal hanging devices also equipped with unobtrusive racks and shelving designed so as give pride of place to the clothes on show. But the radical restyling on the original building entity is actually made manifest by the color scheme applied at a later stage: bright pastel hues enliven the new pillars ranged along the windows, pick out the shape of the ceiling bulkheads, or point up a doorway. But rather than perform a merely decorative function, these colors help model the structural components of the installation, underscoring their role in the overall composition. The outcome is a varied, informal atmosphere in which the multiplicity of materials and colors creates a setting that is both dynamic and discerningly geared to giving the products maximum relief.

Antonio Zanuso
William Pascoe

MEL BOOKSTORE
Via Nazionale, 254/255 / Via Modena, 6/7/8/9 - Roma

Un vasto spazio destinato alla vendita di libri, dischi, Cd-Rom è stato ricavato a seguito del recupero di un interno inizio Novecento del quale è stata riportata alla luce, eliminate le successive superfetazioni sedimentatesi nel tempo, la preziosa struttura classicista con colonne, capitelli, cornici, ferri battuti, archi ribassati, grandi lucernari. L'antica architettura è stata interpretata come la scenografia di fondo di un intervento condotto secondo criteri di semplicità e funzionalità, ritenuti congruenti alla particolare natura dei prodotti e al carattere di un luogo nel quale si debbono offrire in modo efficiente oggetti e servizi. Proprio per garantire uno sfondo unitario e neutro ai libri, particolarmente colorati, le contropareti di cartongesso che accolgono le scaffalature sono bianche e divengono una sorta di secondo involucro, giustapposto al preesistente, che ne lascia intravedere tutti i più scenografici elementi compositivi e decorativi. Superato il locale d'ingresso, volutamente poco caratterizzato, si accede al salone centrale che è il fulcro dell'intero impianto. Illuminato dai lucernari sovrastanti, predisposti con fari al quarzo per assicurare un'illuminazione costante durante tutta la giornata, prevede al centro un grande oculo ovale semplicemente protetto da una balaustra di vetro curvato autoportante, priva di struttura, che dà luce al piano interrato - destinato anche a magazzino a vista - e consente di godere visivamente della doppia altezza. Si affacciano sul salone il piano rialzato, cui si accede da una breve scalinata arricchita da volute e conchiglie di pietra, il soppalco costruito in ferro ex novo e il primo piano, a costituire una sorta d'edificio interno che accentua la verticalità e la maestosità della sala centrale impreziosita anche da fregi e cornici. Sulla balconata del primo piano, composta da lastre di cristallo trasparente, prospettano gli arredi di legno chiaro del piccolo bar che costituisce un innegabile elemento di richiamo. Le altre attrezzature, ordinatamente e ritmicamente distribuite lungo l'intero percorso sono semplici piani, scaffali o "gondole" in metallo, legno e laminato dal disegno essenziale e informale.

A big, sprawling megastore for records, books, cds, cd-roms, and dvds has been installed in a building that was rehabilitated and its original early-1900s interiors restored, stripped of all the trimmings accumulated over the years to reveal the handsome classicizing structure underneath with its columns, capitals, cornices, wrought-iron, archways and huge skylights. The original architecture has been reinstated as a grandiose setting for a new interior installation that complies with a design brief that called for a type of simplicity and functionality in keeping with the nature of the products on sale and the characteristics of the containing environment so to make goods and services available with the utmost efficiency. In order to ensure a uniform setting for the books section, a product that generally involves a wide range of colors, the plasterboard paneling that carries the shelving is white and creates a kind of juxtaposed second skin that allows a view of all the more stagy compositional and decorative elements of the existing shell beneath. Past the deliberately downplayed entrance lobby one gains entry to the central area, on which the entire installation pivots. Illuminated from overhead by skylights fitted with supplementary quartz lamps to ensure a steady level of luminosity throughout the day, a large oculus encircled by a frameless self-supporting glass balcony admits light into the basement story that serves as a stockroom, in full view of the upper sales floor. Overlooking the main sales hall is a mezzanine accessed by a short stairway embellished with stone volutes and shell-forms and a custom-built iron balcony; and the first floor, constituting a sort of internal building that accentuates the sense of upward movement and the dramatic central staircase with its friezes and cornices. Through the first-floor banister composed of panes of clear glass one can see the pale wooden fixtures of the small bar - an inviting point of reference. The other display fixtures distributed around the sales floor consist of simple shelving and gondolas in metal, wood, and laminate in various easy, informal designs.

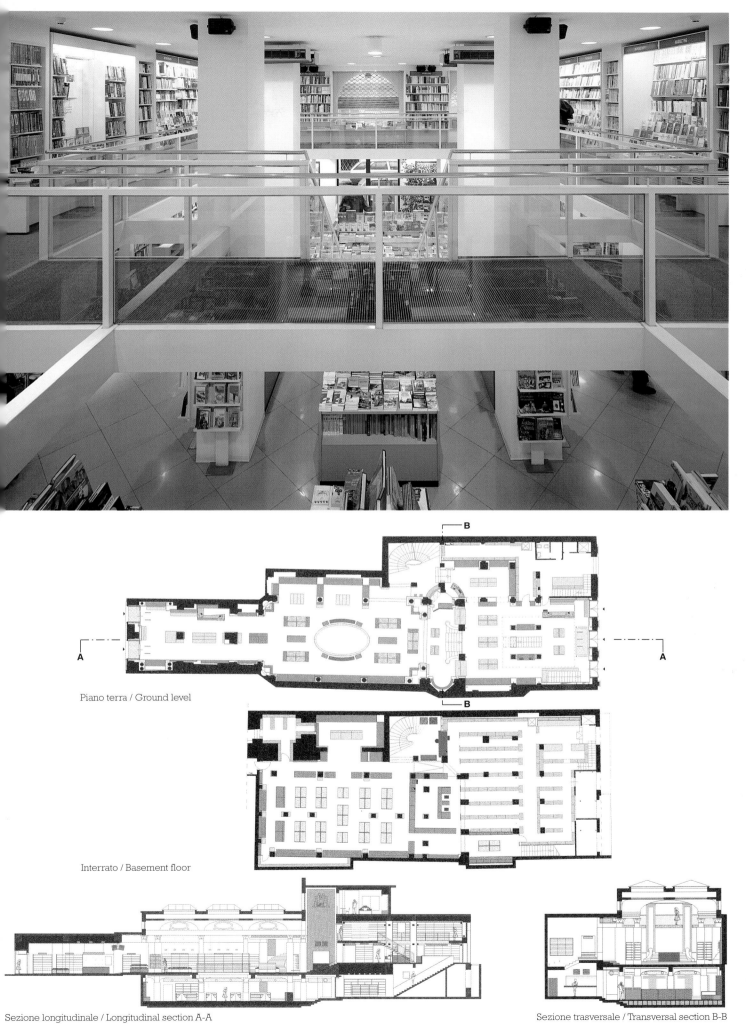

Piano terra / Ground level

Interrato / Basement floor

Sezione longitudinale / Longitudinal section A-A

Sezione trasversale / Transversal section B-B

Redo Maggi

ESA BOUTIQUE
Via Mario Mazzocchi, 12 - San Benedetto del Tronto - AP

Limpide vetrine al piano terra e al primo piano di un bel palazzetto in una delle vie più frequentate della città segnalano la presenza di questo negozio. Nella ristrutturazione della facciata esterna è stata riproposta la differenziazione tipologica delle aperture dell'edificio originario conservandone così la qualità architettonica. All'interno materiali tradizionali come il marmo e il legno per i pavimenti, rispettivamente al piano terra e al primo piano, accostati al rivestimento chiaro delle pareti e dei soffitti definiscono un involucro omogeneo, luminoso e pacato impreziosito dal setto curvilineo che sostiene la scala: una quinta segnata da sottili linee orizzontali e trattata con vernici d'effetto madreperlato che diviene un elemento scenografico e qualificante. Assecondando la conformazione dell'originaria struttura architettonica la distribuzione è organizzata su un percorso centrale a partire dal quale il perimetro si dilata o si restringe a definire ambiti differenziati. Le contropareti incorniciano nicchie ampie e profonde, illuminate all'interno, che ospitano le appenderie d'acciaio e le mensole di legno variamente componibili grazie alle cremagliere dei pannelli sul fondo. In alternativa piastre retroilluminate di vetro sabbiato, distaccate dalle pareti, forniscono ulteriori supporti espositivi insieme ai contenitori a colonna composti da cubi modulari, alle cassettiere e ai banchi vendita in legno chiaro e scuro dal design rigoroso di gusto modernista. Preziosi pannelli di pelle lavorata a fasce orizzontali, bordati d'acciaio, costituiscono lo sfondo delle vetrine.

The ample sheer glazed frontage along the street and first floor of a handsome little palazzo abutting one of the town's busiest streets invites passers-by to step inside this fashionable point of sale. The complete refurbishment of the store's interiors has methodically pointed up the structural differences of the openings of the original façade so as to conserve the building's architectural character. Throughout the new interiors, traditional materials like marble and wood floors used for the lower and upper stories respectively, together with brightly finished walls and ceilings, conjure up a bright and uniform architectural lining nicely enhanced with a curved wall embracing the stairway, transform it into a set-piece detailed with narrow horizontal lines and treated with special a mother-of-pearl finish, asserting itself as a crucial point of visual anchorage. In compliance with the building's original shell the circulation spine travels down the center, becoming narrower and wider to define a variety of different ambiances. The wall paneling encloses large deep-set display niches illuminated from within and freighted with steel hanging devices and wood shelving supported by an adjustable rack system fixed to the back panel. Elsewhere panes of back-lit sanded glass set away from the walls provide further display space, together with various column units composed of modular cubes, chests of drawers, and sales counters in pale or dark wood styled with a decidedly modern look. Classy leather-clad panels set in horizontal bands with steel trim form the backs of the window displays.

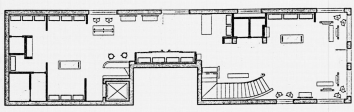

Piano terra / Ground level

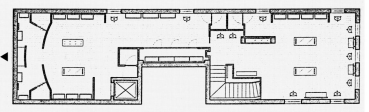

Primo piano / First floor

LINEA ELLE

Quinte di cristallo acidato a tutt'altezza, nelle vetrine, schermano solo parzialmente dall'esterno questo negozio di calzature. Lo spazio, di modeste dimensioni, è dominato dalla fluida scala metallica, d'acciaio satinato con gradini di lamiera forata, che conduce alla quota del soppalco il cui stretto piano di calpestio è segnato da una fascia anch'essa d'acciaio, lo stesso materiale della sottile balaustra. Le attrezzature espositive sono, in questo progetto, parte organica e integrante del disegno dei volumi: panelli laccati rivestono interamente le superfici verticali sotto il sopralzo e la nicchia ricavata sulla parete a sinistra dell'ingresso ingentilita da una veletta leggermente curvata. Sottili fresature li incidono, secondo una maglia che disegna alternativamente riquadri ampi e più piccoli, per accogliere le cremagliere di sostegno ai ripiani di legno chiaro che così possono essere variamente disposti in ragione di diverse esigenze espositive. Con coerenza formale anche il rivestimento ligneo del banco cassa è percorso da sottili linee orizzontali. La pavimentazione di laminato a effetto parquet si armonizza con i materiali scelti per gli espositori. L'illuminazione, risolta con grandi luci incassate nel controsoffitto o con faretti orientabili in corrispondenza dei piani espositivi, è funzionale alla determinazione di un ambiente informale e pure precisamente studiato dal punto di vista funzionale. Specchi agganciati ad aste, opportunamente collocati, dilatano la dimensione del locale. Completano l'allestimento una vetrinetta nera, collocata in asse sull'ingresso, retroilluminata e attrezzata con ripiani di cristallo e le curiose sedute rivestite in pelle colorata, disegnate come tronchi di cono o come assemblaggi dello stesso volume a comporre profili sinuosi.

An array of full-height glazed partitions lining the window bays of this elegant shoe store create a delicate transparent screen that only partially conceals the layout of the interiors from passers-by on the street. Being of modest dimensions, the space is dominated by a fluid metal staircase treated with a matte finish and treads in pierced steel sheeting. The stairs lead up to the mezzanine sales area, whose narrow walkway is also marked out in steel, the same material used for the essential banister. Throughout the installation the display fittings play an integral role in defining the space: lacquered panels cover all the vertical planes below the mezzanine and also in the niche set into the wall on the left of the entrance, with its subtle, slightly curved complementary element. Narrow grooves accommodated in the walls describe a squared sequence of varying dimensions that houses a complex network of custom-designed racks supporting shelves in wood of a soft pale color, offering a flexible system that can be adjusted according to the changing display requirements. The overall formal coherence is endorsed by the pattern of horizontal grooves scored in the wooden top of the cash desk. The carpet-effect laminate floor tiling blends admirably with the materials used for the display systems. Illumination is provided by ranks of large downlighters set into the ceiling in line with the displays arranged below, creating an informal but carefully organized environment with an accent on functionality. Mirrors attached to discreetly arranged poles lend the space a feeling of breadth. Completing the installation is a small black showcase accompanied by curious seats upholstered in colored leather, in the form of simple upright cones or assembled in sinuous arrangements.

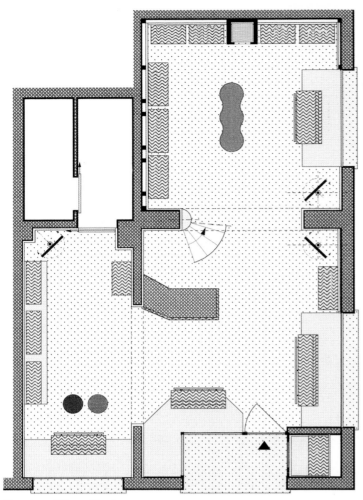

Piano terra / Ground level

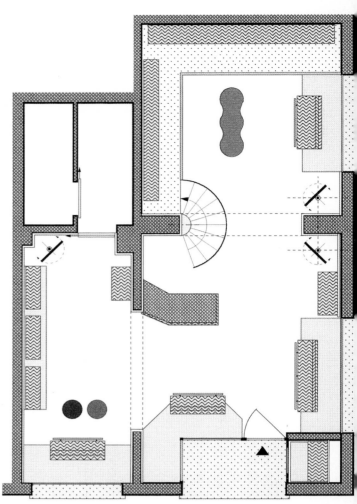

Soppalco / Mezzanine floor

Valentina Onesti
Carlo Forcolini

POMELLATO

Hilton International Hotel - Singapore (SG)

Gli stessi criteri identificati per tutti i negozi Pomellato sono applicati, in questo caso, all'interno di uno spazio nella hall di un grande albergo. Una limpida simmetria contraddistingue il disegno dell'ingresso, sovrastato da una pensilina curva, nel quale il portale separa due pannelli di marmo bianco che ospitano ciascuno tre vetrinette. Le grandi superfici vetrate che delimitano parzialmente il perimetro permettono di cogliere l'organizzazione interna. Qui, nella pavimentazione a grandi lastre marmoree posate in diagonale, è incastonato un cerchio di mosaico bianco, bordato d'oro, sul quale insistono quinte curve, rosse, alleggerite da piccole feritoie quadrate. Un setto, forato da un alto taglio verticale, suddivide lungo il diametro gli ambiti così ricavati per i tavoli. Per il resto lo spazio libero è caratterizzato dalle pareti continue rivestite di legno, sia all'interno sia all'esterno, nelle quali sono semplicemente incastonate le piccole teche espositive o ricavati invisibili contenitori. All'esterno la dimensione delle nicchie aumenta progressivamente a partire dal centro fino a intersecare gli angoli. Una colonnina per gli argenti, dotata di ripiani circolari posti su staffe ruotanti, integra l'arredo insieme alle vetrinette, rivestite all'interno con carta di riso colorata, sostenute da strutture color sabbia. Il blu, alternato al rosso e al bianco nei negozi di questo marchio, è qui utilizzato per i serramenti d'alluminio verniciato e per le sedute di servizio a tavoli composti da piani di legno e da gambe metalliche sempre color sabbia.

While conforming to design specifications applied to all Pomellato's outlets, this point of sale is installed in the main foyer of a luxury hotel in downtown Singapore. Visitors are greeted by a limpid symmetrical door arrangement surmounted by a curved marquee, where a portal is flanked on either side by two panels of white marble containing three small vitrines each. The large glazed surfaces that partially delimited the perimeter giving a visual idea of the store's layout. Set into the large-format marble slab flooring laid diagonally is a white circular mosaic insert with a gold border around which pivot curved red partitions perforated with small square loophole apertures; a partition cut with a vertical gash diametrically subdivides the zones sectioned off for the tables. The rest of the free space is enclosed in continuous walls clad in wood on both sides, either fitted with little showcase units or punctuated with small hidden display recesses. On the exterior the recesses increase in size from the center outward to the corners. A small display column for the silver jewelry is equipped with small pivoting trays, thereby providing extra exhibition space, together with sets of vitrines tricked out with a colored rice-paper lining, all anchored to a sand-colored framework. Alternating with the coordinated red and white used throughout the store chain, the color blue is used for the painted aluminum fittings and for the customer seating around tables composed of wooden tops resting on metal legs, these too with a sand-colored finish.

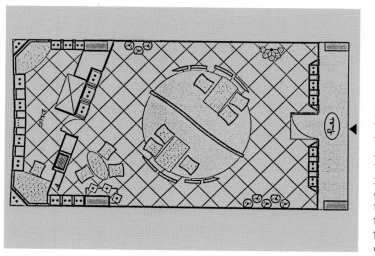

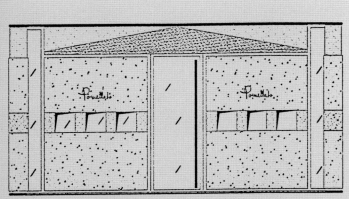

Prospetto ingresso / Entrance elevation

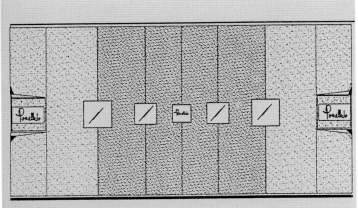

Prospetto esterno/ Back elevation

ZUCCHINI VIAPRIMOMAGGIO
Via I Maggio, 6 - Terontola - AR

Un involucro apparentemente poco connotato sembra quello di questo negozio che, in realtà, è il risultato di un progetto nel quale ogni componente è studiata come parte integrante di un insieme organico ma anche come elemento autonomo. La nuova articolazione non corrisponde solo a esigenze funzionali ma disegna volumi ordinati nello spazio, composti da pannelli di cartongesso, che divengono nicchie utilizzate come espo-

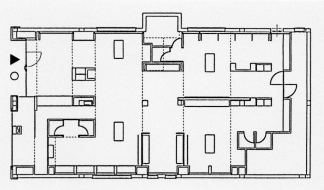

sitori e insieme compongono ambienti differenziati. I materiali enfatizzano il gioco dei volumi scegliendo toni neutri: il color avorio delle pareti e dei controsoffitti finiti a smalto è accostato alla pavimentazione chiara, posata secondo una trama ortogonale che sottolinea l'articolazione delle pareti o delle quinte. E sempre il legno chiaro identifica talvolta le attrezzature o riveste all'interno le nicchie a ribadire una non meccanicistica continuità tra piani e volumi. Nel contribuire alla definizione di questa scena rigorosa, a tratti evanescente, è determinante il progetto dell'illuminazione: bordi luminosi perimetrano i controsoffitti anche incisi da agli opportunamente disposti che ribadiscono lo schema distributivo così come le piastre retroilluminate delle nicchie potenziano l'effetto di pieno e vuoto già determinato in termini volumetrici e spesso ribadito dalle mensole trasparenti di plexiglas che attrezzano gli espositori in alternativa alle appenderie d'acciaio. Persino il banco cassa all'ingresso appare un volume luminoso: sulla base sospesa di legno sembra galleggiare la teca di vetro satinato illuminata dall'interno. Tavoli costituiti come parallelepipedi pieni di legno, impreziositi da sottili fresature orizzontali, completano quest'allestimento.

The first impression of this store is of a somewhat self-effacing installation, and yet, upon closer inspection, it proves to be the result of sophisticated restyling in which every detail has been composed as an integral part of an organic whole and at the same time as a set of individual elements, each one with its own characteristic mode of expression. The new arrangement is not merely the upshot of a tight specifications brief from the client, but involves a series of geometrically ordered volumes that unfold through the spaces, composed of plasterboard panels, here and there providing functional display niches and establishing a variety of distinct sales environments. The types of surface finish employed play up the various forms, though conforming with overall muted tones that give priority to the clothes on show: the ivory of the walls and lowered ceilings is offset by the pale wooden floor, laid in an orthogonal pattern that emphasizes distribution. Pale wood is also used for the fittings and the insides of the display units to downplay the mechanistic continuity between planes and volumes. Contributing to the definition of this rigorous environment, at times evanescent at times welcoming and limpid, is the lighting system: luminous borders run the perimeter of the ceilings, here and there grooved with down-lighters, underscoring the store's layout, as do the back-lit niches giving a rhythmic alternation of mass and void, first expressed in volumetric terms and then endorsed by the transparent shelving arranged in counterpoint to the steel hanging devices. Even the cash desk at the entrance is a luminous body of pale wood almost invisibly supporting a pane of frosted glass lit from within. Elegant solid tables decorated with a milled horizontal pattern complete the installation.

UNOAERRE

Shibuya-Ku, 4/9/7 Jingume - Tokyo (J)

Una certa enfasi minimalista contraddistingue questo negozio in Giappone nel quale si commercializzano gioielli disegnati in Italia. Si tratta di una scelta formale che appare ade-
guata alla valorizzazione dei particolari oggetti esposti. La
valenza materica, cromatica, luministica delle superfici, dei
piani, diventa in questo ambiente, peraltro di modeste
dimensioni, una forma di comunicazione oltre che d'espressione. Il progetto definisce un involucro neutro utilizzando un
colore chiaro e luminoso per la pavimentazione di resina e
per le pareti e, al suo interno, individua elementi che suggeriscono l'idea una possibile scoperta. Così, sulla parete a
destra dell'ingresso, una cornice di luce sembra sospendere
nel vuoto il pannello d'alluminio entro il quale è incastonata
una teca espositiva allungata, illuminata all'interno. Un analogo volume luminoso è ricavato entro la superficie della controparete adiacente, perfettamente complanare, sulla quale
si staglia una sorta di alta mensola in legno scuro: una vetrina a cassetti protetta da un cristallo trasparente, anch'essa
disegnata con geometrica essenzialità. E ancora il legno
scuro, in contrasto con la lucentezza pacata del contenitore
architettonico, contrassegna con lisci pannelli di rivestimento
la parete di fondo e quella a essa perpendicolare a comporre una sorta di fondale per i tavoli, sempre dello stesso
legno, sui quali sembrano galleggiare le vetrinette di cristallo trasparente incorniciate da telai metallici. E anche i tavoli
sono disegnati come volumi netti, compatti, composti da
superfici lisce, alleggeriti dai sostegni metallici. Uno di essi,
al centro, collocato perpendicolarmente alla vetrina, è anche
una panca corredata da bassi cuscini di pelle. E volumi puri,
parallelepipedi sospesi, questa volta opalini, sono anche i
tre espositori di plexiglas retrosabbiato posti in vetrina. È l'i-
dea di una rivelazione, quella che si sviluppa insistentemen-
te in questo negozio nel quale la linearità della composizione è tutta funzionale al potenziamento dell'effetto attrattivo
dei geometrici castoni di luce, come si trattasse di un allestimento museale nel quale tuttavia gli oggetti possono essere
accessibili.

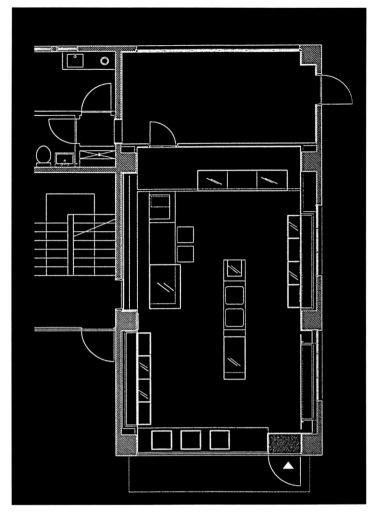

A hint of minimalism underlies this project in the busy downtown of Japan's capital refurbished as an outlet for Italian designer jewelry. The formal and stylistic ideas neatly point up the special characteristics of the objects on display. With only a relatively modest sales area to work with, the materials, colors, and illumination of the planes and display surfaces used for this relatively modest store becomes a means of both communication and visual expression. The new design has entailed a neutral environment expressed in a bright palette for the resin floors and walls, and the way the features are arranged seems to suggest promise and surprise. On the wall to the right of the entrance an illuminated surround enframes a seemingly airborne aluminum panel containing an elongated glass vitrine lit from within. A similar luminous feature is encased in the surface of the adjacent partition, flush with the wall, against which an alluring tall shelf unit of dark wood is mounted with a display chest of drawers protected by clear glass, this too styled with a lean, elementary geometry. The dark wooden fixtures contrast with the soft glow of the building's shell, which is fitted with smooth panels of cladding on the back wall and likewise on the one perpendicular to this, creating a kind of backdrop for the tables - made of the same wood - on which metal-framed display cases of clear glass appear to be hovering in mid-air. Similarly, the tables themselves follow the same neat, compact design philosophy with their smooth simple planes propped on slim metal supports. One of these, at the center, lying perpendicular to the display window, has been fitted out with a ledge of low leather cushions. Other pure and essential volumes are represented by the three display units in the window, each one backed with a plate of sanded Plexiglas. The leitmotif of the arrangement is one of revelation, a spirit that can be felt throughout the store, in which the careful control of line is overtly functional but adroitly pointed up by the arresting recessed lighting, along the lines of a museum installation, the difference being that here the objects on display are eminently accessible.

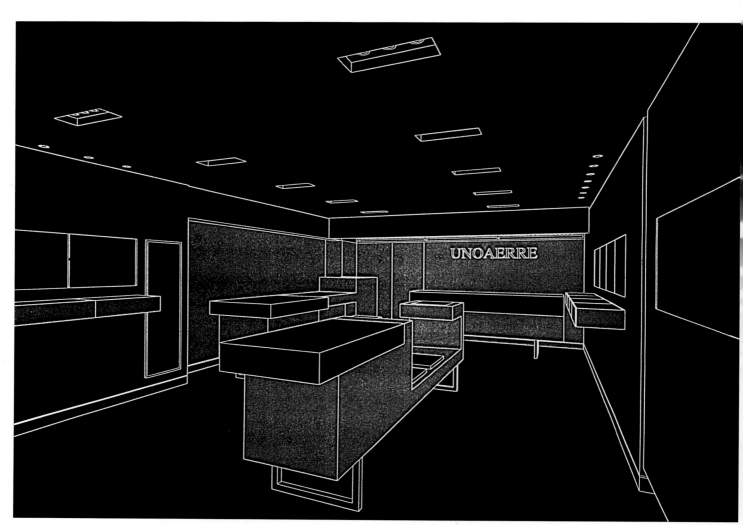

Guido Matta

Roberto Varaschin

TSW.IT PROGETTI DI RETE
Via Calmaggiore, 25 - Treviso

La diffusione della navigazione in Internet non solo sta trasformando radicalmente il commercio e l'economia ma prospetta nuovi scenari e offre stimoli sui temi del design e della progettazione. In questo spazio, dove appunto si forniscono progetti e servizi legati all'utilizzo della rete, si riflette su come debba essere un luogo di lavoro nel quale la strumentazione elettronica è una componente strutturale. La soluzione è rintracciata nella formulazione di un sistema di postazioni coordinate dai notevoli contenuti tecnici. All'interno dei locali articolati su quote diverse, dove la storia è rappresentata dal prezioso soffitto ligneo con decori policromi della metà del Quattrocento, la più aggiornata espressione della tecnologia contemporanea si traduce in un progetto coerente e organico. Le canalizzazioni a vista di lamiera zincata e di maglia metallica contengono il sistema di cablaggio telematico e gli impianti mentre le sale sono semplicemente attrezzate con i tavoli di lavoro che tracciano linee sinuose nello spazio. Studiati per garantire la massima ergonomicità consentono differenti configurazioni assemblando più moduli disegnati con lo stesso profilo. I monitor sono sostenuti da colonnine d'alluminio e così sospesi sui piani di legno, corredati da vari accessori, dotati di contenitori in lamiera forata e multistrato per l'alloggiamento degli *hard disk* e di supporti scorrevoli in gel per le tastiere. Lo stesso gel, un materiale originale e brevettato che permette gli usi più diversi, è impiegato anche per realizzare le avveniristiche sedute e i curiosi poggianuca.

The growth of the World Wide Web has not only triggered a wholesale transformation of our methods of merchandising and transaction but also offers new scenarios and stimuli for creators in the fields of design and graphics. In this new sales point for Internet-related services and project design the installation expresses the concept of a workplace in which computers and electronic equipment play a structural role in the environment's blueprint. The layout pivots on a system of coordinated workstations offering high-tech facilities. Ranged over a variety of different levels, in which the building's origins are represented by the precious wood ceiling of polychrome decoration dating from the fifteenth century, the cutting-edge technology of today is expressed through each unit in a coher-ently orchestrated, organic scheme. The exposed zinc-plated sheet HVAC and cable management ducts are offset by work benches that wind through the sales space. Designed to an ergonomic brief that demands the utmost comfort, the units are modular and can be assembled in a variety of arrange-ments that maintain the same basic outline. The monitors are supported on aluminum columns that suspend them over the wooden desktops, which are equipped with sundry accessory hardware, and boast containers made from pierced metal sheeting and multi-ply mounted with hard-disk bays and slid-ing trays in gel-pads for the keyboard. Patented gel-pads are designed to address a wide variety of needs, and were used here for the futuristic seating and custom head-rests.

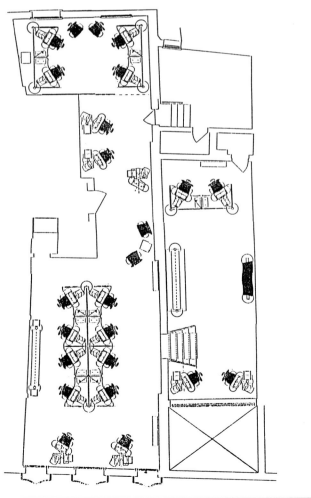

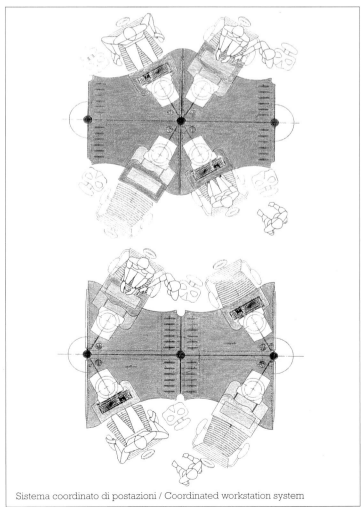

Sistema coordinato di postazioni / Coordinated workstation system

Lorenzo Carmellini

Rocco Magnoli

BASEBLU
Piazza Podestà, 2 - Varese

Al piano terra di un edificio quattrocentesco, ampliato e sopralzato nel corso del secolo successivo quando vennero prolungati i portici della Piazza del Podestà, è ospitato questo negozio d'abbigliamento il cui progetto ha rappresentato anche l'occasione per ricostruire le vicende costruttive che hanno successivamente trasformato questo palazzo Biumi ora "broletto di Varese". Il nuovo allestimento è stato condotto anche con l'intento di documentare le tracce sussistenti di una vicenda di particolare significato vista la posizione centralissima dell'edificio e la sua importanza rispetto alla storia urbana. Così nel corso del restauro sono emersi due finestroni sul muro verso il palazzo del Podestà nonché un balcone che attestano come i due edifici fossero, prima del 1600, separati da un vicolo. Nello stesso interstizio tra le due costruzioni è riemersa anche la base di una torre, della quale sopravvivono ancora dei gradini di pietra nella parte più alta, che è stata conservata e riutilizzata per il servizio di pianta circolare. Le antiche componenti costruttive, le aperture riportate alla luce,

la tessitura di pietra di una delle murature divengono così parte integrante del nuovo assetto insieme ai soffitti lignei recuperati ove possibile, al camino di pietra e alla bella copertura a botte con testate a padiglione del maestoso salone principale affacciato sul quattrocentesco cortile interno. Anche la pavimentazione di pietra identica a quella del portico è stata recuperata e integrata da nuove lastre a comporre una bordura nelle sale rivestite con parquet. La finitura morbida delle pareti e dei controsoffitti, distaccati dal perimetro da fasce di luce, valorizza gli elementi sopravvissuti dell'originaria struttura così come l'illuminazione ottenuta con lampade appoggiate a cavi d'acciaio tesi tra i muri che integra quella data dai faretti incassati. Anche le attrezzature sono leggerissime strutture d'acciaio e cristallo disposte lungo le pareti come i tavoli sono composizioni di lastre trasparenti e sabbiate. All'esterno la davanture in lamiera verniciata risalente all'immediato dopoguerra incornicia le vetrine predisposte con fondali costituiti come prismi di plexiglas.

Lodged in the ground story of an elegant fifteenth-century building, which was considerably increased in size with extensions and additional floors in the ensuing century when the arcades of Piazza del Podestà were extended, this fashion store's refurbishment offered the designers an excellent chance to research the various stages of its construction history and transform Palazzo Biumi in the style of the classic medieval broletto or town hall, whence the name "Broletto di Varese." The new installation is orchestrated around a series of carefully documented original features, vestiges of the early fabric of a building that has always commanded a site of utmost importance in the town's history and development. In the course of restoration work two large original windows were rediscovered in the wall that looks onto the Podestà itself, and a balcony attesting to a period in which the two buildings were separated by an alley until the 1600. The gap between the buildings revealed remains of a tower having stone steps in the upper part; the tower has been restored and reused as a ser-

vice unit. The ancient building components, restored openings and original masonry have all been integrated with the new installation, along with retrievable sections of the former wooden ceilings, the stone fireplace, and the fine barrel vaults and pavilion crowns of the main hall overlooking the fifteenth-century courtyard within. Similarly, the stone flooring identical to that in the arcades has been restored and integrated by new slabs to form a stone surround for the wooden floors. The soft finishes applied to the walls and lowered ceilings, slightly set back from the perimeter to leave a channel for the lighting gives brilliant relief to the building's surviving features; further illumination is provided by lamps fixed to cables strung from wall to wall, and recessed downlighters. The display systems include slim steel and glass units engaged into the walls, and tables topped with transparent frosted glass. Outside, the storefront is framed with a fascia in painted metal that dates from the postwar years, enclosing a display area with window-backs composed of Plexiglas prisms.

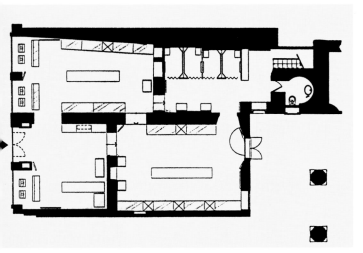

REPERTORIO

INVENTORY

SCHEDE TECNICHE
TECHNICAL DATA

H. BAUM - Alassio - SV (p. 12)

Progetto: arch. Nicolò Scarabicchi.
Anno: 1999. **Superficie totale:** mq 80.

Coordinamento generale e opere murarie di Edilcoxe. Contropareti in carton-gesso e soffitti a volta preesistenti trattati con vernici ecologiche fornite dal Centro Bioedile. Pavimento di cemento e resina "Repol" color mastice, in stesa unica, di Laston Italiana. Impianto elettrico realizzato da Edilcoxe. Binario elettrificato sospeso a soffitto eseguito su disegno da Fimont con l'inserimento di tubi al neon Osram a luce calda premontati e faretti a testa rotante "Onda" di Forma e Funzione. In vetrina plancia con faretti alogeni "Onda" di Forma e Funzione e proiettori "Diapason" di Kreon forniti da Artilux. Elementi espositivi modulari in acciaio spazzolato intercambiabili per capi appesi o piegati e dotati di spalle a specchio. Vetrine incassate a pavimento, con vasca in acciaio piegato e vetro blindato, illuminate da tubi fluorescenti; impennata della vetrina, pezzi speciali e opere di carpenteria metallica: tutto realizzato su disegno da Fimont. Banco cassa e lunghi ripiani a mensola eseguiti su disegno in laminato "Abet Print/Diafos Soft" di Abet Laminati su telaio d'acciaio. Tavolo di servizio, ripiani, accessori e arredi in vetro stratificato antisfondamento o vetro speciale extra-chiaro eseguiti su disegno da Vetreria Moderna. Panca, con struttura in tondino di ferro verniciato e seduta in listoni di acero sbiancato, realizzata su disegno da Officina Mosso.

DANY & Co. - Alessandria (p. 16)

Progetto: Roberto Carpani, Giulio Masoni e Armanda Tasso Architetti.
Anno: 1997. **Superficie totale:** mq 200.

Strutture murarie e pavimento in graniglia a grande semina preesistenti. Controsoffitti, pareti e contropareti rasati a gesso eseguiti su disegno da F.C.A. Colonna centrale viola e pilastri tinteggiati con vernici acriliche da Pina Cavallaro e Marinella Drudi. Progetto illuminotecnico di Metis Lighting Supplies. Impianto elettrico eseguito da C.E.B.A. A soffitto faretti alogeni da incasso "TS 46710E" e "Mondial" di Targetti Sankey e proiettori orientabili su *tiges* in acciaio "Koi" di Fontana Arte. Installazione centrale di Mario Fallini costituita da setto divisorio in legno laccato variamente profilato con doppio serpente in ferro e mela sospesa frontalmente in vetro fuso eseguita su disegno da Falegnameria Artigiana e da Matteo Maryni. Pareti attrezzate con scaffalature, banco vendita circolare e fondali vetrina in pannelli di Mdf laccato sospesi su cavi in acciaio realizzati su disegno da Falegnameria Artigiana. Appenderia in acciaio e ferro, supporti vetrina e opere di carpenteria metallica eseguite da Matteo Maryni. Parete a specchio, con mezze figure in vetro fuso, opera di Mario Fallini, realizzata su disegno da Laboratorio Vetrario Coppi. Poltroncine "Lord Yo" con struttura in alluminio e scocca in polipropilene di Philippe Starck per Driade, sedute in panno e tappeti in velluto e seta forniti da Damiano Arredamenti. Sedia d'artigianato indiano in argento battuto di recupero. Sculture in ferro e acciaio di Fabius Tita di proprietà. Tende in velluto cangiante, a mascheramento di finestre e camerini, fornite da Avant Garde. Infissi con telaio in ferro verniciato preesistenti.

KWESTO - Antwerp - B (p. 20)

Progetto: Cappelli & Associati.
Calcoli statici: ing. De Ketelaere - Blatec.
Anno: 1999. **Superficie totale:** mq 1.650.

Coordinamento generale e opere murarie. Pareti, contropareti, nicchie e controsoffitti rasati a gesso e tinteggiati a tempera fine con prodotti Sikkens Linvea. Ripristino del peristilio neoclassico preesistente. Scala, pavimento dei camerini e del primo piano in *parquet* di rovere. Tutto realizzato da Luc Vanhove. Stucchi, modanature e cornici in gesso eseguiti da Standaert. Pavimento di resina cerata in stesa continua "Periplan" di Sika. Lucernari, passerella, opere di carpenteria metallica e minuterie in genere eseguiti su disegno da Ferronerie d'Art Dejong. Impianto elettrico realizzato da Le Scénario. Tubi fluorescenti occultati in nicchia di Philips Lighting. Spot da incasso a ioduri metallici "Aura" di Ansorg. Proiettori a ioduri metallici, snodabili e orientabili, "ZH/B" in alluminio anodizzato con diffusore in vetro sabbiato e fari alogeni "2837/B" di Martinelli Luce mon-

tati su binario elettrificato. Sistema modulare a sezione ogivale, ancorato sotto la passerella, con fari alogeni incassati "Big Brother" di Delta Light. In corrispondenza del lucernario centrale lampade a sospensione a ioduri metallici con diffusore in vetro scannellato. Nelle vetrine proiettori di precisione "Mondial" di Targetti Sankey a soffitto e faretti dicroici "Credo 111" di Delta Light a pavimento. Proiettori da esterno a doppia emissione "Duplo" di Castaldi Illuminazione. Impianto di condizionamento canalizzato nel controsoffitto installato da Fabricom. Nicchie attrezzate con tubolari in acciaio cromato e ripiani di cristallo temperato. Mensole a parete, elementi modulari sospesi ad angolo e banchi vendita con struttura in ferro cromato e ripiani in cristallo temperato extrachiaro, palissandro o wengè. Espositori centrali da terra in multistrato rivestito in lamiera di ferro grezzo trattata con vernici poliuretaniche e saldature di stagno a vista. Tavoli circolari con struttura in multistrato impiallacciato di palissandro e wengè e ripiani in cristallo temperato. Appenderie da terra o a parete in tubolare d'acciaio inox. Banco cassa in legno di wengè massiccio su base in cemento con vetrina frontale e lastre di protezione in cristallo. Specchi di diverse altezze con profili in metallo cromato o appoggiati a terra con cornici in wengè. Fondali vetrina costituiti da pannelli di multistrato o Mdf laccato profilati in metallo cromato. Serramenti, bussola e porta d'entrata in acciaio inox lucido e cristallo Visarm. Tutto realizzato su disegno da Lisar.

PRESTIGE ANNAMARIA POLCI - Arezzo (p. 24)

Progetto: arch. Paola Gigli.
Progetto impianti: Elio Governini.
Anno: 1999. **Superficie totale:** mq 350.

Opere murarie eseguite da EdilRestauri. Scala elicoidale preesistente. Pareti e controsoffitti in cartongesso realizzati da Alberto Manella e rasati a gesso o finiti a spatola da Benito Elio & Franco Ferrotti. Pavimento al piano terra in marmo di Trani preesistente. Pavimentazione interna delle vetrine, del porticato e di parte della galleria esterni in lastre 70x70 di travertino compatto fornite da Se.Cu.Ma. Gradini e pavimento al piano ammezzato rivestiti in stuoia di sisal "Beige Honey" fornita da Jollyfloor. Impianto elettrico di Morano & Morano. A soffitto faretti alogeni dicroici "868/01" di I Guzzini Illuminazione e proiettori da incasso "Vito" di Zumtobel Italiana. Plafoniere in vetro opalino "7477" di Linburg. Tutto fornito da IMEP. Lampadari Venini preesistenti. Impianto idrotermo-sanitario installato da Lelli & C. Rivestimento pareti, fasciatura scala e quinta espositiva semicircolare in legno verniciato con fresature orizzontali. Fondali vetrina, scaffalature e pannelli espositivi in legno verniciato bianco con cornici in legno di ciliegio. Portale d'ingresso, cassa e banchi vendita ellittici in legno di ciliegio. Tutto realizzato su disegno da Marconi Arredamenti. Infissi a scomparsa, vetrine esterne a nicchia, insegna d'ingresso e colonne al piano terra in ferro ossidato, parapetti e corrimano in tubolare di ferro, listello in rame inserito a pavimento al piano terra, appenderie e opere di carpenteria metallica in genere eseguiti su disegno da Adamo Vigiani & C. Sedute e *pouf* centrale in velluto rosso realizzati su disegno con rivestimenti forniti da Renato Tessuti. Vetrine con cristalli antisfondamento a tutt'altezza forniti da Vetreria S.A.V.A.S.

BRANDA - Bastia Umbra - PG (p. 28)

Progetto: Studio d'Architettura Simone Micheli.
Concept: arch. Simone Micheli.
Executive design: arch. Letizia Pietrapersia.
Anno: 1998. **Superficie totale:** mq 150.

Allestimento generale realizzato da Compagnia d'Arredo. Opere murarie, controsoffitti e contropareti in cartongesso rasati a scagliola bianca. Pareti rivestite con specchi montati su supporto ligneo con *monitor* incassati o predisposte per l'ancoraggio delle appenderie. Pavimento in doghe d'acero canadese posate a correre fornite da Ve.Ba Centro Servizi. Impianto elettrico e di condizionamento canalizzato nel controsoffitto. Sistema illuminante a scomparsa in fibre ottiche, faretti alogeni da incasso orientabili e spot con sagomatori "Pixel" e "Laser Pixel" di I Guzzini Illuminazione. Nicchie a specchio con ripiani in cristallo acidato. Bancone sospeso semicircolare ancorato al pilastro a vela. Tavolo con gambe in acciaio e arredi fissi in genere rivestiti in Mdf impiallacciato di frassino decapato bianco. Banchi vendita e banco cassa, inserito nella quinta concavo-convessa, in acciaio graffiato con piano di cristallo. In vetrina espositori su basi in acero laccato bianco con montanti in acciaio spazzolato, fondali e mensole regolabili in cristallo acidato. Sedute imbottite rivestite in pelle bianca pieno fiore. Tendaggi in cotone bianco. Poltroncina "Maca", con struttura in legno di faggio e seduta imbottita rivestita in tessuto, prodotta su disegno dello Studio d'Architettura Simone Micheli da Adrenalina.

MAXIMILIAN - Bressanone - BZ (p. 32)

Progetto: Newart.
Anno: 1999. **Superficie totale:** mq 50.

Opere murarie eseguite da Prisma. Finitura delle pareti in spatolato e tinteggiature eseguite da Giuseppe Vedovelli. Pavimento a "Pastellone" in polveri di marmo e resine giallo ocra realizzato in stesa continua da Ricordi. Impianto elettrico e di condizionamento eseguiti da Faller & Miribung. Corpi illuminanti e materiale elettrico di G.D.T. Elettroforniture. Lampade a sospensione "986423" con temporizzatore e "986444", a parete lampade da incasso "972413", nelle vetrine apparecchi da incasso a terra "992323" e a parete "906433" con temporizzatore di Kreon. Nei camerini faretti da incasso "6125/31" di Egoluce. Nella vetrina cieca faretti su binario "Kri 10" di Lucitalia. Insegna esterna e vetrinette retroilluminate con tubi fluorescenti colorati temporizzati di Osram, targa retroilluminata con lampada incassata a muro "Cubo 30" serie For M di Via Bizzuno. A parete pannelli a camera retroilluminati con profili in acciaio satinato, schiena portante in Mdf e facciavista in opalino bianco o vetroresina con ripiani in cristallo extrachiaro o mensole a camera illuminate internamente, con telaio in acciaio satinato e ripiani in cristallo acidato, dotate di specchio scorrevole. Reggimensola e appenderie in ottone nichelato. Banco cassa con cassetti in legno laccato bianco. Tavoli espositori curvati con struttura in tubolare quadro calandrato d'acciaio satinato, piani retroilluminati in cristallo acidato e tamponamenti laterali in laccato bianco. Pedane espositive retroilluminate con profili e piedini in acciaio satinato e piani in vetro opalino bianco. Porte scorrevoli dei camerini in vetroresina. Fondale vetrina in tela poliestere trattata con vernice ottica riflettente montata su telaio sospeso in acciaio satinato. Tutto realizzato su disegno da Pino Meroni & C. Arredamenti. Infissi incassati a muro con montante e traverso a vista in acciaio satinato. Maniglia con logo inciso al laser su lastra d'acciaio satinato. Vetrina con anta basculante a tutt'ampiezza in cristallo temperato antisfondamento. Elemento esterno sospeso in acciaio satinato con marchio bifacciale inciso al laser e retroilluminato. Tutto eseguito su disegno da Cesare Girgi. Targa esterna con logo su pellicola adesiva in cristallo acidato retroilluminato fissato a muro da distanziatori in acciaio satinato realizzata su disegno da Bielov.

TUTTO WIND - Carpi - MO (p. 36)

Progetto: arch. Stefano Severi.
Anno: 1999. **Superficie totale:** mq 105.

Opere murarie realizzate da Impresa Nocera. Soffitti, controsoffitti in cartongesso e pareti finite a effetto nuvolato eseguiti da Pietro Viperino. Quinte divisorie in legno finito a cementite e smalto acrilico ed espositori su colonne in legno multistrato e plexiglas realizzati su disegno da Arreda Interni. Pavimento in resina autolivellante fornito da S.A.B.A.H. e posato sul preesistente da Consorzio Pulibrill. Impianto di condizionamento canalizzato nel controsoffitto. Impianto elettrico, telecamere a circuito chiuso, sistema d'allarme e automazione alloggiati in canalizzazione tecnica lasciata a vista di metallo zincato, eseguiti da Elettro-System. Progetto illuminotecnico di 4D - Quarta Dimensione per Angolo Luce. Plafoniere su binario "Rtx" di Zumtobel Italiana. Faretti da incasso "M1 ForM" di Via Bizzuno e "Sistema 44" de I Guzzini Illuminazione. Fari a sospensione su binario "Snap QR111" di Tekno-Lit. Neon elettronici "Fluxus" di Ilti Luce. Illuminazione speciale da incasso con plafoniere a biemissione realizzata su disegno da 4D - Quarta Dimensione. Strutture in metallo zincato, porte e grigliati di rivestimento in ferro tirato a flessibile e finito con vernice trasparente. Pedana del banco cassa rivestita con lastre di alluminio mandorlato. Serramenti in alluminio verniciato e opere di carpenteria metallica in genere realizzati su disegno da Cofemgi. Espositori con struttura in ferro e giunti zincati e contenitori in multistrato. Moduli a parete metallici con *blister-ranges* personalizzabili. Banco cassa in multistrato e laminato bianco. Tavoli/contenitori in legno laccato con piani in multistrato e cristallo. Espositori in vetrina in multistrato fenolico di betulla tinto e vetro stratificato su colonne zincate murate a terra. Tutto realizzato su disegno da Arreda Interni. Sedie "F.P.E." di Ron Arad per Kartell. A parete video al plasma e colonna video forniti da Silmar Fotostudio.

CASTELLANI - Cernusco sul Naviglio - MI (p. 42)

Progetto: Alfredo Mattesini.
Anno: 1999. **Superficie totale:** mq 206.

Opere murarie, controsoffitti e contropareti in cartongesso e tutte le opere di

carpenteria metallica eseguiti su disegno da Punto e Legno. Pavimento in stesa continua di resina autolivellante, pareti verniciate con smalto ad acqua e struttura in cartongesso tinteggiata internamente d'arancione realizzati da Impresa Claudio D'Elia. Impianto elettrico e di condizionamento canalizzati nel controsoffitto installati da Pini Impianti. Tubi fluorescenti di Philips Lighting occultati a parete o all'interno del banco cassa e delle quinte espositive. Fari de I Guzzini Illuminazione adattati su disegno del progettista e incassati in gole rivestite d'acciaio lucido inserite nel controsoffitto. Quinte espositive luminose in carta da tè plastificata con telai in metallo verniciato. Appenderie in acciaio laccato bianco. Banco cassa in vetro satinato illuminato internamente e attrezzato con tavoli serie "Fronzoni/64" di Giuseppe Angelo Fronzoni per Cappellini con struttura in metallo e piano in legno laccato bianco. Piano espositivo in Mdf laccato con alzata in vetro satinato. Impennate delle vetrine in acciaio con cristalli antisfondamento. Tutto fornito o realizzato su disegno da Punto e Legno.

LONGONI SPORT BIKE - Cinisello Balsamo - MI (p. 46)

Progetto: Christina Parisi.
Coordinamento generale: ing. Carlo Di Nola.
Progetto pavimenti: arch. Paola Lanzani.
Anno: 1999. **Superficie totale:** mq 1.200.

Opere murarie e controsoffitti. Pavimento a doghe posate a correre di laminato tipo legno d'acero e ciliegio e in piastrelle a sequenze alternate blu, gialle, rosse e bianche di graniglia minerale prelevigata e colorata in pasta con logo in tessere di mosaico. Impianto elettrico e di condizionamento in canalizzazioni sospese d'acciaio a vista. Sistema di neon a griglia 120x120. Lampade a sospensione alogene di tipo industriale con diffusore in alluminio giallo lungo il corridoio centrale o grigio nei reparti. Proiettori alogeni orientabili su canali passacavo zincati. Sulla pedana espositiva per biciclette doppia linea di lampade da incasso fluorescenti mascherate da plexiglas opalino. Pareti e pilastri rivestiti con pannelli modulari in laminato, lisci o a doghe, con montanti preforati in ferro smaltato grigio chiaro satinato per l'inserimento dell'attrezzatura standard. Mensole e appenderia in ferro coordinati nelle diverse finiture e colori a seconda del reparto: bianco opaco goffrato, millerighe cromato, argento satinato o giallo acido. Per le pareti a doghe in alluminio naturale contenitori portaoggetti in plexiglas piegato. Panche profilate in laminato millerighe argento con piano in Pvc arancione. Espositori per accessori in laminato millerighe argento con ante di cristallo, vassoi scorrevoli in lamiera metallica microforata smaltata blu e lunetta superiore retroilluminata in plexiglas opalino con logo adesivo. Banco del reparto tecnico, in laminato millerighe giallo su base in alluminio mandorlato, con piano in Corian blu lapis e teche con vassoi estraibili in cristallo. Banchi cassa con struttura in laminato millerighe argento e piano in Corian blu lapis. Pedana espositiva in Pvc blu e laminato millerighe giallo. Tutto fornito o realizzato su disegno da Ceresio Arredamenti.

ALLISON TRAVEL - Cornate d'Adda - MI (p. 50)

Progetto: arch. Gianpiero Nava.
Collaboratori: arch. Leonardo Capuccilli.
Anno: 1999. **Superficie totale:** mq 46.

Opere murarie realizzate da Impresa Nuova Cornatese. Pareti e controsoffitti in gesso eseguiti su disegno da Mario Tagliaferri e Morgan Rossi. Tinteggiature delle pareti e dei soffitti con idropittura giallo chiaro e bianca; al centro dell'ellisse fondo blu con scuretto azzurro nuvolato a spruzzo, tutto realizzato con prodotti Sikkens Linvea da Edierre & C. Pavimento in *parquet* di afrormosia "Listone Giordano Original Plus" fornito e posato a correre da Fiore Parquettes con inserto circolare, raffigurante il logo aziendale, in seminato di graniglia giallo ocra, bianco e azzurro eseguito da Ezio Papini su telaio in ottone realizzato su disegno da Vittorio Colombo. Impianto elettrico di Giuseppe Corno. Illuminazione diffusa realizzata da Mattioli Insegne con linee di neon occultate nel controsoffitto di colore bianco e azzurro e alla base degli espositori di colore giallo. A soffitto faretti alogeni dicroici da incasso "F6" di Via Bizzuno e "Scintilla 6204" con lampada bispina di Egoluce. In vetrina sistema a barra, su binario elettrificato a bassa tensione, "Minitondo" di Targetti Sankey. Tutto fornito da Negri Illuminazione. Impianto termico a pavimento a basso consumo e di condizionamento installati da Termosan. Pareti curve in faggio attrezzate con scaffalature in plexiglas blu e reggimensola d'acciaio cromato. Armadiature di servizio a muro costituite da contenitori, cassetti o ante in faggio. Fondali vetrine con basamento in faggio, piano e mensola strutturale laccati blu, ante scorrevoli in vetro acidato inciso orizzontalmente e telaio in faggio. Setti, a parziale occultamento della scala, in faggio naturale o laccato blu con finiture e balaustre in ottone spazzolato. Tavoli operativi con struttura e cassettiere di faggio, frontali e piani in laminato blu bordato in massello di faggio, supporti e quinte terminali in ottone anticato. Panca in faggio inciso con gambe in acciaio cromato. Tutto realizzato su disegno da Lineaquattro. Sedie in alluminio anodizzato e Pvc "Minni A1" di Antonio Citterio per Tisettanta Unitec.

LE NOIR - Cortina d'Ampezzo - BL (p. 56)

Progetto: arch. Corbett D. Johnson.
Direzione lavori: ing. Luciano Corrocher.
Anno: 1999. **Superficie totale:** mq 120.

Coordinamento generale di Arredoquattro Industrie. Opere murarie realizzate da Impresa Pizzolotto. Soffitti a volta eseguiti con speciali strutture posteriori di sostegno e irrigidimento, pareti e contropareti rasate a gesso e opere in cartongesso realizzate su disegno da Adriano Priamo per Arredoquattro Industrie. Pavimento in *moquette* di lana *beige* fornita da Louis De Poortere Italia. Impianto elettrico eseguito da Majoni. A soffitto e nelle vetrine faretti alogeni da incasso de I Guzzini Illuminazione e proiettori orientabili sistema "Halodicro 103" di Nord Light. Occultati in nicchia tubi fluorescenti di Osram. A parete *appliques* incassate con diffusore in vetro opalino realizzate su disegno da Lam. Impianto termoidraulico di Zardini. Pareti attrezzate con mensole in metallo laccato e sistemi d'appenderia in tubolare d'acciaio inox lucido con ripiani in cristallo e nel reparto Dior con profili in ottone bronzato. Cassa, banchi vendita, cassettiere e arredi in genere in legno laccato opaco e metallo plastificato con teche o vetrine superiori in cristallo extrachiaro. Porta d'ingresso con maniglia in acciaio inox lucido e infissi esterni in metallo trattato con verniciatura ferromicacea antracite. Tutto realizzato su disegno da Arredoquattro Industrie. Pareti rivestite a specchio con cristalli antiriflesso. Porte scorrevoli in cristallo speciale extrachiaro trattato con verniciatura bianca su entrambi i lati. Vetrinette interne parzialmente incassate a muro con fianchi in vetro acidato, ripiani e anta frontale in cristallo trasparente. Vetrine esterne con logo in cristallo sabbiato. Tutto eseguito su disegno da Grazi Cristalli. Poltroncina *capitonnée* in velluto rosso di proprietà. Parasole esterni forniti da Valla Tende.

LES GRIFFES - Follonica - GR (p. 62)

Progetto: arch.tti Cristiano Boni, James Udom, Sergio Giordano - BUG Architects.
Progetto e *concept corner* Caractère: arch. Enrico Origlia.
Anno: 1999. **Superficie totale:** mq 120.

Direzione lavori eseguita da Studio Tecnico Marchionni. Opere murarie realizzate da Costruzioni Edili. Contropareti, nicchie e controsoffitti in cartongesso eseguiti da Artigiana Montaggi. Tinteggiature di Ars Decor. Pavimento in doghe 20x120 d'acero laminato "Decomel" fornite e posate a correre da Giorgio Pellegrini. Impianto elettrico di Sabatino Martellini. A soffitto faretti alogeni dicroici "2825" e fari da incasso "Top 20" a ioduri metallici di Side. In vetrina proiettori orientabili a ioduri metallici "ZH/BJI292" su binario elettrificato in alluminio anodizzato di Martinelli Luce. Tutto fornito da Imep. Impianto di condizionamento canalizzato nel controsoffitto installato da Palmieri & C. Arredamento del *corner* Caractère realizzato su disegno da Essequattro. Pareti attrezzate con pannelli in Mdf verniciato a tempera lavabile avorio dotati di cremagliere per l'ancoraggio di mensole o ripiani. Banco cassa, tavolo di servizio, cassettiere, basi espositive su ruote in vetrina e quinta al fondo del negozio in legno impiallacciato acero. *Pouf* centrale d'acciaio satinato con seduta imbottita rivestita in cotone bianco. Fondali vetrina in vetro acidato con logo serigrafato, mensole e ripiani in cristallo extrachiaro. Tutto eseguito su disegno da Maema Arredamenti. Appenderie metalliche, specchi sospesi, tavoli di servizio con piani in cristallo e impennate delle vetrine tutti realizzati su disegno in acciaio satinato da Officina Meccanica Facise. Manichini con basi in acciaio forniti da Corrado Coloriti.

VANIGLIA - Forlì (p. 66)

Progetto: Elisabetta Tanesini.
Anno: 1999. **Superficie totale:** mq 96.

Opere murarie, pareti e controsoffitti in cartongesso realizzati da Denis Fagnocchi. Soffitti e pareti, bianchi o colorati, tinteggiati a tempera lavabile o trattati a smalto da Pittura Fresca. Pavimento in moquette "Modena" di Vorwerk fornita e posata da Roberto Giglioli. Impianto elettrico realizzato da S.G.S. Corpi illuminanti e tubi fluorescenti compatti forniti da Venturelli Arte e Luce. A soffitto e nelle vetrine fari alogeni da incasso orientabili "M2" e "M5". Nel corridoio *appliques* in lamiera piegata e proiettori da incasso a pavimento "M3". Sul banco cassa spot direzionabili serie For M montati su struttura metallica trattata con vernice ferromicacea. Tutto fornito e realizzato su disegno da Via Bizzuno. Lampada da terra in resina arancione di proprietà. Bussola d'ingresso con struttura in ferro trattata con vernice ferromicacea e cristalli antisfondamento. Elementi espositivi in vetrina e banchi vendita in legno trattato a smalto lucido con piani in specchio acidato o in vetro con parallelepipedi smaltati. Mensole e ripiani in legno finiti a smalto. Appenderia in tubolare di ferro cromato con staffe di supporto in ferro trattato con vernice ferromicacea. Fondali vetrina con struttura in legno laccato tamponata con pannelli in plexiglas illuminati internamente o in foglio di resina azzurra. Mobile espositivo in vetro con base e fianchi in legno smaltato. Tende dei camerini in tessuto laminato argento. Tutto eseguito su disegno da Livio Bassetti Arredamenti. A terra elementi espositivi in cera con varie forme e colori realizzati da Carlotta Rivizzigno.

GIANNI VERSACE - Forte dei Marmi - LU (p. 72)

Progetto: Spatium - Lorenzo Carmellini e Rocco Magnoli.
Anno: 1999. **Superficie totale:** mq 155.

Opere murarie, contropareti aeranti in cartongesso e intonaci, pavimento in lastre 30x60 di pietra grigia di Bedonia con inserti in marmo bianco di Carrara e rosso di Verona, tutto realizzato da Ennio Bazzichi & C. Ripristino dei soffitti preesistenti in travi di legno e mezzane di terracotta e tinteggiature delle pareti in bianco velato eseguiti da Angelo Galimberti. Progetto illuminotecnico dello Studio Costel. Impianto elettrico eseguito da Tomei. Illuminazione realizzata con sistema di cavi a bassa tensione "Wire System Cable" e faretti "Halley" di Nuova Mizar. Negli espositori a colonna sistema a barre "Via" con lampadine alogene dicroiche di Ilti Luce. Nelle nicchie tubi fluorescenti "Picoline" di Osram. Impianto di condizionamento, su progetto dello Studio Dall'Orto, installato con sistema a *split* da Fabrizio Mazzei. Impianto antitaccheggio di Promo Security. Impianto d'allarme di Abf Security. Pareti attrezzate con ripiani in vetro extrachiaro, reggimensola in ottone bronzato e cassettiere in ciliegio biondo naturale finito a cera. Nicchie passanti con parte inferiore tamponata, ripiani e ante in cristallo profilate in ottone bronzato. Banco cassa e mobili espositori centrali, ad ante o cassetti in ciliegio con teca superiore in cristallo. Tavolo rotondo corinzio con base in pietra serena e piano di cristallo. Vetrinette a colonna in ottone bronzato. Porta scorrevole a specchio con cornice d'ottone. In vetrina pedana con rivestimento superiore in acciaio, a copertura dei *fan-coil* posizionati a pavimento, e fondali di vetro sabbiato, profilati d'acciaio e ottone bronzato, diversamente attrezzabili con ripiani in cristallo extrachiaro o specchi laterali orientabili. Zerbino in cocco incassato a pavimento con profilo in ottone. Tende dei camerini in velluto ed esterne avvolgibili con attacchi a muro. Tutto fornito o realizzato su disegno da Arredoquattro Industrie.

PARAFARMACIA ESSERE BENESSERE - Grugliasco - TO (p. 76)

Progetto: arch.tti Ernesto Rocchi, Cesare Trentin - Arteco.
Anno: 1998. **Superficie totale:** mq 177.

Opere murarie e pareti in cartongesso realizzate da Iomann. Pavimento lucido in resina sintetica bicomponente a spessore con motivo blu cobalto, tinteggiatura di soffitto e pareti sfumate con idropittura lavabile blu cobalto e logo finito a colori cangianti eseguiti su disegno da Giacomo La Bua e Romano De Micheli. Impianto elettrico e di condizionamento con canalizzazioni a vista in lamiera zincata realizzati da Iomann. Lampade a sospensione "Estro Ro" in fusione di alluminio con vetro di protezione di Grecchi, faretti alogeni dicroici a bassa tensione "Spot 123" su binario elettrificato di Illumina e proiettore "Vip 300" di Clay Paky: tutto fornito da Arredoluce. Sistema espositivo autoportante "Doga System" in doghe di alluminio verniciato grigio scuro o anodizzato con ripiani e mensole in cristallo extrachiaro. Banchi vendita rivestiti in laminato d'alluminio "Decometal" di Formica Italia con piani in cristallo blu cobalto. Tutto realizzato su disegno da Arteco. Struttura sospesa a soffitto in tubolare d'acciaio inox a sostegno dei monitor, porte scorrevoli d'ingresso e tutte le opere di carpenteria metallica realizzate su disegno da Iomann. Insegne luminose interne dei vari marchi, vetrine cilindriche d'ingresso retroilluminate e logo esterno su cassonetto metallico, in lettere scatolate a rilievo con frontale in plexiglas giallo, eseguiti su disegno da Acrineon.

GIANFRANCO FERRÈ STUDIO - Kiev - UA (p. 82)

Progetto: arch.tti Paolo Cermasi e Associati.
Anno: 1999. **Superficie totale:** mq 130.

Coordinamento e realizzazione generale di Milan Arredamenti. Pareti, contropareti e controsoffitti in cartongesso tinteggiati a idropittura. Pavimento in lastre bisellate 60x60 di marmo bianco Asiago, levigate e trattate in opera con idrorepellente opaco, fornite da Marmoarredo. Progetto illuminotecnico di Cesare Montanari per Arredoluce. Impianto elettrico realizzato su coordinamento di Milan Arredamenti. Incassati a soffitto, senza cornici coprifilo, fari alogeni orientabili serie "Ar-Tec", in acciaio e alluminio pressofuso, con diffusori, lenti Fresnel e filtri anti-infrarosso appositamente realizzati su disegno da Media Light e forniti da Arredoluce. Proiettori esterni preesistenti. Pannelli a parete in fibra di legno decorati a mano, con scanalature fresate a pantografo, equipaggiati con boccole in acciaio inox per l'ancoraggio delle attrezzature. Sistema d'appenderia a cavi d'acciaio tesi da soffitto a pavimento con tenditori e attacchi in acciaio tornito. Attrezzature espositive e di vendita costituite da: barre e porta accessori in tondino d'acciaio inox; ripiani in cristallo con attacchi laterali ai cavi e posteriori a baionetta; porta-gigantografie su poliestere, carta o tessuto, con pinze laterali in acciaio. Paraventi con logo impresso a rilievo, cuciti e impunturati a mano, in eco-pelle nera prodotta da Limonta Wall Coverings con meccanismo di scorrimento, ruote e particolari decorativi in acciaio inox spazzolato fine. Banco cassa con struttura e divisioni interne in legno laccato e acciaio pieno trafilato rivestito in eco-pelle a riquadri impunturati a mano, con *top* in cristallo nero e piano di lavoro in lamiera d'acciaio inox spazzolato. Tavoli sagomati rivestiti in eco-pelle nera con gambe in fusione d'alluminio lucidato a specchio realizzate su disegno da Fonderia Grimandi, vano vetrina foderato in *ottoman ecrù* di Lorenzo Rubelli e *top* in cristallo. Specchiere a tutt'altezza con struttura in multistrato e cornici con faretti incassati orientabili, eseguite su disegno da Grazi Cristalli. *Poufs* con gambe in fusione di alluminio lucidato a specchio e seduta imbottita rivestita in vitello nero impunturato e cucito a mano. In vetrina: manichini sospesi con sistema regolabile di cavi e contrappesi in acciaio inox forniti da Bonaveri; *light box* per gigantografia intercambiabile in legno, acciaio e vetro; pannello a tutt'altezza in vetro acidato con logo a rilievo incollato in plexiglas laccato. Tutto fornito o realizzato su disegno da Milan Arredamenti. Pensilina esterna con struttura metallica e copertura in plexiglas preesistente.

MONTE NAPOLEONE - Kiev - UA (p. 88)

Progetto: arch.tti Aldo Parisotto, Massimo Formenton - Studio Parisotto & Formenton.
Anno: 1999. **Superficie totale:** mq 86.

Coordinamento generale di Arredoquattro Industrie. Direzione lavori, opere murarie, pareti e controsoffitti a piastra rasati a gesso e finiti a idropittura lavabile bianca: tutto realizzato da NSI Construction. Cornici con stucchi in gesso preesistenti. Pavimento in lastre 60x60 di marmo ricomposto fornito da Quarella. Impianto elettrico di NSI Construction. Tubi fluorescenti occultati in nicchie e nei controsoffitti. Fari da incasso e spot orientabili su binario elettrificato "M2" e "M5" serie For M di Via Bizzuno. Lampadario centrale "Fucsia", con diffusori conici in vetro soffiato trasparente e anello di protezione in silicone, di Achille Castiglioni per Flos. Pareti attrezzate costituite da pannelli rivestiti in velluto beige con fascia di base in legno di wengè, mensole in cristallo extrachiaro e specchi su telaio metallico. Mobile espositore in wengè con nicchie svasate in legno laccato bianco illuminate da tubi al neon. Banco cassa in vetro serigrafato con zoccolatura in acciaio illuminata da tubi al neon, piano e alzate in cristallo. Tavolino basso con struttura metallica e ripiani in vetro extrachiaro e opalino. *Poufs* "Barcelona" e panca in pelle *capitonnée* "Bed 1930" di Mies van der Rohe prodotti da Knoll International. Porta d'ingresso a tutt'altezza in vetro acidato con maniglione in scatolare d'acciaio inox lucido. Infissi esterni con telaio in acciaio inox incassato a muro. Tutto fornito o realizzato su disegno da Arredoquattro Industrie.

WOLFORD - La Coruña - E (p. 92)

Progetto: arch. Fernando C. Mosca.
Anno: 1998. **Superficie totale:** mq 60.

Opere murarie. Controsoffitto, pareti e controparete con nicchie rasati a gesso e finiti con smalto satinato all'acqua. Pavimento in listoni 15x200 di rovere trattato a olio posati a correre. Impianto elettrico e di condizionamento canalizzato nel controsoffitto. Tutto realizzato da Manuel Lopez Torres y Hijos. A soffitto alogene da incasso orientabili "Multiple" e "Minimultiple" di Modular e spot su binario elettrificato "High-Tech" di Zonca. Parete attrezzata con espositori modulari, alternati ad appenderie in acciaio satinato, dotati di vassoi estraibili con frontalini in vetro su base a cassetti realizzati in rovere a poro aperto trattato a cera. Parete di fondo con logo centrale in lettere scatolari e pannelli fotografici retroilluminati con immagini di Helmut Newton. Nella nicchia illuminata con tubi al neon mensole in legno verniciato con vassoi appoggiati in legno di rovere e piani inclinati in lamiera d'acciaio satinato. Banco cassa in legno verniciato con bacheca laterale in cristallo. Tavolo in blocchi di marmo lucido bianco sivic. Fondale vetrina con telaio in acciaio satinato e vetro acidato. Espositori a cubo in legno laccato nero. Tutto eseguito su disegno da Manuel Lopez Torres y Hijos.

GIOIELLERIA LUCA CAZZANIGA - Mariano Comense - CO (p. 96)

Progetto: arch. Leonardo M. Contissa.
Anno: 1997. **Superficie totale:** mq 150.

Opere murarie. Ripristino della facciata e opere di conservazione delle antiche strutture e delle volte in mattoni preesistenti. Controsoffitti e contropareti in cartongesso. Tutto realizzato da Ve.Co Costruzioni. Pareti finite a marmorino da Fratelli Neri. Pavimenti al piano terra in doghe 7x80 di wengè finito a olio e al piano interrato in lastre 50x50 di marmo "Nari" color beige patinato forniti e posati da Keram. Lastre a pavimento in vetro stratificato antisfondamento con film color latte e cristalli in genere forniti da Vismara Vetro. Scala in acciaio satinato con pedate in vetro stratificato realizzata su disegno da Cantù Ottone. Impianto elettrico eseguito da Molteni Elettrica Impianti. Faretti da incasso a pavimento "Up Clear" e a soffitto proiettori alogeni da incasso "Diapason Kwadro" di Kreon. Nelle nicchie sistema a barre "B Wix" con lampadine alogene allo xeno ad alto rendimento di Twin. Nella bussola d'ingresso fibre ottiche incassate nel controsoffitto di Ilti Luce. Tutto fornito da È Luce. Impianto di condizionamento installato da Casati Termoidraulica. Pareti attrezzate rivestite in legno di wengè fornito da Mannini Arredamenti o in marmo "Nari" beige fornito da Keram con nicchie

espositive in cristallo extrachiaro profilate in acciaio satinato rivestite in tessuto di ciniglia fornito da Ciemme. Mobile a parete finito a marmorino con ante, cassetti e nicchia a nastro dotata di sistema di illuminazione integrato e vetro a scorrimento verticale automatizzato. Espositori speciali e teche in cristallo. Tutto realizzato su disegno da Mannini Arredamenti. Banchi vendita in legno di wengè, dotati di vetrine frontali e teche superiori in cristallo, con piano e nicchie rivestiti in tessuto cinigliato, realizzati su disegno da Meroni L.P.C. Arredamenti. Poltroncine "Cab", in acciaio verniciato con seduta in poliuretano espanso, completamente rivestite in pelle calzata sulla struttura e incernierata, di Mario Bellini per Cassina. Tappeto in *moquette* rossa profilata di proprietà. Bussola d'ingresso e serramenti in acciaio finiti con vernice ferromicacea realizzati su disegno da Fratelli Radice. Soglie esterne in lastre di serizzo valmasino bocciardato fornite da Sergio Florian & Figli e posate da Ve.Co Costruzioni.

ALESSI - Milano (p. 100)

Progetto: arch.tti Alessandro e Francesco Mendini - Atelier Mendini.
Collaboratori: arch.tti Emanuela Morra, Barbara Zanotta.
Anno: 1999. **Superficie totale:** mq 100.

Coordinamento di cantiere arch. Alessandro Ciapponi di Archistudio. Coordinamento generale e assistenza agli impianti. Opere murarie. Pareti, contropareti in cartongesso e soffitti finiti a smalto bianco o colorato con prodotti Sikkens Linvea. Tutto realizzato da Farnese. Al piano terra e al piano interrato pavimento, scala e balaustre preesistenti. Al primo piano pavimento in piastrelle "Logos" rosa di Bisazza Mosaico posate da Farnese. Ascensore in cristallo con parete interna a specchio, pavimento in piastrelle "Logos" rosa di Bisazza Mosaico e fari da incasso a terra "Grands Fixround" di Modular, realizzato su disegno da Lift Center. Progetto illuminotecnico di Marco Pollice per Studio Pollice. Sospensioni "Velo" di Fontana Arte. Sistema a centralina remota "Metamorfosi 4 Esperia" di Artemide con lampade alogene a diverse combinazioni di colore legate al movimento dell'ascensore. Sui banchi espositivi barre metalliche a sospensione con tubi fluorescenti "U Line" di Light Targhet. Sul banco cassa e al piano interrato fari da incasso "Reflex Fisso" de I Guzzini Illuminazione e "Mini Haloscan" di Modular. Gole luminose e vetrine a parete dotate di tubi fluorescenti "Rapid System" di Disano Fosnova. Plafoniere con ottica concentrante "Sistema ZX" e "Claris" di Zumtobel Italiana. In vetrina proiettori "Yoke a Jack" e "Yoke Side Mount" di Lite Lab, strutture espositive preesistenti in marmo rosa o in legno laccato con colonne binate in acciaio cromato ed elementi in cristallo a forte spessore. Pilastri e pareti rivestiti a specchio. Zoccolature in acciaio satinato. Pareti attrezzate con espositori modulari diversamente componibili con mensole di cristallo, ripiani in legno laccato o elementi a vetrinette sovrapposte, dotati di cassettiere alla base e alta fascia di chiusura in legno laccato color argento o giallo. Banco cassa, mobile retro-cassa e tavoli centrali di servizio in legno fresato laccato argento con piano in legno laccato e *top* in cristallo. Al primo piano sagoma macinapepe "Anna G." in legno laccato. Tutto realizzato su disegno da Lisar.

BOSS - Milano (p. 106)

Progetto: arch.tti Marco Claudi - Milano Layout, Helmut Pummer - Pummer Design.
Anno: 1999. **Superficie totale:** mq 520.

Opere murarie. Pareti e controsoffitti in cartongesso finiti con idropittura lavabile bianca. Pavimenti in lastre 60x60 di granito nero impala fiammato fornite da Marcolini Marmi e posate da Impresa Bonetti. Al primo piano stuoia in cocco fornita da Ruckstuhl Italia. Scala autoportante in ferro rivestita in Mdf laccato bianco eseguita su disegno da Campello Arredamenti con gradini in granito nero impala fiammato forniti da Marcolini Marmi. Corrimano e maniglie della porta d'ingresso in tubolare d'acciaio inox lucido, profili di nicchie e specchi a muro in acciaio cromato e tutte le opere di carpenteria metallica eseguite su disegno da Campello Arredamenti. Progetto illuminotecnico di Lichtprojekt & Design. Impianto elettrico realizzato da Bis Impianti. A soffitto incassi professionali. Lampada da terra "Costanza" di Paolo Rizzatto per Luceplan. Impianto di condizionamento canalizzato nel controsoffitto installato da Euroeco. Impianto di diffusione sonora di Bose. Pareti attrezzate a nicchia costituite da elementi modulari in legno di faggio con cremagliere incassate per l'ancoraggio delle varie attrezzature, banco cassa con teca in cristallo e pannelli scorrevoli retrostanti a tutt'altezza; tavoli a più ripiani con vassoi estraibili o *top* in vetro; espositori a pedana e *poufs*: tutto eseguito su disegno da Baumgartner in legno di wengè o faggio. Poltrone "Grand Comfort" in tubolare d'acciaio con cuscini in pelle disegnate da Le Corbusier e prodotte da Cassina. Impennate delle vetrine in acciaio spazzolato e cristalli antisfondamento extrachiari forniti su disegno da Impresa Bonetti. Logo realizzato su disegno da Baumgartner con lettere in metallo scatolare laccato.

BULGARI - Milano (p. 112)

Progetto: arch.tti Laura Sclavi, Benedetto Pogliani.

Coordinamento: arch. Massimo Magistri - Ufficio Tecnico Bulgari
Anno: 1998. **Superficie totale:** mq 187.

Coordinamento generale, opere murarie, pareti e controsoffitti in cartongesso realizzati da Impresa Carpaneda. Finiture delle superfici a marmorino eseguite da Cazzola. Pavimento a *parquet* con doghe posate a correre in "Listone Giordano" doussiè Africa chiaro fornito e posato da Margaritelli. Scala con rampa a ventaglio realizzata su disegno in marmo rosa Asiago da Laboratorio Morseletto. Impianto elettrico realizzato da Saier. Faretti da incasso "Lu 2150" e orientabili "Lu 2250" di Lumiance. Nelle vetrine fari a ioduri metallici "Mbs 200-070" di Philips e "Master color 83006", negli espositori fari "Wallwasher R7-S 65345" di Erco Illuminazione. Tubi fluorescenti "Lumilux Combi" di Osram. Impianto di condizionamento fornito e installato da Tecno Air. Impianto di sicurezza di Lips Vago Elettronica. Parete curva della scala e mensole retroilluminate in acero. Quinte concavo-convesse e pareti *boisées* in legno di pero a grandi riquadri con scanalature in acero. Nicchie espositive con telai in profilo d'acciaio. Elementi espositori costituiti da lastre in multistrato di cristallo assemblate a griglia in cornici convesse di pero. Tavoli, banchi vendita, tavolini e *consolles* in legno di pero con piani in acero e vetro. Tutto realizzato su disegno da Falegnameria Brozzetti. Poltroncine in paglia di Vienna e divani "Bugari" in velluto prodotti su disegno da PSM. Portali e soglie con logo in lettere d'ottone realizzati su disegno in marmo rosa Asiago e in botticino bocciardato da Laboratorio Morseletto. Impennate esterne delle vetrine in cristallo antisfondamento ed espositori semicilindrici in vetro trasparente e acidato con base in legno eseguiti su disegno, come tutte le opere di carpenteria metallica, da Green Allestimenti.

MAX & Co. - Milano (p. 116)

Progetto: ing. Ducciomaria Grassi.
Anno: 1999. **Superficie totale:** mq 265.

Opere murarie e strutturali, controsoffitti e contropareti in cartongesso tinteggiati a idropittura e pavimento in resina a base cementizia realizzati da Boma. Pavimento in ceramica bianca fornita da Graniti Fiandre e posato da Ceramiche Riunite. Impianto elettrico progettato da Cavazzoni e realizzato da Boma. Fari da incasso orientabili "Quasar" e nelle vetrine faretti su binario "Trimmer" de I Guzzini Illuminazione forniti da Fratelli Cacciavillani. Impianti di climatizzazione, condizionamento e riscaldamento progettati da Studio Termotecnici Associati e installati da Comet. Impianto antintrusione fornito da Ciesse. Pareti attrezzate in Mds rivestite in Pvc con elementi espositivi in alluminio verniciato epossidico bianco e acciaio inox satinato. Tavoli, banco cassa, mensole e appenderie in alluminio naturale e verniciato epossidico bianco. Tavolo basso centrale in Mds rivestito in Pvc con mensola in alluminio verniciato epossidico bianco. Specchi riquadrati con telai in acciaio inox satinato. Camerini di prova in alluminio verniciato bianco e tende in tessuto grigio. Fondali vetrina in alluminio verniciato epossidico bianco e al naturale sul lato negozio. Infissi in acciaio satinato e a scomparsa. Tutto realizzato su disegno da Modar. Divanetto due posti "Bank nr. 1" con struttura in alluminio e rivestimento in pelle di Copray & Scholten.

MOSAÏQUE - Milano (p. 120)

Progetto: Newart.
Direzione lavori: arch. Cristina Chiappini.
Anno: 1998. **Superficie totale:** mq 87.

Calcoli strutturali ing. Vladimir Florescu di Integral. Opere murarie eseguite da I.C.E.R. Controsoffitti e contropareti in cartongesso tinteggiati a idropittura, finiture interne ed esterne realizzati da Amato Sapia. Pavimento in doghe di laminato bianco "Parqcolor" di Abet Laminati fornito e posato da Grandi Magazzini Linoleum. Progetto illuminotecnico di Newart. Impianto elettrico di T.EL.AL. A soffitto fari da incasso orientabili a bassa tensione "Frame 8881", nelle vetrine fari da incasso con temporizzatore a bassa tensione e a ioduri metallici "Dynamix de Modulor 373305", faretti a bassa tensione "Shuttle 8478" dotati di sagomatore e temporizzatore, tutto de I Guzzini Illuminazione. Nei camerini faretti da incasso "Kridue" di Lucitalia. Arco e tramezzi illuminati da tubi fluorescenti temporizzati. Tutto fornito da G.D.T. Elettroforniture. Impianto di condizionamento fornito da Conter e installato da Tecnitel Impianti. Tavolo con cassetti e piano in cristallo, banco cassa, mensole a sbalzo, cassettiere su ruote e contenitori, espositori a parete per scarpe realizzati tutti su disegno in legno laccato bianco da Vale. Mobili d'epoca anni Quaranta in legno e pergamena e poltroncine di Galleria Michel Leo. Appenderie in ferro tagliato al laser smaltato con vernice poliuretanica bianca e infissi in ferro verniciato eseguiti su disegno da Cesare Girgi. Marchi delle vetrine realizzati con pellicola adesiva da Cip.

NADINE - Milano (p. 124)

Progetto: arch. Fernando C. Mosca.
Anno: 1999. **Superficie totale:** mq 80.

Opere murarie, controsoffitti, pareti, contropareti e ribassamenti in cartongesso finiti a smalto satinato all'acqua e pavimento in lastre 120x120 di pietra piasentina fiammata bocciardata fornite da Super Skin: tutto realizzato da Respedil. Scala con struttura in ferro eseguita su disegno da Arredoquattro Industrie e gradini in pietra piasentina fiammata forniti da Super Skin. A parete "Il ciclo dell'acqua", acrilico su gesso rasato a tutt'altezza, realizzato da Gualtiero Mocenni. Impianto elettrico e di condizionamento, canalizzato nel controsoffitto, installati da Respedil. Alogene da incasso orientabili "Multiple" e "Minimultiple" di Modular. In vetrina proiettori su binario elettrificato "High-Tech" di Zonca. Tutto fornito da Domenico Prono. Pareti attrezzate con mensole in cristallo o in legno di wengè trattato a cera e appenderie in acciaio satinato. Teca espositiva sopra la scala a sporto sulla vetrina in legno laccato bianco con *top* e fondo in cristallo antisfondamento extrachiaro. Banco cassa e tavolo vendita in acciaio satinato e legno di wengè trattato a cera con piani in cristallo extrachiaro o vetro acidato. Parapetti in cristallo extrachiaro. In vetrina fondale in cristallo acidato su telaio in acciaio satinato, basi in cristallo verniciato bianco con cassetti in legno di wengè trattato a cera. Impennate delle vetrine in acciaio satinato a tutt'altezza e cristalli antisfondamento senza giunti. Logo in lettere scatolari. Tutto realizzato su disegno da Arredoquattro Industrie. *Poufs* in pelle bicolore "Pocketable" di Pablo Reinoso per Poltrona Frau. Grafica a cura di Studio Atto.

NESPRESSO CLUB - Milano (p. 128)

Progetto: arch. Marco Claudi - Milano Layout.
Anno: 1999. **Superficie totale:** mq 90.

Opere murarie. Controsoffitti in cartongesso tinteggiati con idropittura lavabile bianca e pareti finite con velatura "Elegance" di Sikkens Linvea. Pavimento in *moquette* di lana appositamente realizzata con logo Nespresso. Scala in ferro monotrave con gradini a sbalzo in legno di faggio. Corrimano e parapetto del soppalco in tubolare d'acciaio spazzolato come tutte le finiture e le opere di carpenteria metallica. Pannelli di cristallo trasparente e acidato con grafica. Impianto elettrico. Tutto fornito o realizzato da Impresa Bonetti. Progetto illuminotecnico di Orlandi. A soffitto lampade a sospensione "Berlino" di Piano Design Workshop con riflettore in alluminio e cablaggio induttivo e proiettori alogeni da incasso orientabili "Reflex" a basso voltaggio con vetro di protezione de I Guzzini Illuminazione. Nella nicchia neon realizzati a mano e, occultati a soffitto, tubi fluorescenti forniti da Arte's Neon. Impianto di condizionamento canalizzato nel controsoffitto e griglie lineari installate da Euroeco. Mobili, bancone e contenitori a muro in faggio evaporato con intarsi in legno di wengè e maniglie in acciaio spazzolato. Mobile espositore per le varie miscele di caffè in faggio evaporato con alzata in acciaio spazzolato, contenitore per *blister* in alluminio con *display* retroilluminato in plexiglas serigrafato. Quinta con porta scorrevole in ferro trattato con vernice ferromicacea e cristalli acidati. In vetrina espositori di faggio con logo inciso e piano in vetro acidato illuminati internamente con fibre ottiche al carbonio fornite da Ieci. Tutto realizzato su disegno da Tecnolegno Allestimenti. Nella sala riunione sul soppalco tavolo componibile con struttura in alluminio e piano in wengè di MDF Italia e poltroncine "Mauna Kea" di Vico Magistretti per Kartell. Impennata della vetrina in cristallo a tutt'altezza, con portale in acciaio spazzolato e logo impresso, eseguita su disegno da Impresa Bonetti.

PLUS - Milano (p. 132)

Progetto: arch. Carlo Donati.
Anno: 1998. **Superficie totale:** mq 300.

Allestimento, coordinamento e realizzazione generale di Farnese. Opere murarie, controsoffitti e pareti sagomate in cartongesso, con nicchie e mensoloni, tinteggiati a idropittura o finiti a smalto. Parete rivestita con tessere a "Opus Romano" in smalto veneziano fornite da Bisazza Mosaico. Pavimento in spatolato cementizio "Tecnosyntex" color avorio realizzato da Tecnicem con zoccolatura arretrata in lamiera zincata. Scala con parapetto in vetro temperato imbullonato alle alzate rivestite in legno di rovere nero fornito da Ambrogio Galbiati e con pedate in pietra bianca Capri fornita da Bargna Marmi. Impianto elettrico e di condizionamento canalizzato nel controsoffitto. Illuminazione realizzata con tubi fluorescenti a tonalità calda occultati in nicchia, all'interno di tagli schermati da perspex o di plafoniere. Pareti attrezzate con binari per l'ancoraggio delle appenderie costituite da barre e chiodi portabiti in ottone cromato satinato e delle mensole in policarbonato. Espositori a terra con struttura in metallo cromato satinato, basi in rovere di palude lucido naturale con *top* in "Diaphos" di Abet Laminati e piani in vetro temperato. Specchi con telaio metallico. Vetrine con piani e pannelli in laminato "Diaphos". Tutto fornito e realizzato su disegno da Farnese. Sedie dei camerini, poltrona imbottita rossa, lampadari del vano scala e della sala ovale: tutti arredi di recupero degli anni Cinquanta di provenienza francese. Panca "Diesis" di Antonio Citterio per B&B Italia.

POLLINI (p. 136)

Milano

Progetto: Europrogetti, arch. Vincenzo De Cotiis.
Anno: 1998. **Superficie totale:** mq 240.

Opere murarie realizzate da Ma.An. Costruzioni. Controsoffitti e ribassamenti, contropareti, nicchie e tagli continui, praticati a soffitto, a parete e in vetrina a parziale occultamento dei vari corpi illuminanti, realizzati in cartongesso e finiti a idropittura color grigio-nocciola chiaro da Safa Arredamenti. Pavimento del piano terra e del piano interrato, pedane delle vetrine e scala realizzati in malta colorata e lucidata da Ma.An. Costruzioni. Soppalco e relativa scala rivestiti con lastre 100x100 di multistrato placcato in legno di okoumè fornite e posate da Mobilux. Progettazione impianti tecnologici di Elleci Studio. Impianto elettrico realizzato da Lambro Impianti. Illuminazione realizzata con il sistema "Tagliatella" costituito da linee di faretti alogeni snodabili "Mek" su binario elettrificato alloggiati in appositi tagli parzialmente occultati da sportelli orientabili in alluminio lucidato a specchio per direzionare il fascio luminoso; tubi fluorescenti e spot da incasso: tutti prodotti da Via Bizzuno. Impianto di condizionamento installato da Termocond. Ripiani, mobili espositori a cassetti con *top* in cristallo e banco cassa in mogano con zoccolature illuminate da neon. *Consolle* in legno laccato con piano intermedio in cristallo. Espositori bassi in vetrina con struttura in acciaio verniciato, base in plexiglas e ripiani in cristallo extrachiaro. Divani e sedute in pelle su basi in cemento lamato e altri arredi realizzati su disegno da Safa Arredamenti. Specchi, vetrine a tutt'altezza, mensole, setti e parapetti, tutti in cristallo extrachiaro antisfondamento, forniti da Vetreria De Guidi e Vetreria Misa. Appenderie in acciaio inox, infissi esterni in ferro verniciato e tutte le opere di carpenteria metallica realizzati su disegno da Tecnofer.

Ravenna

Progetto: Europrogetti, arch. Vincenzo De Cotiis.
Direzione lavori: arch. Tiziano Dal Pozzo.
Anno: 1998. **Superficie totale:** mq 130.

Opere murarie realizzate da Impresa Claudio Cucchi. Controsoffitti e ribassamenti, contropareti, nicchie e tagli continui, praticati a soffitto, a parete e in vetrina a parziale occultamento dei vari corpi illuminanti, realizzati in cartongesso e finiti a idropittura da Safa Arredamenti. Pavimento e pedane delle vetrine in cemento lucidato a vista eseguiti da Impresa Claudio Cucchi. Progettazione impianti tecnologici di Elleci Studio. Impianto elettrico realizzato da Marcello Mariani. Progetto illuminotecnico di Via Bizzuno. Illuminazione realizzata con il sistema "Tagliatella" costituito da linee di faretti alogeni snodabili "Mek" su binario elettrificato alloggiati in appositi tagli parzialmente occultati da sportelli orientabili in alluminio lucidato a specchio per direzionare il fascio luminoso e tubi fluorescenti, tutti prodotti da Via Bizzuno. Impianto di condizionamento installato da Tiziano Capirossi. Mobili espositori a cassetti con *top* in cristallo e banco cassa in mogano con zoccolature illuminate da neon. Espositori bassi in vetrina con struttura in acciaio verniciato, base in plexiglas e ripiani in cristallo extrachiaro. Divani e sedute in pelle su basi in cemento lamato e altri arredi realizzati su disegno da Safa Arredamenti. Impennate delle vetrine e mensole in cristallo extrachiaro antisfondamento fornite da Vetreria Corticella e Felsinea. Appenderie in acciaio inox, infissi esterni in ferro verniciato e tutte le opere di carpenteria metallica realizzati su disegno da Oscar Pirazzoli.

SALVINI - Milano (p. 144)

Progetto: arch. Pierluigi Cerri (Gregotti Associati).
Collaboratori: arch. Valeria Girardi. Project Manager e Direzione lavori: ing. Francesco Molteni.
Anno: 1998. **Superficie totale:** mq 100.

Coordinamento generale, opere murarie, facciata esterna a intonaco lavorato, opere in gesso e controsoffitti in cartongesso finiti a stucco spatolato bianco: tutto realizzato da Impresa Enrico Molteni & C. Pavimenti in pietra d'Istria d'Orsera sabbiata in lastre modulari e di grandi dimensioni nell'atrio e nell'ingresso. Pareti rivestite con pannelli in pietra d'Istria d'Orsera, sabbiata e lavorata a canaletto, montati su alveolare di alluminio e fissati a struttura perimetrale in ferro. Tutto fornito e posato da Laboratorio Morseletto. Impianto elettrico di Tiziano Manzoni. Faretti alogeni da incasso "Down Light" fissi e orientabili di Erco Illuminazione. Sospensioni con *tiges* regolabili in metallo e diffusori in vetro soffiato di Fontana Arte. Lampada in carta di riso di Isamu Noguchi e illuminazione delle teche espositive con sistema a fibre ottiche dicroiche o a ioduri metallici di Eltek forniti da Hì Lite. Impianto di condizionamento canalizzato nel controsoffitto installato da Air Calor. Impianti d'allarme, antintrusione e per telecamere a circuito chiuso realizzati da Fane. Rivestimento pareti uffici, porte interne e attrezzature a parete, tavoli vendita e *reception* in multistrato sagomato e fresato a controllo numerico, panca con cuscino in pelle naturale, tutti realizzati su disegno in legno di pero da Arredamenti Pino Meroni. Teche incassate a parete con vetri blindati extrachiari motorizzati, cassettiere con vassoi porta-

gioielli estraibili e tutte le finiture in metallo a vista realizzati su disegno da Fratelli Ronchetti con profili in ottone brunito. Poltroncine "Dakota" di Paolo Rizzatto per Cassina con base in alluminio verniciato e seduta rivestita in cuoio e tessuto. Porta d'ingresso scorrevole ad anta unica in vetro antisfondamento. Cancelli su strada in carabottino d'ottone brunito.

UPIM - Milano (p. 150)

Progetto: arch. Olga Zoueva.
Coordinamento generale: ing. Mario Bonazzi, arch. Mariagrazia Travo.
Direzione lavori strutturali: ing.ri Massimiliano Mercuriali, Mario Bergamini.
Visual merchandising: Francesco Dessì.
Anno: 1999. **Superficie totale:** mq 1.706.

Opere murali e strutturali, tinteggiature e finiture delle pareti realizzate da Impresa Tirintilli. Controsoffitti e opere in cartongesso eseguiti da La Lombarda. Pavimenti in lastre 60x60 e 120x120 di marmo bianco ricomposto fornite da Parifur International o in listoni 12x80/90 di acero trattato con vernici all'acqua posati a correre da M.P.R. Scale mobili e ascensore panoramico realizzati da Marco Bonfedi. Progetto illuminotecnico, impianto elettrico e sistema di videoproiezione eseguiti da Elettrocontrolli. Proiettori sistema "Cestello", in varie forme e configurazioni, de I Guzzini Illuminazione. Spot alogeni da incasso, fissi e orientabili, tubi fluorescenti e altri apparecchi illuminanti di Philips Lighting e Zonca. Impianto di condizionamento canalizzato nel controsoffitto installato da Tecnoconfort. Sistemi di sicurezza, antitaccheggio e telecamere a circuito chiuso di Sensormatic. Mobili e attrezzature di vendita in genere in legno verniciato, metallizzato o laccato. Struttura cilindrica di raccordo tra i diversi reparti finita a foglia oro. Portali d'ingresso e tende esterne in lino nel colore blu corporativo. Elementi d'arredo metallici e strutture espositive in acciaio. Tutto realizzato su disegno da Ceresio Arredamenti. Supporti in plexiglas ed elementi in metacrilato forniti da Luigi Pasolini. Serramenti preesistenti. Vetrine a tutt'altezza in cristallo Visarm antisfondamento, pensilina esterna e parapetti in vetro temperato extrachiaro forniti o realizzati su disegno da Fratelli Donini e La Panda 80. Grafica ed elementi decorativi eseguiti su disegno da Safetyglass. Insegne luminose di Nuova Tecnoneon.

VIA SPIGA - Milano (p. 154)

Progetto: arch. Fabio Novembre.
Anno: 1999. **Superficie totale:** mq 58.

Opere murarie, pareti curve in cartongesso e gusce a soffitto rasate a gesso realizzate su disegno da G&G. Finitura pareti in grassello di calce e tinteggiature eseguite da Edilizia Decorativa. Ripristino degli infissi e delle porte preesistenti e doratura delle pareti eseguiti da Massimo Giustinoni. Pavimenti rivestiti con miscela di tessere 2x2 vetricolor oro di Bisazza Mosaico con inserti riempiti da sassi di fiume. Consulenza illuminotecnica di Studio Pollice. Impianto elettrico di Siamqui. Nelle gusce plafoniere a ottica concentrante "Sistema ZX" di Zumtobel Italiana. Nella zoccolatura spot dicroici da incasso "Laser" con lente concentrica Fresnel de I Guzzini Illuminazione. Impianto di condizionamento canalizzato nel controsoffitto installato da Fluidart. Profili e finiture in acciaio inox eseguiti su disegno da A. M. Arredi fissi e opere di falegnameria realizzati su disegno da Almo. Pareti a specchio e mensole in cristallo fornite da Vetro A. Tavoli e passerella di cedro nazionale realizzati su disegno da Thomas Roberts. Sedute in paglia "S. Chair" di Tom Dixon per Cappellini.

JULIAN - Milano Marittima - RA (p. 160)

Progetto: Paolo Badesco Interior Design - Paolo Badesco, arch.tti Rosanna Carrea, Marco Morselli.
Direzione lavori: arch. Venerio Valerani.
Anno: 1999. **Superficie totale:** mq 264.

Coordinamento generale di Arredoquattro Industrie. Opere murarie realizzate da Impresa Ambrogini. Controsoffitti e ribassamenti, contropareti, nicchie e tagli continui, praticati a parete e soffitto a occultamento dei corpi illuminanti, realizzati in cartongesso e finiti a idropittura da Arredoquattro Industrie e da Bellettini & Bettoli. Pavimento al piano terra, scala e basamenti delle vetrine realizzati in seminato di graniglia con impasto in resina fornito e posato da Venerom. Al primo piano pavimento in *moquette* "Rollerwool" di Ruckstuhl Italia fornita da Arredoquattro Industrie. Impianto elettrico eseguito da C.F. Impianti. Progetto illuminotecnico di Mario Nanni per Via Bizzuno. Illuminazione costituita da sistema "Tagliatella" con linee di faretti alogeni snodabili "Kit Halospot 111" alloggiati in appositi tagli parzialmente schermati da sportelli orientabili in alluminio lucidato a specchio per direzionare il fascio luminoso abbinati ad apparecchi da incasso totale "Traffic Light". Plafoniere in acciaio lucidato a specchio dotate di tubi fluorescenti a luce fredda. Nelle zone di servizio e nei camerini spot da incasso "Net". Tutto prodotto su disegno o fornito da Via Bizzuno. Condizionamento canalizzato nel controsoffitto installato da Climasystem Magnani

Impianti. Impianto d'allarme di Secchiaroli Elettronica. Impianto antitaccheggio di Sensormatic. Pareti rivestite a specchio. Parete di fondo al piano terra rivestita con pannelli di plexiglas diffusore a tutt'altezza. Pannelli espositivi, pareti e ante scorrevoli, banchi vendita e sedute dei camerini in ebano makassar. Banco cassa rivestito in acciaio lucidato a specchio. Ripiani, mensole e parapetto della scala in cristallo extrachiaro. Corrimano e appenderie in tubolare d'acciaio. *Poufs* e sedute rivestiti in velluto. Tutto fornito o eseguito su disegno da Arredoquattro Industrie. Facciata esterna rivestita in marmo travertino levigato e lucidato fornito e posato da CMC.

POMELLATO - Montecarlo - MC (p. 168)

Progetto: arch. Valentina Onesti, prof. Carlo Forcolini.
Anno: 1998. **Superficie totale:** mq 65.

Coordinamento e allestimento generale di Da Sacco & Gusmitta: opere murarie, controsoffitti in gesso tinteggiati a idropittura, controparete, su fondo in foglia d'oro, in marmo bianco sivec con logo in ottone, impianto elettrico e di condizionamento, canalizzato nel controsoffitto, impianti antincendio e di allarme. Serramento della vetrina con struttura in alluminio verniciato a polveri blu navy e cristallo stratificato extrachiaro eseguito su disegno da Giacomo De Rosa. Pavimento in lastre 60x60 di marmo bianco sivec lucido fornite da Italmarmi e posate in diagonale da Da Sacco & Gusmitta. Faretti alogeni da incasso "L.D." di Artemide. Pareti coniche in pannelli di Mdf curvati a centina laccati con vernice poliuretanica opaca rossa o rivestite in legno di khaya. Nicchie e teche espositive retroilluminate rivestite in tessuto "Dinamica" color panna di Sitab, chiuse da cristalli extrachiari con telai in metallo verniciato a polveri blu navy. Spazio DoDo costituito da banco vendita conico e mobile attrezzato in legno di khaya con nicchie rivestite internamente in carta di riso colorata. Vetrinette ruotanti con struttura in ottone lucido e cristalli curvati sabbiati. Tavoli a sezione curvilinea in legno khaya con supporto in tubi di metallo verniciato a polveri blu navy fissati a terra tramite piastre annegate nel sottofondo. Porta d'ingresso in cristallo antisfondamento con maniglia in legno khaya tornito. Tutto realizzato su disegno da Carones Arredamenti. Poltroncine in cuoio blu navy con gambe in legno khaya fornite da Matteograssi.

BULGARI - Napoli (p. 172)

Progetto: arch.tti Laura Sclavi, Gabriela Dupeyron.
Coordinamento: arch. Massimo Magistri - Ufficio Tecnico Bulgari
Anno: 1998. **Superficie totale:** mq 280.

Coordinamento generale, opere murarie, pareti e controsoffitti in cartongesso finiti a marmorino eseguiti da Impresa Botti 3R. Pavimento rivestito in *moquette* di lana fornita da Impresa Botti 3R. Scala con rampa a ventaglio eseguita su disegno in marmo rosa Asiago da Laboratorio Morseletto. Impianto elettrico realizzato da Impresa Botti 3R. Corpi illuminanti forniti da Baldieri. Faretti da incasso "Lu 2150" e orientabili "Lu 2250" di Lumiance. Tubi fluorescenti "Lumilux Combi" di Osram. Nelle vetrine fari agli ioduri metallici "Mbs 200-070" di Philips. Negli espositori faretti da incasso orientabili "Lu 2250" di Lumiance e fari "Wallwasher R7-S 65345" di Erco Illuminazione. Impianto di condizionamento fornito e installato da Tecno Air. Impianto di sicurezza di Lips Vago Elettronica. Parete curva della scala, quinte concavo-convesse e pareti *boisées* a grandi riquadri con scanalature in acero, tutte in legno di pero. Nicchie espositive con telai in profilo d'acciaio. Espositori costituiti da lastre in multistrato di cristallo assemblate a griglia in cornici convesse in legno di pero. Tavoli, banchi vendita, tavolini e *consolles* in legno di pero con piani in legno d'acero e vetro. Tutto realizzato su disegno da Falegnameria Brozzetti. Poltroncine in paglia di Vienna e divani "Bulgari" in velluto prodotti su disegno da PSM. Vetrine ogivali, portale e soglia d'ingresso con logo in lettere d'ottone realizzati su disegno in marmo rosa Asiago da Laboratorio Morseletto. Opere di carpenteria metallica, cristalli antisfondamento e infissi eseguiti su disegno da Green Allestimenti.

BISAZZA SHOWROOM - New York - USA (p. 176)

Progetto: arch.tti Alessandro e Francesco Mendini - Atelier Mendini.
Collaboratori: arch.tti Bruno Gregori, Emanuela Morra.
Anno: 1998. **Superficie totale:** mq 265.

Allestimento generale di Expo Stand. Superfici rivestite in mosaico con differenti pattern e decori, mobili e oggetti in vetro eseguiti su disegno da Bisazza Mosaico. Pareti tinteggiate a idropittura. Scalinata in legno di rovere. Impianto elettrico, di condizionamento con canalizzazione a vista e d'allarme con telecamere a circuito chiuso realizzati da Expo Stand. Sistema di fari orientabili su binario "Archetto" e "Antares" di Flos. Nell'ingresso al piano terra: pavimento in lastre di graniglia di vetro e Avventurina blu "Metron", semicolonne e alta zoccolatura rivestiti in tessere azzurre serie "Le Gemme"; alle pareti pannelli "I Segni Zodiacali" di Anna Gili in mosaico tradizionale tagliato a mano azzurro, blu e argento; sedie con schienale in acciaio "Antalya" e panca "Izmir" di Aldo

Cibic con struttura in alluminio rivestita da miscela di mosaico "Vetricolor" Ascensore con pavimento in lastre di graniglia di vetro "Logos" e pareti in acciaio. Nello *showroom* pavimento a spina di pesce con intarsi di vari materiali: mosaico in smalto di vetro "Opus Romano" e lastre in graniglia di vetro "Logos" e graniglia di vetro e Avventurina "Metron" forniti e posati da Bisazza Mosaico. Tavoli con piano in ciliegio naturale e base in lega d'alluminio e sistema di contenitori in acero americano sbiancato e alluminio anodizzato satinato serie "Shine" di Vico Magistretti. Poltroncine "Flower" con seduta in poliuretano espanso e gambe in acciaio cromato di Vico Magistretti e Patricia Urquiola Carrelli porta computer "Trolley" con struttura in acciaio cromato e piani in lamiera verniciata con polveri poliuretaniche di Marco Zanuso Jr. Tutto prodotto da De Padova. Poltrone "Molly" in poliuretano rivestito di tessuto con piedi in alluminio verniciato di Enrico Baleri per Baleri Italia. Tavolini sovrapponibili "Terra, Acqua, Fuoco" in acciaio e graniglia con inserti in vetro trasparente di Anna Gili. Tavolini rotondi bassi "A Mezzanotte" e "All'Alba" di Ugo Marano. *Chaise longue* "Albaicin" di Javier Mariscal. "Fioriera" e "Panchina" di Michael Graves. *Consolle* "3rd February" di George Sowden e contenitore "Guanto" della serie "Mobili per Uomo" di Alessandro Mendini. Quadri "Il Sole" e "Buondì" di Mimmo Rotella, "Pitagora" di Luciano Bartolini, "Penny", "Dally", "Reddy" e "Pinky" di Louise Gibb. Tutti realizzati per la Collezione Bisazza Mosaico.

MISSONI - New York - USA (p. 182)

Progetto: arch. Matteo Thun.
Collaboratori: arch. Marco Rossi.
Anno: 1999. **Superficie totale:** mq 500.

Coordinamento, opere murarie ed esecuzione generale di IDI Construction Company. Pareti e soffitti rasati a gesso, controsoffitti in cartongesso finiti a spatola con polveri di marmo nei toni dell'avorio e del sabbia con inclusione di particelle dorate. Scala con struttura metallica verniciata, gradini rivestiti in *moquette*, parapetto in cristallo extrachiaro e corrimano in tubolare d'acciaio inox acidato. Balaustre interne, vetrine e portali d'ingresso a tutt'altezza, in grandi lastre di cristallo antisfondamento, fornite su disegno da IDI Construction Company. Pavimento in cemento verniciato sfumato a spatola eseguito su disegno da Unicraft o in *moquette* di lana *bouclée* "Madras" fornita da Aplem. Impianto elettrico e di condizionamento canalizzato nel controsoffitto di IDI Construction Company. Tagli rettilinei di luce diffusa ottenuti con tubi fluorescenti, illuminazione direzionale con fari alogeni dicroici da incasso, spot con sagomatori e proiettori orientabili. Vele sospese a soffitto e tende realizzate su disegno da TRS. Sistema espositivo a parete costituito da quadri attrezzati con fondali retroilluminati in specchio acidato a forte spessore, ripiani in legno douglas curvato e spazzolato, appenderie metalliche in acciaio graffiato e cerato. Banchi vendita ed espositori a parallelepipedo in legno douglas spazzolato e sbiancato con piani in cristallo extrachiaro e basi retroilluminate in vetro acidato. Quinte attrezzate e fondali in vetro con applicazione di film decorativo colorato retroilluminato. Panche e grandi *poufs* in legno sbiancato dotati di cuscini a materasso rivestiti con tessuti Missoni by T&J Vestor. Angolo bar con bancone circolare in acciaio inox satinato. Tavolini con base in metallo e piano in legno sbiancato. Sedie "3107" di Arne Jacobsen per Fritz Hansen. Cilindri fluorescenti in plexiglas serigrafati con trame della collezione Missoni. Tutto fornito o eseguito su disegno da Lisar.

MINÙ - Padova (p. 186)

Progetto: Shay Frisch Peri - Indik.
Collaboratori: Guy Lavy, Jacob Amichay, Debora Laganà, Jee Mi Suk.
Anno: 1998. **Superficie totale:** mq 140.

Coordinamento generale di Gino Simonetto. Opere murarie e strutturali realizzate da Edil Menin. Controsoffitti e pareti in cartongesso eseguiti da Co.Ge.Me. e finiti a stucco veneziano antico spatolato da Rino Tiepolo. Pavimento e gradini della scala a sbalzo in pietra Pillargury lavorata fornita da Manifattura Pietre e posata da Edil Menin. Impianto elettrico realizzato da Elettroimpianti Adige. Fari da incasso "Pollux" di Erco Illuminazione. Spot orientabili da incasso "Holoscan" e su canale "Freeway" di Modular. Nelle vetrine fari su binario elettrificato "Focus" e *appliques* esterne "Kriss" di I Guzzini Illuminazione. Tutto fornito da M.et.ro. Impianto di condizionamento canalizzato nel controsoffitto installato da Giuseppe Secco. Strutture espositive a parete in lastre di cristallo extrachiaro retroacidato con distanziatori in acciaio, mensole e base in legno di wengè. Struttura della scala a sbalzo. Al primo piano mobile espositivo a "L" con funzione di balaustra. Scaffali sospesi alternati a pannelli scorrevoli, banco cassa e tavoli. Tutto realizzato su disegno da Gino Simonetto in legno di wengè, acciaio inox spazzolato e lastre di cristallo extrachiaro acidato. Corrimano, appenderie, porte dei camerini e infissi delle vetrine in acciaio inox spazzolato eseguiti, come tutte le opere di carpenteria metallica, da Arte Metallo. Lastre di vetro extrachiaro e specchi forniti da Grazi Cristalli. Lucernario in acciaio inox spazzolato e vetro acidato realizzato su disegno da Lomi.

MODUSVIVENDI - Palermo (p. 190)

Progetto: arch. Carmelo Nicitra.
Anno: 1997. **Superficie totale:** mq 120.

Opere murarie, ripristino dei soffitti a volta preesistenti e restauro dei decori *liberty* realizzati da Crocilla-Giglia. Stucchi e pareti finite a tempera da Paolo Billeci. Pavimento in doghe di rovere sbiancato stratificato "Parkover Profloor" fornite e posate a correre da Giancarlo Nanni & C. Impianto elettrico realizzato da Kalor Systems. Faretti da incasso "Nickel Matt" di Egoluce. A parete lampade "Alterego" di Tronconi. In vetrina faretti "Mondial F.1" di Targetti Sankey. Tutto fornito da Accademia Migliore. Impianto di condizionamento installato da Elettroclima. Scaffalature modulari, fisse e scorrevoli, pedane, espositori e banco cassa in melaminico bianco controplaccato con bordi e finiture in acciaio spazzolato. Tavoli su ruote con struttura in acciaio e piani in laminato. Tutto eseguito su disegno da Chioschi Arredi. Divano due posti "Elisa" di Adile Salotti, sgabelli girevoli di proprietà. Sistema informatico realizzato da Giampiero Pistoia. Video incassato "Matchline" di Philips. Soglia e gradini d'ingresso rivestiti in pietra di Billiemi bocciardata fornita da 4M. Insegna esterna in plexiglas realizzata da Damir.

A. TESTONI - Paris - F (p. 194)

Progetto: arch.tti Aldo Parisotto, Massimo Formenton - Studio Parisotto & Formenton.
Collaboratori: arch. Hanz Philip Barnes.
Anno: 1999. **Superficie totale:** mq 100.

Coordinamento generale di Arredoquattro Industrie. Direzione lavori di Tourneroche. Opere murarie, pareti rasate a gesso e finite a smalto satinato all'acqua, impianto elettrico e di condizionamento. Tutto realizzato da Tourneroche. Scala d'acciaio rivestita in marmo e pavimento in lastre 60x60 di travertino Navona forniti da Margraf. Tubi fluorescenti occultati nel controsoffitto, fari da incasso e spot orientabili su binario, inseriti in gola centrale, collezione For M di Via Bizzuno. Setti rivestiti a specchio. Nicchie retroilluminate con ripiani in cristallo extrachiaro. Tagli a parete, in corrispondenza del pianerottolo, tinteggiati in rosso. Banco cassa e tavoli in legno di wengè lucido con teca in cristallo extrachiaro saldato. Balaustra in cristallo antisfondamento, corrimano e appenderie in tubolare d'acciaio inox lucido. Sedute di prova rivestite in pelle nera fornita da A. Testoni. Tutto realizzato su disegno da Arredoquattro Industrie. In vetrina fondali e pedane rivestiti in pietra grigia di bedonia fornita da Margraf. Infissi in alluminio anodizzato preesistenti.

FOTO PEPPO - Rimini (p. 198)

Progetto: Andrea Brici.
Anno: 1999. **Superficie totale:** mq 70.

Opere murarie, sabbiatura e trattamento del solaio in legno preesistente, scalcinatura e stuccatura delle porzioni di muro in sassi e mattoni facciavista, isolamento delle pareti con lastre 50x25 di sugherite compressa fornite da Edil Rivestimenti: tutto eseguito da Costruzioni Pozzi. Rasatura dei muri a intonachino velato giallo paglia realizzata da Colorandia e Arte Colore. Pavimento in monocottura tipo pietra antica "Chateaux de la Loire" di Rex Ceramiche Artistiche fornito e posato, in sei diversi formati, da Edil Rivestimenti. Battiscopa radiante di Hemo Thermbord. Impianto elettrico realizzato da Gianfranco e Gabriele Arlotti. A soffitto trave elettrificata in acciaio e fari orientabili a ioduri metallici "Meccano" con lampade "Mastercolor" montati su pantografo, a pavimento e nelle vetrine faretti alogeni da incasso forniti da Container 451. Scrivania in vecchie travi di recupero, banco e retrobanco in legno di wengè con struttura in acciaio satinato realizzati su disegno da Gli Artigiani del Legno. Pannello a parete in cristallo acidato con espositori orizzontali retroilluminati in vetro e acciaio cromato, vetrina con cristalli a camera antisfondamento e porta d'ingresso in cristallo temperato eseguiti su disegno da Vetreria Silvano Evangelisti. Cavalletti sospesi portafoto, reggimensole e impennata della vetrina in acciaio satinato, logo in lettere a rilievo di ferro arrugginito e carpenteria metallica in genere realizzati su disegno da R.S. Due. Sedie, sgabello e attrezzature fotografiche di proprietà.

MESSORI - Rimini (p. 202)

Progetto: Laviola fashion.
Anno: 1999. **Superficie totale:** mq 110.

Opere murarie. Controsoffitti e strutture in cartongesso. Pavimento in resina autolivellante spazzolata e finita a cera. Tutto realizzato da Ediltecnica. Ripristino del *parquet* esistente in legno di rovere con inserti in marmo nero assoluto e blocchetti di travertino eseguito su disegno da Sacif. Tinteggiature di pareti e soffitti e trattamento degli infissi metallici preesistenti con vernice ferromicacea color alluminio realizzati da Giuseppe Quercia. Scala con struttura in acciaio lucidato a specchio, pedate di cristallo temperato a forte spessore, balaustra e ringhiere con tiranti in tubolare d'acciaio e opere di carpenteria metallica eseguite su disegno da Edilco for Stones. Impianto elettrico e di condizionamento, canalizzato nel controsoffitto, preesistenti. Progetto illuminotecnico curato da Laviola fashion. Fari alogeni da incasso fissi e orientabili e proiettori direzionabili di Disano Fosnova, spot a ioduri metallici con sagomatori, montati su binario elettrificato, di Targetti Sankey. Pareti e pilastri attrezzati con contenitori e cassettiere incassati in legno laccato realizzati su disegno da Falegnameria Santangiolese con mensole e ripiani in cristallo extrachiaro e appenderie in tubolare d'acciaio cromato. Specchi, banchi vendita e tavoli in lastre di cristallo extrachiaro a forte spessore tagliate al vivo con reggimensola in acciaio cromato forniti su disegno da Vetreria Spadazzi. Appenderie, scaffalature e arredi metallici in genere realizzati su disegno da 3 G. In vetrina fondali di rete metallica ancorati a soffitto forniti da 3 G, basi in vetro acidato realizzate su disegno da Vetreria Spadazzi. Manichini e supporti vetrina forniti da Anteprima. Logo e scritte adesive in prespaziato nero e, a pavimento, pellicola adesiva 3M "Scotch-Print" con stampa digitalizzata, antiscivolo e rimovibile, realizzati da Giorgio Peruzzi per Millennium.

MEL BOOKSTORE - Roma (p. 206)

Progetto: arch.tti Antonio Zanuso, William Pascoe.
Anno: 1997. **Superficie totale:** mq 1.600.

Coordinamento locale: architetto Marco Rauco. Opere murarie e di ripristino delle strutture preesistenti. Controsoffitti e pareti in cartongesso tinteggiati a idropittura. Impianto elettrico e di condizionamento con canalizzazione a vista. Tutto realizzato da Imet. Pavimenti in lastre di granito ricomposto "Granit 90 - Repla" fornite e posate da B & B. Ripristino dei lucernari sopra il salone centrale con profilati in ferro verniciato e vetri retinati eseguiti su disegno da Ilfer. Soppalco realizzato con putrelle di ferro e grigliato metallico, parapetto con struttura d'acciaio verniciato e tamponamenti in vetro stratificato. Serramenti scorrevoli automatici in acciaio inox e d'ingresso, a battente, in acciaio verniciato. Nella sala centrale parapetto curvo in vetro strutturale stratificato. Tutto realizzato su disegno da Edilvetro. Impianto centralizzato audio/video installato da Full Screen su consulenza tecnica di Walter Conti. Progetto illuminotecnico di Piero Castiglioni. Corpi illuminanti incassati a ioduri metallici o con lampade fluorescenti compatte con vetro diffusore di Targetti Sankey. Proiettori alogeni a bassa tensione sistema "Cestello" de I Guzzini Illuminazione e "Palio" di Fontana Arte. Nei lucernari proiettori ad alogenuri metallici "Radior" di Osram regolati da sensori. Scaffalature perimetrali in lamiera verniciata e mobili metallici realizzati su misura da Necchi Modulare Musica. Arredi in legno rivestiti in laminato plastico con *top* in linoleum e profili d'acciaio. Sedute imbottite rivestite in finta pelle. Angolo caffetteria attrezzato con pannelli in Mdf laccato giallo e banco curvo rivestito in Corian bianco con piano in acciaio. Tutto realizzato su disegno da Gebram Arredamenti. Tavolini di Alias e sedie "3107" di Arne Jacobsen per Fritz Hansen. Progetto grafico di Mario Milizia. Pannelli sospesi con gigantografie per esposizioni temporanee. Insegne esterne e segnaletica interna realizzate in lamierino d'alluminio o forex da Nuova Polineon.

ESA BOUTIQUE - San Benedetto del Tronto - AP (p. 210)

Progetto: arch. Redo Maggi.
Anno: 1999. **Superficie totale:** mq 200.

Opere murarie realizzate da Ceccarelli Costruzioni. Controsoffitti, pareti e contropareti rasati a gesso e finiti a idropittura, setto curvilineo con fresature orizzontali trattato a spugna con vernici iridescenti a effetto madreperlato eseguiti da United Colors. Pavimento al piano terra in lastre 33x66 di marmo biancone di Trani fornite e posate da Perazzoli Marmi. Al primo piano in listoni 15x45 di legno afrormosia forniti e posati a correre da Pavisystem. Scala con struttura, balaustra e corrimano in acciaio realizzata su disegno da O.M.C., pedate in marmo biancone di Trani fornite da Perazzoli Marmi. Impianto elettrico di Erredi Elettrotecnica. Tubi fluorescenti occultati in nicchia e linee di proiettori alogeni a basso voltaggio de I Guzzini Illuminazione montati su giroscopi orientabili incassati nel controsoffitto in vani di lamiera a scomparsa realizzati su disegno da Effetto Luce. Impianto di condizionamento canalizzato nel controsoffitto installato da Frigo Market. Pareti attrezzate con pannelli espositivi retroilluminati in vetro sabbiato su telaio in acciaio inox dotati di cremagliere per l'ancoraggio di appenderie e ripiani in cristallo extrachiaro. Contenitori modulari a colonna, cassettiere, banchi vendita e panche in legno di faggio a poro aperto sbiancato o laccato scuro. Fondali vetrina con struttura in acciaio inox e pannelli rivestiti in pelle con lavorazione a linee orizzontali. Tutto realizzato su disegno da Cosmar e L.A.I.S. Infissi e porta d'ingresso in acciaio, balaustre, ringhiere, zoccolature in acciaio inox e minuteria metallica in genere eseguite su disegno da O.M.C. *Poufs* imbottiti rivestiti in tessuti *animalier* di proprietà. Manichini forniti da Bonaveri.

LINEA ELLE - Sesto Fiorentino - FI (p. 214)

Progetto: arch.tti Cristiano Boni, James Udom, Sergio Giordano - BUG Architects.
Anno: 1998. **Superficie totale:** mq 60.

Opere murarie di Fratelli Somigli. Contropareti, nicchie e controsoffitti in cartongesso eseguiti da Apotema. Pavimento in doghe 20x120 di laminato "Pergo", finitura ciliegio, fornite da Inku Italia e posate a correre da Reggiani. Impianto elettrico di C.M.C. A soffitto proiettori alogeni orientabili "Laser Moon" de I Guzzini Illuminazione. Nelle nicchie plafoniera "Poker" di Plexiform Illuminazione e nelle vetrine faretti orientabili e da incasso Side. Tutto fornito da Studio Luce. Impianto di condizionamento canalizzato nel controsoffitto installato da Campigli e Gorfini. Pareti attrezzate con pannelli di truciolare laccato fresati per l'ancoraggio di mensole e contenitori in legno di ciliegio. Banco cassa fugato orizzontalmente e dotato di espositore centrale. In vetrina basi espositive e ripiani in ciliegio, fondali costituiti da cristalli a tutt'altezza temperati e acidati con logotipo serigrafato. *Poufs* e sedute di prova rivestiti in pelle con gambe d'acciaio. Tutto realizzato su disegno da Arredo 3. Scala in acciaio satinato con pedate in lamiera forata, soppalco con balaustra in tubolare d'acciaio, infissi, nicchia retroilluminata in alluminio verniciato a fuoco e opere di carpenteria metallica in genere eseguite su disegno da Officina Meccanica Facise.

POMELLATO - Singapore - SG (p. 218)

Progetto: arch. Valentina Onesti, prof. Carlo Forcolini.
Anno: 1999. **Superficie totale:** mq 65.

Coordinamento e allestimento generale di Decoline Construction Pte. Opere murarie e grandi superfici vetrate con serramenti in alluminio verniciato a polveri blu navy e cristallo stratificato extrachiaro. Pensilina d'ingresso e controsoffitti in cartongesso con vani differentemente sagomati per l'alloggiamento dei corpi illuminanti. Tinteggiature. Impianto elettrico e di condizionamento canalizzato nel controsoffitto. Impianti antincendio e di allarme. Tutto realizzato su disegno da Decoline Construction Pte. Pilastri e pareti dell'atrio rivestiti in lastre di marmo bianco sivec lucido e bocciardato. Pavimento in lastre 60x60 di marmo bianco sivec posate in diagonale. In corrispondenza dell'ingresso e dell'area vendita pavimento in mosaico di marmo cristallino con centro e bordura in tessere d'oro. Tutto fornito e posato da Fantini Mosaici. Faretti alogeni da incasso "L.D." di Artemide. Pareti di fondo e di tamponamento esterno in legno khaya. Nicchie espositive retroilluminate, internamente rivestite con tessuto "Dinamica" color panna di Sitab, chiuse da cristalli temperati serigrafati con telai in metallo verniciato "Nextel" color sabbia fornito da Vernici Lalac. Quinte curve tamburate, con fori quadrati passanti, laccate con vernice poliuretanica opaca rossa. Tutto eseguito su disegno da Decoline Construction Pte e Carones Arredamenti. Espositore linea DoDo in tubolare di metallo verniciato "Nextel" color sabbia con vetrinette rivestite internamente in carta di riso colorata. Espositore argenti costituito da piantana a staffe ruotanti in metallo verniciato "Nextel" color sabbia con ripiani circolari in vetro acidato. Vetrinette cilindriche ruotanti in vetro sabbiato e cristallo extrachiaro su struttura in metallo verniciato "Nextel" color sabbia. Tavoli a base ellittica con tubi di supporto in metallo verniciato "Nextel" color sabbia e piano a sezione curvilinea in legno khaya. Porta d'ingresso in cristallo antisfondamento con maniglia in legno khaya tornito. Tutto realizzato su disegno da Carones Arredamenti. Poltroncine in cuoio blu navy con gambe in legno khaya fornite da Matteograssi.

ZUCCHINI VIAPRIMOMAGGIO - Terontola - AR (p. 222)

Progetto: Alfredo Mattesini.
Anno: 1999. **Superficie totale:** mq 220.

Opere murarie, controsoffitti, contropareti, nicchie e volumi espositivi in cartongesso realizzati da Edil Ve.Bi.G. Pareti e controsoffitti trattati con smalto satinato color avorio di Sikkens Linvea. Pavimento in doghe d'acero 20x80 disposte parallelamente e inserti in legno chiaro fornito e posato da Falegnameria Forconi. Impianto elettrico e di condizionamento canalizzato nel controsoffitto installati da Fabrizio Caprini. A soffitto riflettori da incasso a specchio "Dark-Light Sistema 44" e in vetrina, a terra o incassati a parete, proiettori orientabili "Cestello" de I Guzzini Illuminazione. Occultati nei tagli del controsoffitto, nelle gole a parete e all'interno delle mensole e del banco cassa neon di Philips Lighting. Nicchie rivestite in legno d'acero attrezzate con mensole in plexiglas. Opere di carpenteria metallica, appenderie e strutture sospese in tubolare d'acciaio con ripiani in perspex realizzate su disegno da Lucarini. Quinte a griglia retroilluminate e contenitori a colonna con cassetti in legno d'acero. Tavoli con gambe in acciaio satinato e struttura in legno d'acero fresato orizzontalmente. Banco cassa sospeso fra due tramezzi con frontale in acero e parte superiore in vetro satinato illuminato internamente. Tutto realizzato su disegno da Falegnameria Forconi. Impennate delle vetrine a tutt'altezza eseguite da Lucarini. Specchi, vetri e cristalli forniti da Vetreria Moderna.

UNOAERRE - Tokyo - J (p. 226)

Progetto: ing. Ducciomaria Grassi.
Anno: 1998. **Superficie totale:** mq 47.

Coordinamento generale, opere murarie e strutturali, controsoffitti e contropareti in cartongesso, tinteggiature, impianto elettrico e di condizionamento canalizzato nel controsoffitto: tutto realizzato da Garde U.S.P. Co. Pavimento in resina fornito da Abc Trading Co. e posato da Garde U.S.P. Co. Plafoniere da incasso con spot orientabili, faretti alogeni dicroici, tubi fluorescenti e corpi illuminanti in genere forniti da Ushio Spax. Pannelli a muro in legno di noce tinto. Pannello espositore a parete, appeso a soffitto e retroilluminato, rivestito in alluminio. Teche espositive incassate con telaio in acciaio inox e ripiani in vetro verniciato bianco. Espositori a cassetti, mobile panca, banco cassa e tavoli in legno di noce tinto con ripiani interni in vetro verniciato bianco. Specchio a parete intelaiato in acciaio inox. Vetrinette sospese in plexiglas retrosabbiato. Sgabelli in pelle e acciaio inox. Impennate delle vetrine in acciaio inox. Tutto realizzato su disegno da Garde U.S.P. Co.

TSW.IT PROGETTI DI RETE - Treviso (p. 232)

Progetto: arch.tti Guido Matta, Roberto Varaschin - Studio 5/82.
Anno: 1998. **Superficie totale:** mq 180.

Opere murarie. Ripristino del soffitto preesistente e del voltino in mattoni a vista. Travi in legno di larice protette con manto opaco naturale e cassettoni decorati con cartelline policrome originali del Quattrocento. Pareti in marmorino verde acqua a effetto nuvolato o in calce traspirante finite a idropittura color grigio chiaro neutro riflettente l'emissione d'irraggiamento perimetrale. Tutto realizzato da Paolo Cazzolato. Pavimento in fogli 60x200 di multistrato marino avvitati al massetto su supporto morbido forniti e posati da Piarotto Compensati. Cablaggio strutturale telematico eseguito da Eurotell. Impianto elettrico e di condizionamento con canalizzazioni a vista in lamiera zincata o in tubolari in maglia metallica realizzati con strutture "Clampco" installati da Elettrohn. A parete lampada anni Settanta "Cento portelle" dei Fratelli Teso di proprietà e *applique* a luce schermata "Folio" in metallo nichelato di Tobia Scarpa per Flos. Spot orientabili su binario elettrificato, recupero degli anni Sessanta, de I Guzzini Illuminazione. Alta zoccolatura tecnica in alluminio microforato contenente tubi al neon a bassa emissività di luce blu o bianca. Postazioni, sistema "Infomatutto", a moduli concavo/convessi assemblati in varie configurazioni costituiti da: colonna portante in alluminio con braccio e disco per il supporto del *monitor* in profilo piatto di ferro; telaio d'irrigidimento orizzontale a "L" con gamba di sostegno del piano e giunto di collegamento in tubo conificato; piano di lavoro sagomato, in multistrato di mogano fiammato lavorato a pantografo e trattato con vernici opache all'acqua, dotato di foro del diametro di 8 cm bordato in alluminio, scanalatura per l'inserimento del pannello divisorio, porta-tastiera scorrevole su binario e *pad* per il *mouse*, rivestito in tessuto color alluminio, in gel Bayer di Royal Medica; scatola porta *hard-disk*, inserita sotto il piano, in lamiera forata e multistrato. Tutto realizzato su disegno da Santa Croce. Sgabelli "E.T." e sedute "Gel Chair" su struttura in tubolare d'acciaio con poggiatesta e parti d'appoggio per il corpo realizzate, su tecnologia originale, in gel Bayer da Royal Medica. Portale d'ingresso preesistente con lunetta superiore e modanature in legno laccato tamponati a specchio. Infissi in legno preesistenti. Cristalli antisfondamento a tutt'altezza forniti da Saint Gobain.

BASEBLU - Varese (p. 236)

Progetto: Spatium - Lorenzo Carmellini e Rocco Magnoli.
Anno: 1999. **Superficie totale:** mq 126.

Consulenza sulla storia di Varese: prof. Silvano Colombo. Opere murarie, controsoffitti in cartongesso e intonaci delle pareti in grassello di calce realizzati da Edil Rossi. Analisi stratigrafica degli intonaci preesistenti curata dall'arch. Luca Zappettini per Restauri Formica. Ripristino dei soffitti lignei e dell'intonaco della volta a botte del salone, decorazioni della *devanture* esterna eseguiti da Marzia Bogni e Enrico Bertottilli per Giorgio Ferrario. Tinteggiature realizzate da Lucia Bogni. Pavimento del salone in lastre di beola preesistente. Pavimenti a campiture centrali in *parquet* di legno sucupira posato a correre da Felpass con bordi e soglie in lastre di beola fornite da Bruno Sala. Impianto elettrico di S.M.E. Progetto illuminotecnico di Andrea Pisu per Arredoluce. Tubi fluorescenti occultati nel controsoffitto, faretti alogeni da incasso orientabili "Ar-Tec" di Media Light e sistema a lampade alogene su cavi elettrificati "Scintilla" di Fontana Arte. Tutto fornito da Arredoluce. Impianto di condizionamento installato da L.N.E. Pareti attrezzate con appenderie e strutture in acciaio inox spazzolato dotate di mensole in cristallo extrachiaro. Tavoli in lastre di cristallo extrachiaro e sabbiato. Banco cassa rivestito in pelle. In vetrina fondali di plexiglas sabbiato su struttura metallica illuminati internamente. Camerini, tende e panche con sedute rivestite in velluto. Ripristino degli infissi preesistenti e della vecchia *devanture* esterna in lamiera verniciata. Tutto eseguito su disegno da Lisar.

NEGOZI
SHOPS

ALESSI
Corso Matteotti 9 - 20121 Milano - Tel. 02 795726 - Fax 02 76009062 - Orario: lunedì 15.00-19.00 - martedì-sabato 10.00-19.00 - Chiusura: domenica e lunedì mattina - Carte di credito: AE BA DC EC JCB MC POS SI - Direttore: Cesare Dell'Era - Titolare: Alessi s.p.a. - Via Privata Alessi 6 - 28882 Crusinallo (VB) - Tel. 0323 868611 - Fax 0323 641605

ALLISON TRAVEL
Via San Pietro 5 - 20040 Cornate d'Adda (MI) - Tel. 039 6060501/495497 - Fax 039 6927079 - Orario: lunedì-venerdì 09.00-13.00/15.00-19.00 - sabato 09.00-12.00 - Chiusura: sabato pomeriggio e domenica - Carte di credito: AE BA MC POS SI - Direttore: Ilario Maggioni - Titolare: Antonello Vittoriano Stucchi

BASEBLU
Piazza Podestà 2 - 21100 Varese - Tel. 0332 240251 - Fax 0332 230798 - Orario: 09.30-12.30/15.30-19.30 - Chiusura: domenica e lunedì mattina - Carte di credito: AE BA DC EC JCB MC POS SI - Direttore: Flavia Magnoli

BISAZZA SHOWROOM
West 23rd Street 12, 3rd Floor - 10010 New York - NY (USA) - Tel. 001 212 4630624 - Fax 001 212 4630626 - Orario: 09.30-17.30 - Chiusura: sabato e domenica - Carte di credito: AE BA DC EC JCB MC - Direttore: Fran E. Faleck - Titolare: Bisazza North America - 8530 NW 30th Terrace - 33122 Miami - Florida (USA) - Tel. 001 305 5974099 - Fax 001 305 5979844

BOSS
Corso Matteotti 11 - 20121 Milano - Tel. 02 76394667 - Fax 02 76399924 - Orario: lunedì 15.00-19.00 - martedì-sabato 10.00-19.00 - Chiusura: domenica e lunedì mattina - Carte di credito: AE BA DC EC JCB MC POS SI - Direttore: Claudio Volontieri - Titolare: Hugo Boss Italia s.p.a. - Via Tortona 15 - 20144 Milano - Tel. 02 58103729 - Fax 02 58103770

BRANDA
Via Firenze - 06083 Bastia Umbra (PG) - Tel. e Fax 075 8000367 - Orario: 09.00-13.00/15.30-19.30 - (estivo) 09.00-13.00/16.00-20.00 - Chiusura: domenica e lunedì mattina - Carte di credito: BA EC POS SI - Direttore: Ester Mencarelli - Titolare: Rossella Branda

BULGARI (Milano)
Via Spiga 6 - 20121 Milano - Tel. 02 777001 - Fax 02 783459 - Orario: lunedì 15.00-19.00 - martedì-sabato 10.00-13.30/14.30-19.00 - Chiusura: domenica e lunedì pomeriggio - Carte di credito: AE BA DC EC JCB MC POS SI - Direttore: Marina Moretto - Titolare: Bulgari s.p.a. - Lungotevere Marzio 11 - 00186 Roma - Tel. 06 688101 - Fax 06 68810400

BULGARI (Napoli)
Via Gaetano Filangieri 40 - 80121 Napoli - Tel. 081 409551 - Fax 081 400718 - Orario: martedì-sabato 09.30-13.30/16.00-20.00 - (estivo dal 24.06 al 28.09) lunedì-venerdì 09.30-13.30/16.00-20.00 - Chiusura: domenica e lunedì e in estate sabato - Carte di credito: AE BA DC EC JCB MC POS SI - Direttore: Gemma Belloni - Titolare: Bulgari s.p.a. - Lungotevere Marzio 11 - 00186 Roma - Tel. 06 688101 - Fax 06 68810400

CASTELLANI
Centro Tessile Milanese Pad. P4B/C - S.S. 11 Padana Superiore 16/18 - 20063 Cernusco sul Naviglio (MI) - Tel. 02 92101871 - Fax 02 92102531 - www.Castellani.cc - Orario: 08.30-17.30 - Chiusura: sabato e domenica - Carte di credito: AE BA DC EC JCB MC POS SI - Direttore: Flavio Castellani - Titolare: Confezioni Gioielli s.r.l. - Via Fratelli Cervi 75 - 50010 Capalle (FI) - Tel. 055 8985742 - Fax 055 8985809

DANY & Co.
Via Trotti 80 - 15100 Alessandria - Tel. e Fax 0131 41529 - Orario: 09.30-13.00/16.00-21.00 - Chiusura: domenica e lunedì mattina - Carte di credito: AE BA DC EC JCB MC POS SI - Direttori: Roberto Cappelletti e Cristina Morgante - Titolare: Dany & Co. di Roberto Cappelletti e Cristina Morgante - Via Trotti 80 - 15100 Alessandria - Tel. e Fax 0131 41529

ESA BOUTIQUE
Via Mario Mazzocchi 12 - 63039 San Benedetto del Tronto (AP) - Tel. 0735 582864 - Fax 0735 588821 - Orario: 09.30-13.00/16.00-20.00 - Chiusura: domenica e lunedì mattina - Carte di credito: AE DC MC POS SI - Direttore: Maria Teresa Candidori - Titolare: Esa Boutique s.r.l. - Via Calatafimi 197 - 63039 San Benedetto del Tronto (AP) - Tel. e Fax 0735 588821

GIANFRANCO FERRÈ STUDIO
Via Krasnoarmeyskaya 94 - 03150 Kiev (UA) - Tel. e Fax 0038 044 2466009 - Orario: 11.00-20.00 - Chiusura: aperto tutti i giorni - Carte di credito: BA MC - Direttore: Oksana Butko - Titolare: Tiko Lux Ltd. - Krasnoarmeyskaya Street 94 - 03150 Kiev (UA) - Tel. e Fax 0038 044 2466009

FOTO PEPPO
Via Aurelio Saffi 56/A - 47900 Rimini - Tel. 0541 782301 - Orario: 09.00-12.30/15.30-19.30 - (estivo da fine maggio a fine settembre) 09.00-12.30/16.00-20.00 - Chiusura: lunedì - Carte di credito: BA MC POS SI - Direttore: Elisabetta Acquaviva - Titolare: Maria Morri

GIOIELLERIA LUCA CAZZANIGA
Via Risorgimento 13 - 22066 Mariano Comense (CO) - Tel. e Fax 031 749717 - Orario: 09.00-12.30/15.00-19.30 - Chiusura: domenica e lunedì mattina - Carte di credito: AE BA DC EC JCB MC POS SI - Direttore: Luca Cazzaniga - Titolare: Luca Cazzaniga & C. s.n.c. - Via Risorgimento 13 - 22066 Mariano Comense (CO) - Tel. e Fax 031 749717

H. BAUM
Via Volta 31 - 17021 Alassio (SV) - Tel. e Fax 0182 640318 - Orario: 09.30-12.30/15.30-19.30 - (estivo da fine maggio al 20 settembre) 09.30-12.30/16.00-20.00/21.00-23.00 - Chiusura invernale: lunedì e martedì mattina - Carte di credito: AE BA DC EC MC POS SI - Direttore e titolare: Enrica Caviglia

JULIAN
Viale Matteotti 33 - 48016 Milano Marittima (RA) - Tel. 0544 994313 - Fax 0544 994946 - Orario: 10.00-12.30/15.30-19.30 - (estivo da fine maggio al 20 settembre) 10.00-12.30/16.00-20.00/21.30-24.00 - Chiusura invernale: lunedì e martedì mattina - Carte di credito: AE BA DC EC MC POS SI - Direttore: Anzia Alici, Sabina Zabberoni - Titolare: Julian Fashion s.r.l. - Viale Matteotti 33 - 48016 Milano Marittima (RA) - Tel. 0544 994313 - Fax 0544 994946

KWESTO
Huidevettersstraat 45 - 2000 Antwerp (B) - Tel. 0032 3 2334676 - Fax 0032 3 2334691 - Orario: 10.00-18.00 - Chiusura: domenica - Carte di credito: AE BA DC EC MC - Direttore: Benoit De Surgeloose - Titolare: Mandoline S.A. - Boulevard Poincaré 47 - 1070 Bruxelles (B) - Tel. 0032 2 5228950 - Fax 0032 2 5202117

LE NOIR
Corso Italia 76/78 - 32043 Cortina d'Ampezzo (BL) - Tel. 0436 861811 - Fax 0436 876151 - Orario: 09.30-13.00/15.30-20.00 - Chiusura: mese di novembre - Carte di credito: AE BA DC EC JCB MC POS SI - Direttori: Carla e Tosca Barzi Zalla - Titolare: Le Noir s.r.l. - Via Cavour 4/6 - 31015 Conegliano Veneto (TV) - Tel. 0438 34582 - Fax 0438 23564

LES GRIFFES
Via Roma 1 - 58022 Follonica (GR) - Tel. e Fax 0566 48067 - Orario: 09.30-12.30/16.00-19.30 - Chiusura: domenica mattina e lunedì mattina - Carte di credito: AE DC BA EC MC POS SI - Direttore e titolare: Laura Pucci

LINEA ELLE
Via Cavallotti 56 - 50019 Sesto Fiorentino (FI) - Tel. 055 4481278 - Fax 055 444024 - Orario: 09.00-13.00/16.00-20.00 - Chiusura: domenica e lunedì mattina - Carte di credito: AE BA DC EC MC POS SI - Direttore: Alessandro Sbolci - Titolare: Linea Elle di Alessandro Sbolci e Simonetta Terenzi s.n.c. - Via Donizetti 73 - 50019 Sesto Fiorentino (FI) - Tel. e Fax 055 444024

LONGONI SPORT BIKE
Viale Fulvio Testi 172/174 - 20092 Cinisello Balsamo (MI) - Tel. 02 26261400 - Fax 02 26261399 - Orario: lunedì 15.00-19.30 - martedì-sabato 09.30-19.30 - Chiusura: domenica e lunedì mattina - Carte di credito: BA EC MC POS SI - Direttore: Eugenio Zappa - Titolare: Natura e Sport s.r.l. - Via Statale 15 - 23891 Barzago (LC) - Tel. 031 874121 - Fax 031 874254

MAX & Co.
Via Dante 7 - 20123 Milano - Tel. 02 861504 - Orario: lunedì 15.00-19.30 - martedì-sabato 10.00-19.30 - Chiusura: domenica e lunedì mattina - Carte di credito: AE BA DC EC JCB MC POS SI - Direttore: Pia Frasca - Titolare: Maxima s.p.a. - Via Fratelli Cervi 84 - 42100 Reggio Emilia - Tel. 0522 381581 - Fax 0522 304993

MAXIMILIAN
Portici Minori 10 - 39042 Bressanone (BZ) - Tel. 0472 802342 - Orario: 09.00-12.00/15.00-19.00 - Chiusura: domenica - Carte di credito: AE BA DC MC POS SI - Direttore: Evi Baumgartner - Titolare: Boutique Maximilian di Hannes Profanter - Portici Minori 3 - 39042 Bressanone (BZ) - Tel. 0472 836775 - Fax 0472 834404

MESSORI
Corso d'Augusto 13 - 47900 Rimini - Tel. e Fax 0541 781581 - Orario: 09.00-13.00/15.30-20.00 - Chiusura: domenica e martedì pomeriggio - Carte di credito: AE BA DC EC JCB MC POS SI - Direttore: Samanta Zanardi - Titolare: Fashion One di Gianluca Pallamondi & C. s.a.s. - Corso d'Augusto 13 - 47900 Rimini - Tel. e Fax 0541 781581

MEL BOOKSTORE
Via Nazionale 254/255 - Via Modena 6/7/8/9 - 00184 Roma - Tel. 06 4885405 - Fax 06 4885433 - Orario: 09.00-20.00 - Chiusura: aperto tutti i giorni - Carte di credito: AE BA DC EC JCB MC POS SI - Direttore: Giangaspare Marrali - Titolare: Altair s.r.l. - Via Verdi 8 - 20090 Assago (MI) - Tel. 02 45774421 - Fax 02 45774423

MINÙ
Galleria dei Zabarella 4 - 35121 Padova - Tel. 049 8750382 - Fax 049 65733 - Orario: 09.00-12.30/15.30-19.30 - Chiusura: domenica e lunedì mattina - Carte di credito: AE BA DC EC JCB MC POS SI - Direttori e titolari: Alessandro e Nicoletta Minuzzi

MISSONI
Madison Avenue 1009 - 10021 New York - NY (USA) - Tel. 001 212 5179339 - Fax 001 212 4396037 - Orario: 10.00-18.00 - Chiusura: domenica - Carte di credito: AE BA MC - Direttore: Diane Levbarg - Titolare: Missoni Usa Inc. - Madison Avenue 1009 - 10021 New York - NY (USA) - Tel. 001 212 5179339 - Fax 001 212 4396037

MODUSVIVENDI
Via Quintino Sella 79 - 90139 Palermo - Tel. e Fax 091 323493 - modusviv@bassilichi.it - Orario: 09.00-20.00 - Chiusura: domenica - Carte di credito: AE BA DC EC MC JCB POS SI - Direttori e titolari: Salvo Spiteri e Marcella Licata

MONTE NAPOLEONE
Via Pushkynskaya 41 - 03004 Kiev (UA) - Tel. 0038 044 2358097 - Fax 0038 044 2466880 - Orario: lunedì-sabato 10.00-20.00 - domenica 11.00-18.00 - Chiusura: aperto tutti i giorni - Carte di credito: BA MC - Direttore: Michail Kavytsky - Titolare: Monte Napoleone Ltd. - Via Pushkyn-skaya 41 - 252004 Kiev (UA) - Tel. 0038 044 2466878 - Fax 0038 044 2466880 - monte@public.ua.net

MOSAÏQUE
Via Castelfidardo 2 angolo Via San Marco - 20122 Milano - Tel. 02 29013051 - Fax 02 6571869 - Orario: lunedì 15.30-19.30 - martedì-sabato 10.00-19.30 - Chiusura: domenica e lunedì mattina - Carte di credito: AE BA DC EC JCB MC POS SI - Direttore: Patrizia Bardelle - Titolare: Alba s.r.l. - Via Maurizio Quadrio 20 - 20154 Milano - Tel. 02 29000187 - Fax 02 6571869

NADINE
Corso Vittorio Emanuele II 34 angolo Galleria Passarella - 20122 Milano - Tel. 02 76009028 - Fax 02 72003723 - Orario: lunedì 13.00-19.30 - martedì-sabato 09.30-19.30 - Chiusura: domenica e lunedì mattina - Carte di credito: AE BA DC EC JCB MC POS SI - Direttore: Alberto Halfon - Titolare: Gruppo Nadine s.a.s. - Galleria Passarella 2 - 20122 Milano - Tel. 02 76394805 - Fax 02 76394742

NESPRESSO CLUB
Galleria San Babila 4/D - 20122 Milano - Tel. 800 392029 - Fax 02 76394741 - www.nespresso.com - Orario: lunedì 15.00-19.00 - martedì-sabato 10.00-19.00 - Chiusura: domenica e lunedì mattina - Carte di credito: AE BA DC EC MC POS SI - Direttore: Francesca Chelli - Titolare: Nespresso Italiana s.p.a. - Viale Giulio Richard 5 - 20125 Milano - Tel. 02 77711921 - Fax 02 76310245

PARAFARMACIA ESSERE BENESSERE
Centro Commerciale Le Gru - Via Crea 10 - 10095 Gru-gliasco (TO) - Tel. 011 703099 - Fax 011 706993 - Orario: lunedì 12.30-21.00 - martedì-sabato 09.00-21.00 - venerdì e ultima domenica del mese 09.00-22.00 - Chiusura: domenica e lunedì mattina - Carte di credito: DC EC MC POS SI - Direttore: Paola De Laurentis - Titolare: La Para-farmacia s.p.a. - Via Guido d'Arezzo 8 - 20145 Milano - Tel. 02 48009066 - Fax 02 4813366

PLUS
Piazza Missori 2 - 20122 Milano - Tel. 02 86461820 - Fax 02 72001117 - Orario: 10.00-14.00/15.00-19.00 - Chiusura: domenica e lunedì mattina - Carte di credito: AE DC EC MC POS SI - Direttore e titolare: Susanna Santagostino

POLLINI (Milano)
Corso Vittorio Emanuele II 30 - 20100 Milano - Tel. 02 794912 - Orario: lunedì 14.30-19.30 - martedì-sabato 10.00-19.30 - Chiusura: domenica e lunedì mattina - Carte di credito: AE DC EC MC JCB POS SI - Direttore: Pasquale Santoro - Titolare: Pollini s.p.a. - Via Erbosa 2/B - 47030 Gatteo (FO) - Tel. 0541 816311 - Fax 0541 816370

POLLINI (Ravenna)
Via Cavour 27 - 48100 Ravenna - Tel. 0544 38197 - Orario: 09.15-12.30/15.30-19.30 - (estivo) 09.15-12.30/16.00-20.00 - Chiusura: giovedì pomeriggio - Carte di credito: AE DC EC MC JCB POS SI - Direttore: Loretta Gaudenzi - Titolare: Pollini s.p.a. - Via Erbosa 2/B - 47030 Gatteo (FO) - Tel. 0541 816311 - Fax 0541 816370

POMELLATO (Montecarlo)
c/o Métropole Palace - Avenue des Spelugues - 98000 Montecarlo (MC) - Tel. 00377 97976585 - Orari: 10.00-19.00 - (estivo luglio/agosto) 10.00-20.00 - Chiusura: aperto tutti i giorni - Carte di credito: AE DC JCB - Diretto-re: Hélène Heccking - Titolare: Pomellato s.p.a. - Via Spiga 2 - 20121 Milano - Tel. 02 77738323 - Fax 02 77738359

POMELLATO (Singapore)
c/o Hilton International Hotel - 581 Orchard Road 01/17 - 23883 Singapore (SG) - Tel. 0065 2353152 - Fax 0065 7352993 - Orario: 10.00-19.00 - Festivi e domenica 10.00-17.00 - Chiusura: aperto tutti i giorni - Carte di credito: AE DC EC MC JCB - Direttore: Angela Lelong - Titolare: Pomellato s.p.a. - Via Spiga 2 - 20121 Milano - Tel. 02 77738323 - Fax 02 77738359

PRESTIGE ANNAMARIA POLCI
Corso Italia 205 - 52100 Arezzo - Tel. 0575 24632 - Fax 0575 404648 - Orario: 09.00-13.00/15.30-19.30 - (estivo da fine maggio al 20 settembre) 09.00-13.00/16.00-20.00 - Chiusura invernale: domenica e lunedì mattina - Chiusura estiva: sabato pomeriggio e domenica - Carte di credito: AE BA DC EC JCB MC POS SI - Direttore e titolare: Anna-maria Polci

SALVINI
Via Montenapoleone 13 - 20121 Milano - Tel. 02 76028313 - Fax 02 780241 - Orario: lunedì 15.00-19.00 - martedì-sabato 10.00-19.00 - Chiusura: domenica e lunedì mattina - Carte di credito: AE BA DC EC JCB MC POS SI - Diretto-re: Simona Mela - Titolare: Casa Damiani s.p.a. - Corso Magenta 82 - 20123 Milano - Tel. 02 467161 - Fax 02 48008378

A. TESTONI
Rue Royale 15 - 75008 Paris (F) - Tel. 0033 1 44560990 - Fax 0033 1 44560999 - Orario: martedì-venerdì 10.15-19.00 - lunedì e sabato 10.45-19.00 - Chiusura: domenica - Carte di credito: AE BA DC EC JCB MC - Direttore: Danielle Desmonts - Titolare: Testoni France SA - Rue Mar-beuf 25 - 75008 Paris (F) - Tel. 0033 1 47237746 - Fax 0033 1 47237748

TSW.IT PROGETTO DI RETE
Via Calmaggiore 25 - 31100 Treviso - Tel. 0422 419789 - Fax 0422 419791 - info@tsw.it - www.tsw.it - Orario: 08.30-13.00/15.00-19.30 - Chiusura: sabato e domenica - Carte di credito: modalità di pagamento non utilizzata - Diretto-re: Christian Carniato - Titolare: TSW s.r.l. - Via Calmag-giore 25 - 31100 Treviso - Tel. 0422 419789 - Fax 0422 419791

TUTTO WIND
Via Remesina 24 - 41012 Carpi (MO) - Tel. 059 654624 - Fax 059 653799 - Orario: 09.00-13.00/15.30-19.30 - Chiu-sura: domenica e mercoledì - Carte di credito: BA EC POS SI - Direttore: Chiara Lanzi - Titolare: G.L.L. s.r.l. - Via Remesina 24 - 41012 Carpi (MO) - Tel. 059 654624 - Fax 059 653799

UNOAERRE
Shibuya-Ku 4/9/7 Jingume - 150-0001 Tokyo (J) - Tel. e Fax 0081 3 34015535 - Orario: 11.00-19.00 - Chiusura: lunedì - Carte di credito: AE BA DC EC JCB MC - Titolare: Unoaer-re Japan Co. Ltd. - Shinjuku-Ku 3/1/24 - Tokyo (J) - Tel. 0081 3 33585555 - Fax 0081 3 33503939

UPIM
Piazza San Babila 5 - 20122 Milano - Tel. 02 76020736 - Fax 02 76396671 - Orario: lunedì 14.00-21.00 - martedì-sabato 09.00-21.00 - Chiusura: domenica e lunedì mattina - Carte di credito: AE BA DC EC JCB MC POS SI - Direttore: Alessandro Vazzoler - Titolare: La Rinascente s.p.a. - Via Santa Radegonda 3 - 20121 Milano - Tel. 02 88521 - Fax 02 866371

VANIGLIA
Corso della Repubblica 31 - 47100 Forlì - Tel. 0543 29325 - Fax 0543 458994 - Orario: 09.30-12.30/15.30-19.30 - Chiusura: domenica e giovedì pomeriggio - Carte di cre-dito: AE BA DC EC MC POS SI - Direttori e titolari: Miche-le Boncaldo e Massimo Tarroni

GIANNI VERSACE
Via Giovanni Montauti 3 - 55042 Forte dei Marmi (LU) - Tel. 0584 84144 - Fax 0584 787866 - Orario: 10.00-13.00/15.30-19.30 - (estivo: giugno/agosto) 10.00-13.00/17.30-20.30/21.30-23.30 - Chiusura invernale: lunedì e martedì mattina - Carte di credito: AE BA DC EC JCB MC POS SI - Direttore: Duilio Bertacca - Titolare: Modifin s.p.a. - Via Manzoni 38 - 20121 Milano - Tel. 02 760931 - Fax 02 76002635

VIA SPIGA
Via Spiga 1 - 20121 Milano - Tel. 02 76397252 - Fax 02 76390932 - viaspiga@tin.it - Orario: 10.00-13.00/14.00-19.00 - Chiusura: domenica - Direttore: Serena Novembr - Titolare: Intershoe Italia s.r.l. - Via Francesca Sud 155 - 51015 Monsummano Terme (PT) - Tel. 0572 95601 - Fax 0572 954704

WOLFORD
Calle Compostela 5 - 15004 La Coruña (E) - Tel. 0034 98 121123 - Fax 0034 981 120881 - Orario: 10.00-14.00/16.30-20.30 - Chiusura: domenica - Carte di credi to: AE BA DC EC MC - Direttore: Elida Nogueira - Titolare: Ottodisanpietro S.A. - Calle Juan Florez 41 - 15004 La Coruña (E) - Tel. 0034 981 121123 - Fax 0034 981 20881

ZUCCHINI VIAPRIMOMAGGIO
Via I Maggio 6 - 52040 Terontola (AR) - Tel. e Fax 0575 67637 - Orario: 09.00-13.00/16.00-20.00 - Chiusura: domenica e lunedì mattina - Carte di credito: AE BA DC EC MC POS SI - Direttori: Gilberto e Roberto Zucchini - Titolare: Abbigliamento Zucchini s.n.c. - Via I Maggio 6 - 52040 Terontola (AR) - Tel. e Fax 0575 67637

G s.n.c.
ocalità Penna
2028 Terranuova Bracciolini (AR)
el. e Fax 055 9705226
Messori]

M s.p.a.
ia Bovio 3
0090 Milano San Felice - Segrate (MI)
el. 02 70351 - Fax 02 310275/310159
Messori]

D - QUARTA DIMENSIONE di Corradi & C.
n.c.
ia Gherardi 6
100 Modena
el. e Fax 059 829320
Tutto Wind]

M dei Fratelli Morreale
ontrada Ranciditi Agnellaro 1
2021 Aragona (AG)
el. 0922 38253 - Fax 0922 38431
Modusvivendi]

. M. di Antonio Missoni & C. s.n.c.
P. 33 Z.I.
0080 Calvignasco (MI)
el. 02 90848003 - Fax 02 90848134
Via Spiga]

BC TRADING Co. Ltd.
12-14 Nagada Cho - Chiyoda Ku
0-0014 Tokyo (J)
el. 0081 3 35077236
Jnoaerre]

BET LAMINATI s.p.a.
ale Brianza 6
0092 Cinisello Balsamo (MI)
el. 02 6124851 - Fax 02 6170379
l. Baum, Mosaïque, Plus]

BF SECURITY s.a.s.
a Maffucci 26
0158 Milano
el. 02 39322850 - Fax 02 39320410
Gianni Versace]

CCADEMIA MIGLIORE s.p.a.
a Mandalà 40
0146 Palermo
el. e Fax 091 6850433
Modusvivendi]

CRINEON s.n.c.
a Rigorosa 50/A
0069 Zola Predosa (BO)
el. 051 758374 - Fax 051 758374
arafarmacia Essere Benessere]

DILE SALOTTI s.p.a.
ale Aiace 142/146
0151 Mondello (PA)
el. 091 6911919 - Fax 091 6910817
Modusvivendi]

DRENALINA
asella Postale 99
7841 Cattolica (RN)
el. 0721 208372 - Fax 0721 209923
randa]

AIR CALOR s.r.l.
Via Edmondo De Amicis 10
22066 Mariano Comense (CO)
Tel. 031 745382 - Fax 031 750369
[Salvini]

ALIAS s.r.l.
Via dei Videtti 2
20064 Grumello del Monte (BG)
Tel. 035 4422511 - Fax 035 4422590
[Mel Bookstore]

ALMO s.r.l.
Via Galileo Galilei 9
24048 Curnasco di Trevido (BG)
Tel. 035 691492 - Fax 035 693605
[Via Spiga]

ANGOLO LUCE di Marco Rio s.r.l.
Via Gherardi 6
41100 Modena
Tel. 059 333226 - Fax 059 332653
[Tutto Wind]

ANSORG
Solinger Strasse 19
45481 Mülheim an der Ruhr (D)
Tel. 0049 208 48460 - Fax 0049 208 4846200
[Kwesto]

ANTEPRIMA s.a.s.
Via Volturno 10/12
50019 Sesto Fiorentino (FI)
Tel. 055 340777 - Fax 055 340607
[Messori]

APLEM s.r.l.
Via Volta 7/9
20100 Milano
Tel. 02 6555151 - Fax 02 6598814
[Missoni]

APOTEMA di M. Cristofani & C. s.n.c.
Via Chiantigiana 13
50020 Ponzano in Chianti (FI)
Tel. 055 852730 - Fax 055 852913
[Linea Elle]

ARCHISTUDIO
Via Annibale Rosa 47
28900 Verbania
Tel. e Fax 0323 52973
[Alessi]

GIANFRANCO E GABRIELE ARLOTTI
Via Tiberio 45
47900 Rimini
Tel. e Fax 0541 27999
[Foto Peppo]

ARREDA INTERNI di Zaldini & C. s.n.c.
Via G. Di Vittorio 26/G
41100 Campogalliano (MO)
Tel. e Fax 059 527350
[Tutto Wind]

ARREDAMENTI PINO MERONI
Via Genova 13/A
22063 Cantù (CO)
Tel. 031 732167 - Fax 031 732305
[Salvini]

ARREDO 3 s.n.c.
Via Case Nuove di Ceciliano 164
52010 Ceciliano (AR)
Tel. e Fax 0575 320074
[Linea Elle]

ARREDOLUCE s.r.l.
Via Mazzini 144
40138 Bologna
Tel. 051 4290711 - Fax 051 302464
[Baseblu, Gianfranco Ferrè Studio, Parafarmacia Essere Benessere]

ARREDOQUATTRO INDUSTRIE s.r.l.
Via Sarti 4
40054 Budrio (BO)
Tel. 051 802900 - Fax 051 802560
[Julian, Le Noir, Monte Napoleone, Nadine, A. Testoni, Gianni Versace]

ARS DECOR s.r.l.
Via Colombo 1
58022 Follonica (GR)
Tel. e Fax 0566 40288
[Les Griffes]

ARTE COLORE di Primo Ripa
Via San Lorenzo 55
47036 Riccione (RN)
Tel. 0541 645036
[Foto Peppo]

ARTE METALLO s.r.l.
Via della Provvidenza 121
35030 Rubano (PD)
Tel. 049 635973 - Fax 049 898610
[Minù]

ARTECO s.r.l.
Via Grieg 46
20147 Saronno (VA)
Tel. 02 96703270 - Fax 02 96704590
[Parafarmacia Essere Benessere]

ARTEMIDE s.p.a.
Via Bergamo 18
20010 Pregnana Milanese (MI)
Tel. 02 935181 - Fax 02 93590254
[Alessi, Pomellato Montecarlo, Pomellato Singapore]

ARTE'S NEON
Via Gallarate 39
20151 Milano
Tel. 02 38001740 - Fax 02 38001873
[Nespresso Club]

ARTIGIANA MONTAGGI s.n.c.
Località La Valle
58043 Castiglione della Pescaia (GR)
Tel. 0564 935724 - Fax 0564 932197
[Les Griffes]

ARTILUX
Via Verzellino 58/R
17100 Savona
Tel. e Fax 019 801729
[H. Baum]

AVANT GARDE
Via Vochieri 11
15100 Alessandria

Tel. e Fax 0131 444935
[Dany & Co.]

B & B di Roberto Biagetti & C. s.n.c.
Via Marco Ulpio Traiano 54
20149 Milano
Tel. 02 39266551 - Fax 02 39214218
[Mel Bookstore]

B&B ITALIA s.p.a.
Strada Provinciale 32
22060 Novedrate (CO)
Tel. 031 795111 - Fax 031 791592
[Plus]

BALDIERI
Piazza Iside 5
00184 Roma
Tel. 06 70476478 - Fax 06 7005877
[Bulgari Napoli]

BALERI ITALIA s.p.a.
Via San Bernardino 39
24040 Lallio (BG)
Tel. 035 698011 - Fax 035 691454
[Bisazza Showroom]

BARGNA MARMI s.r.l.
Via Oslavia 30
20134 Milano
Tel. e Fax 02 2150485
[Plus]

LIVIO BASSETTI ARREDAMENTI
Via Balzella 41/D
47100 Forlì
Tel. e Fax 0543 724034
[Vaniglia]

BAUMGARTNER Gmbh
Levelinstrasse 85
81673 München (D)
Tel. 0049 89 432071 - Fax 0049 89 4316302
[Boss]

ENNIO BAZZICHI & C. s.n.c.
Via Giglioli 70
55042 Forte dei Marmi (LU)
Tel. 0584 83385 - Fax 0584 81137
[Gianni Versace]

BELLETTINI & BETTOLI s.d.f.
Via Salara Statale 29
48015 Castiglione di Cervia (RA)
Tel. 0544 950469 - Fax 0544 950543
[Julian]

BIELOV di M. e C. Bielov s.a.s.
Portici Maggiori 27
39042 Bressanone (BZ)
Tel. 0472 835414 - Fax 0472 837033
[Maximilian]

PAOLO BILLECI
Via Francesco Musotto 4
90145 Palermo
Tel. 091 220901
[Modusvivendi]

BIS IMPIANTI di Daniele Bisterzo s.a.s.
Via Olona 6
20024 Garbagnate Milanese (MI)
Tel. 02 99027637
[Boss]

BISAZZA MOSAICO s.p.a.
Viale Milano 56
36041 Alte di Montecchio Maggiore (VI)
Tel. 0444 707511 - Fax 0444 492088
[Alessi, Bisazza Showroom, Plus, Via Spiga]

LUCIO BOGNI
Via Luigi Borri 170

21100 Varese
Tel. 0332 26007
[Baseblu]

BOMA s.r.l.
Via Egadi 10
20144 Milano
Tel. e Fax 02 48019013
[Max & Co.]

BONAVERI s.r.l.
Via Ariosto 9
44042 Cento (FE)
Tel. 051 903221 - Fax 051 6835676
[Esa Boutique, Gianfranco Ferrè Studio]

MARCO BONFEDI s.r.l.
Via Verro 62
20100 Milano
Tel. 02 89504958 - Fax 02 89501302
[Upim]

BOSE s.p.a.
Via della Magliana 876
00148 Roma
Tel. 06 65670802 - Fax 06 65680167
[Boss]

C.E.B.A.
Via Alessandro III
15100 Alessandria
Tel. e Fax 0131 252817
[Dany & Co.]

C.F. IMPIANTI di Piero Castellani & C.
Viale Ravenna 20/E
48015 Cervia (RA)
Tel. e Fax 0544 991035
[Julian]

C.M.C.
Via Enrico Petrella 13
50144 Firenze
Tel. e Fax 055 368514
[Linea Elle]

CAMPELLO ARREDAMENTI s.r.l.
Via Mattei 42
35038 Torreglia (PD)
Tel. 049 5211700 - Fax 049 5212615
[Boss]

CAMPIGLI E GORFINI
Via Baccio da Montelupo 85
50142 Firenze
Tel. e Fax 055 7323652
[Linea Elle]

CANTÙ OTTONE s.r.l.
Via Domea 10
22063 Cantù (CO)
Tel. 031 712089 - Fax 031 705774
[Gioielleria Luca Cazzaniga]

TIZIANO CAPIROSSI
Via Pieve Masiera 100
48012 Bagnacavallo (RA)
Tel. e Fax 0545 62989
[Pollini Ravenna]

CAPPELLINI s.p.a.
Via Marconi 35
22060 Arosio (CO)
Tel. 031 759111 - Fax 031 76333322
[Castellani, Via Spiga]

FABRIZIO CAPRINI
Via I Maggio 54
52040 Terontola (AR)
Tel. e Fax 0575 678415
[Zucchini Viaprimomaggio]

CARONES ARREDAMENTI s.r.l.
Via Monte Nevoso 8/10
20095 Cusago Milanino (MI)
Tel. 02 6193662 - Fax 02 6196138
[Pomellato Montecarlo, Pomellato Singapore]

CASATI TERMOIDRAULICA s.n.c.
Via Sant'Ambrogio 13
22066 Mariano Comense (CO)
Tel. e Fax 031 746304
[Gioielleria Luca Cazzaniga]

CASSINA s.p.a.
Via Busnelli 1
20036 Meda (MI)
Tel. 0362 3721 - Fax 0362 342246
[Boss, Gioielleria Luca Cazzaniga, Salvini]

CASTALDI ILLUMINAZIONE s.r.l.
Via Carlo Goldoni 18
20090 Trezzano sul Naviglio (MI)
Tel. 02 4454374 - Fax 02 4456946
[Kwesto]

PINA CAVALLARO E MARINELLA DRUDI
Via Broletto 26
20121 Milano
Tel. 02 86463652/5693868
[Dany & Co.]

CAVAZZONI s.r.l.
Via Che Guevara 4
42100 Reggio Emilia
Tel. 0522 3341417 - Fax 0522 558833
[Max & Co.]

CAZZOLA di Marianna e Figli s.n.c.
Via Cazzola 2/A
36100 Monticello (VI)
Tel. e Fax 0444 595385
[Bulgari Milano]

PAOLO CAZZOLATO
Via Fratelli Bandiera 13
31055 Quinto di Treviso (TV)
Tel. 0422 371239
[Tsw.it Progetti di Rete]

CECCARELLI COSTRUZIONI s.n.c.
Via Luciano Zuccoli 22
63039 San Benedetto del Tronto (AP)
Tel. 0735 593850 - Fax 0735 588401
[Esa Boutique]

CENTRO BIO-EDILE s.a.s.
Via Ascanio Sforza 29
20136 Milano
Tel. 02 58101365 - Fax 02 58102814
[H. Baum]

CERAMICHE RIUNITE
Via Porettana 403
40033 Casalecchio di Reno (BO)
Tel. 051 577201 - Fax 051 592548
[Max & Co.]

CERESIO ARREDAMENTI s.r.l.
Via Verdi 7
21020 Bodio Lomnago (VA)
Tel. 0332 949774 - Fax 0332 949158
[Longoni Sport Bike, Upim]

CHIOSCHI ARREDI di Pasquale Aiello
Via Ciachea 15/D
90044 Carini (PA)
Tel. e Fax 091 8690112
[Modusvivendi]

CIEMME
Via Cardinal Ferrari 7
22066 Mariano Comense (CO)
Tel. e Fax 031 744735
[Gioielleria Luca Cazzaniga]

CIESSE s.r.l.
Via Giovanni da Procida 4
20149 Milano
Tel. 02 347486 - Fax 02 33608291
[Max & Co.]

CIP s.r.l.
Via Prati 11
20145 Milano
Tel. 02 3491627/33104363 - Fax 02 3313181
[Mosaïque]

CLAY PAKY s.p.a.
Via Giovanni Pascoli 1
24066 Pedrengo (BG)
Tel. 035 663965 - Fax 035 665976
[Parafarmacia Essere Benessere]

CLIMASYSTEM MAGNANI IMPIANTI di Adelmo Magnani
Via del Lavoro 9
47030 Gatteo (FO)
Tel. 0541 818112 - Fax 0541 818999
[Julian]

CMC s.n.c.
Viale della Repubblica 42
47039 Savignano sul Rubicone (FO)
Tel. 0541 946698 - Fax 0541 946689
[Julian]

CO.GE.ME. s.n.c.
Via Meucci 16
35030 Rubano (PD)
Tel. e Fax 049 8976462
[Minù]

COFEMGI di Giuseppe Gibertoni s.n.c.
Via Scarlatti 108
41019 Soliera (MO)
Tel. e Fax 059 566357
[Tutto Wind]

VITTORIO COLOMBO
Via Don Sturzo 26
20040 Colnago di Cornate d'Adda (MI)
Tel. e Fax 039 695275
[Allison Travel]

COLORANDIA di Gabriele Ripa
Via Valbella 1/C
47900 Rimini
Tel. 0541 52125
[Foto Peppo]

CORRADO COLORITI
Via Emilio Lepido 30/H
43100 Parma
Tel. e Fax 0521 487748
[Les Griffes]

COMET
Via Forze Armate 249
20152 Milano
Tel. e Fax 02 48916028
[Max & Co.]

COMPAGNIA D'ARREDO
Via dei Tigli 26
06083 Bastia Umbra (PG)
Tel. e Fax 075 8011742
[Branda]

CONSORZIO PULIBRILL
Via dei Platani 16/18
41010 Gaggio di Piano (MO)
Tel. e Fax 059 938102
[Tutto Wind]

CONTAINER 451 s.n.c.
Via del Tesoro 2
47827 Villa Verucchio (RN)

Tel. 0541 678079 - Fax 0541 677382
[Foto Peppo]

CONTER
Via Zuccoli 26
20125 Milano
Tel. 02 66981392 - Fax 02 66981430
[Mosaïque]

COPRAY & SCHOLTEN
Vestdijk 141 A
5611 CB Eindhoven (NL)
Tel. 0031 40 2130060 - Fax 0031 40 2126154
[Max & Co.]

GIUSEPPE CORNO s.a.s.
Via Giacomo Leopardi 31
20040 Cornate d'Adda (MI)
Tel. e Fax 039 692009
[Allison Travel]

COSMAR di Costantini e Marchi s.n.c.
Viale Alcide De Gasperi 15/A
63030 Monsapolo (AP)
Tel. e Fax 0735 704195
[Esa Boutique]

COSTRUZIONI EDILI di Giancarlo Lo Sicco & C.
s.a.s.
Via Ungaretti 7
58022 Follonica (GR)
Tel. e Fax 0566 264178
[Les Griffes]

COSTRUZIONI POZZI di Onis Pozzi
Via Silvio Pellico 33
47838 Riccione (RN)
Tel. 0541 645194/643402
[Foto Peppo]

CROCILLA-GIGLIA s.n.c.
Via Monteleone 30
90133 Palermo
Tel. 091 589178
[Modusvivendi]

DA SACCO & GUSMITTA s.n.c.
Le Grand Large 42 - Quai des Sambarani
98000 Montecarlo (MC)
Tel. 00377 92057625 - Fax 00377 92057627
[Pomellato Montecarlo]

DAMIANO ARREDAMENTI s.a.s.
Corso Roma 99
15100 Alessandria
Tel. 0131 40797 - Fax 0131 776166
[Dany & Co.]

DAMIR
Via Villa Malta 15
90146 Palermo
Tel. 091 6717266 - Fax 091 6710662
[Modusvivendi]

DE PADOVA s.r.l.
Corso Venezia 14
20121 Milano
Tel. 02 777201 - Fax 02 77720280
[Bisazza Showroom]

GIACOMO DE ROSA
Via Tagliabue 10
20030 Paderno Dugnano (MI)
Tel. e Fax 02 9106636
[Pomellato Montecarlo]

DECOLINE CONSTRUCTION PTE Ltd.
19 Defu Line 8
539320 Singapore (SG)
Tel. 0065 2891536 - Fax 0065 2897152
[Pomellato Singapore]

DELTA LIGHT NV
Industriewegstraat 72
8800 Roeselare (B)
Tel. 0032 51 225775 - Fax 0032 51 210483
[Kwesto]

DISANO FOSNOVA
Viale Lombardia 129
20089 Rozzano (MI)
Tel. 02 824771 - Fax 02 8252355
[Alessi, Messori]

DRIADE s.p.a.
Via Padana Inferiore 12
29012 Fossadello di Caorso (PC)
Tel. 0523 818618 - Fax 0523 822628
[Dany & Co.]

È LUCE s.r.l.
Via della Pace 19
22049 Valmadrera (LC)
Tel. 0341 580736 - Fax 0341 583150
[Gioielleria Luca Cazzaniga]

EDIERRE & C. s.a.s.
Via Biffi 20
20040 Colnago di Cornate d'Adda (MI)
Tel. e Fax 039 695505
[Allison Travel]

EDIL MENIN s.n.c.
Via Nicolò Orsini 19
35100 Padova
Tel. 049 8723202 - Fax 049 8723200
[Minù]

EDIL RIVESTIMENTI s.r.l.
Via Nuova Circonvallazione 46
47900 Rimini
Tel. e Fax 0541 773201
[Foto Peppo]

EDIL ROSSI
Via Quaglia 24
21020 Bardello (VA)
Tel. e Fax 0332 747353
[Baseblu]

EDIL VE.BI.G.
Via Garibaldi 5
52044 Cortona (AR)
Tel. 0347 6163971
[Zucchini Viaprimomaggio]

EDILCO FOR STONES s.r.l.
Viale Sicilia 15
37138 Verona
Tel. 045 576422 - Fax 045 576899
[Messori]

EDILCOXE di Sergio Coxe s.n.c.
Via Regione Pontino 8
17021 Alassio (SV)
Tel. e Fax 0182 642346
[H. Baum]

EDILIZIA DECORATIVA s.r.l
Via Astico 21
20128 Milano
Tel. e Fax 02 27002886
[Via Spiga]

EDILRESTAURI di Angiolo Occhini
Località Salceta 16
52100 Arezzo
Tel. e Fax 0575 369114
[Prestige Annamaria Polci]

EDILTECNICA s.n.c.
Via Pisana 369
50100 Firenze
Tel. e Fax 055 710672
[Messori]

EDILVETRO di Franco Amato
Via Rocca Fiorita 24
00133 Roma
Tel. 06 2057228 - Fax 06 2052373
[Mel Bookstore]

EFFETTO LUCE s.r.l.
Via Amendola 1
62019 Recanati (MC)
Tel. 071 7573993 - Fax 071 982110
[Esa Boutique]

EGOLUCE s.r.l.
Via Privata Galeno 9
20094 Corsico (MI)
Tel. 02 45869837 - Fax 02 4474581
[Allison Travel, Maximilian, Modusvivendi]

ELETTRO-SYSTEM di Pietro Paolo & C. s.n.c.
Via Alberti 16
41012 Carpi (MO)
Tel. e Fax 059 651127
[Tutto Wind]

ELETTROCLIMA s.n.c.
Via Levanzo 21
90135 Palermo
Tel. 0347 6624090
[Modusvivendi]

ELETTROCONTROLLI s.r.l.
Via Pilata 46
23887 Olgiate Molgora (LC)
Tel. 039 508731/508750 - Fax 039 9910700
[Upim]

ELETTROHN s.n.c.
Via Molino 29
31057 Cendon di Silea (TV)
Tel. 0422 683018 - Fax 0422 683008
[Tsw.it Progetti di Rete]

ELETTROIMPIANTI ADIGE di Giancarlo Callegaro
Via Ca Donà 1035
45030 San Marino di Venezze (RO)
Tel. e Fax 042 599133
[Minù]

BENITO ELIO & FRANCO FERROTTI s.n.c.
Via Tommaso Perelli 51
52100 Arezzo
Tel. e Fax 0575 26188
[Prestige Annamaria Polci]

ELLECI STUDIO
Viale della Vittoria 32
60123 Ancona
Tel. e Fax 071 2073220
[Pollini Milano, Pollini Ravenna]

ELTEK s.r.l.
Via Statale Aretina 29
50069 Sieci (FI)
Tel. 055 8328334 - Fax 055 8328318
[Salvini]

ERCO ILLUMINAZIONE s.r.l.
Via Cassanese 224 Palazzo Leonardo
20090 Segrate (MI)
Tel. 02 2107223 - Fax 02 21072240
[Bulgari Milano, Bulgari Napoli, Minù, Salvini]

ERREDI ELETTROTECNICA di Ennio Rossi
Via Sgattoni 22
63039 San Benedetto del Tronto (AP)
Tel. e Fax 0735 65406
[Esa Boutique]

ESSEQUATTRO s.r.l.
Via del Lavoro 8
36040 Grisignano di Zocco (VI)

Tel. 0444 418888 - Fax 0444 418889
[Les Griffes]

EUROECO s.r.l.
Via Darwin 21
20019 Settimo Milanese (MI)
Tel. 02 33500444 - Fax 02 33500041
[Boss, Nespresso Club]

EUROTELL s.r.l.
Via Feltrina 264
31100 Treviso
Tel. 0422 433434 - Fax 0422 433450
[Tsw.it Progetti di Rete]

EXPO STAND
Via Luigi Einaudi 84
36100 Vicenza
Tel. 0444 492384 - Fax 0444 498455
[Bisazza Showroom]

F.C.A. s.n.c.
Via Genova 191
15100 Alessandria
Tel. e Fax 0131 618450
[Dany & Co.]

FABRICOM
Kontichsestwgstraat 271
2018 Antwerp (B)
Tel. e Fax 0032 3 8703511
[Kwesto]

DENIS FAGNOCCHI
Via Marengo 47
47100 Forlì
Tel. e Fax 0543 725644
[Vaniglia]

FALEGNAMERIA ARTIGIANA
Viale dell'Artigianato 65
15100 Alessandria
Tel. 0131 345905 - Fax 0131 248861
[Dany & Co.]

FALEGNAMERIA BROZZETTI
Via Piermarini 23
06089 Sant'Andrea delle Frate (PG)
Tel. 0742 72173
[Bulgari Milano, Bulgari Napoli]

FALEGNAMERIA FORCONI
Via Petrarca 18
06061 Castiglion del Lago (PG)
Tel. 075 9659000 - Fax 075 9659014
[Zucchini Viaprimomaggio]

FALEGNAMERIA SANTAGIOLESE
Via Allende 83
47030 Gatteo (FO)
Tel. 0541 818274
[Messori]

FALLER & MIRIBUNG Ohg
Trattengasse 13/24
39042 Bressanone (BZ)
Tel. 0472 835650 - Fax 0472 801138
[Maximilian]

FANE s.n.c.
Via Marengo 52
15100 Alessandria
Tel. 0131 231227 - Fax 0131 263765
[Salvini]

FANTINI MOSAICI s.n.c.
Via Antonio Meucci 19
20128 Milano
Tel. 02 27207092 - Fax 02 2567178
[Pomellato Singapore]

FARNESE s.r.l.
Via Passione 2

20122 Milano
Tel. 02 76022195 - Fax 02 76022746
[Alessi, Plus]

FELPASS s.n.c.
Via Dante 6
22070 Cirimido (CO)
Tel. 031 935949 - Fax 031 935043
[Baseblu]

GIORGIO FERRARIO
Via Varchi 32
21100 Varese
Tel. 0332 261345
[Baseblu]

FERRONERIE D'ART DEJONG
Rue Saint Leonard 460
4000 Liège (B)
Tel. e Fax 0032 4 2276610
[Kwesto]

FIMONT s.r.l.
Via dell'Artigianato
17024 Finale Ligure (SV)
Tel. 019 680696 - Fax 019 6816370
[H. Baum]

FIORE PARQUETTES s.n.c.
Via Italia 197
20040 Busnago (MI)
Tel. 039 6095462 - Fax 039 6095164
[Allison Travel]

SERGIO FLORIAN & FIGLI
Via Pio IX 73/75
22066 Mariano Comense (CO)
Tel. e Fax 031 748168
[Gioielleria Luca Cazzaniga]

FLOS s.p.a.
Via Angelo Faini 2
25073 Bovezzo (BS)
Tel. 030 24381 - Fax 030 2438250
[Bisazza Showroom, Monte Napoleone, Tsw.it Progetti di Rete]

FLUIDART di Renzo Volpi
Via Clusone 6
20135 Milano
Tel. 02 55192997 - Fax 02 5516861
[Via Spiga]

FONDERIA GRIMANDI
Via Pasubio 82/2
40100 Bologna
Tel. 051 6143819 - Fax 051 6143828
[Gianfranco Ferrè Studio]

FONTANA ARTE s.p.a.
Alzaia Trieste 59
20094 Corsico (MI)
Tel. 02 45121 - Fax 02 4512660
[Alessi, Baseblu, Dany & Co., Mel Bookstore, Salvini]

FORMA E FUNZIONE s.r.l.
Via Pacinotti 64
21100 Varese
Tel. 0332 491247 - Fax 0332 491236
[H. Baum]

FORMICA ITALIA s.r.l.
Via Sardegna 34
20090 Pieve Emanuele (MI)
Tel. 02 90784969 - Fax 02 90722695
[Parafarmacia Essere Benessere]

FRATELLI CACCIAVILLANI s.a.s.
Via Majakowski 2
42100 Reggio Emilia
Tel. 0522 304741 - Fax 0522 792512
[Max & Co.]

FRATELLI DONINI s.r.l.
Viale Lombardia 68/70
20015 Parabiago (MI)
Tel. 0331 551793 - Fax 0331 558028
[Upim]

FRATELLI NERI s.n.c.
Via Sant'Agata 18
22066 Mariano Comense (CO)
Tel. 031 746662 - Fax 031 750711
[Gioielleria Luca Cazzaniga]

FRATELLI RADICE s.n.c.
Via Sant'Alessandro 165/167
22066 Mariano Comense (CO)
Tel. 031 746583 - Fax 031 750346
[Gioielleria Luca Cazzaniga]

FRATELLI RONCHETTI
Via dell'Artigianato 11
22060 Mirabello di Cantù (CO)
Tel. 031 734902 - Fax 031 734768
[Salvini]

FRATELLI SOMIGLI s.n.c.
Via Francesco Crispi 34
50129 Firenze
Tel. 055 633144 - Fax 055 631793
[Linea Elle]

FRIGO MARKET s.r.l.
Corso Mazzini 247
63039 San Benedetto del Tronto (AP)
Tel. e Fax 0735 583516
[Esa Boutique]

FULL SCREEN s.r.l.
Via Latina 531/533
00179 Roma
Tel. 06 7188103 - Fax 06 7188680
[Mel Bookstore]

G&G di Gualina e Gualtieri
Via San Bernardino 8
25032 Montichiari (BS)
Tel. e Fax 030 9977930
[Via Spiga]

G.D.T. ELETTROFORNITURE s.p.a.
Via Panzeri 10
20100 Milano
Tel. 02 89401022 - Fax 02 89405522
[Maximilian, Mosaïque]

AMBROGIO GALBIATI s.n.c.
Via delle Gerole 18
20040 Caponago (MI)
Tel. e Fax 02 95741838
[Plus]

ANGELO GALIMBERTI
Via degli Artigiani 23
22040 Lurago d'Erba (CO)
Tel. 031 696953
[Gianni Versace]

GALLERIA MICHEL LEO
Via Solferino 35
20121 Milano
Tel. e Fax 02 6598333
[Mosaïque]

GARDE U.S.P. Co. Ltd.
5-7-3 Minami Aoyama - Mianto Ku
107-0062 Tokyo (J)
Tel. 0081 3 34868708
[Unoaerre]

GEBRAM ARREDAMENTI s.r.l.
Via dell'Artigianato 12
20041 Agrate Brianza (MI)
Tel. 039 6059981/89 - Fax 039 653288
[Mel Bookstore]

ROBERTO GIGLIOLI
Viale Manzoni 10/B
47100 Forlì
Tel. 0543 35122 - Fax 0543 35207
[Vaniglia]

CESARE GIRGI di Massimo Girgi & C. s.n.c.
Via Omero 10
22063 Cantù (CO)
Tel. 031 716129 - Fax 031 700916
[Maximilian, Mosaïque]

MASSIMO GIUSTINONI
Via Torri 21
24041 Brembate (BG)
Tel. e Fax 035 802181
[Via Spiga]

GLI ARTIGIANI DEL LEGNO s.r.l.
Via Giulio Pastore 53
47811 Viserba di Rimini (RN)
Tel. e Fax 0541 735697
[Foto Peppo]

GRANDI MAGAZZINI LINOLEUM s.r.l.
Foro Bonaparte 48
20121 Milano
Tel. e Fax 02 867468
[Mosaïque]

GRANITI FIANDRE s.p.a.
Via Radici Nord 112
42014 Castellarano (RE)
Tel. 0536 819611 - Fax 0536 858082
[Max & Co.]

GRAZI CRISTALLI s.r.l.
Via Emilia Est 2207
41018 San Cesario sul Panaro (MO)
Tel. 059 938121 - Fax 059 9380990
[Gianfranco Ferrè Studio, Le Noir, Minù]

GRECCHI s.n.c.
Via Bezzecca 5/7
20013 Magenta (MI)
Tel. 02 97297347 - Fax 02 97297030
[Parafarmacia Essere Benessere]

GREEN ALLESTIMENTI
Via Camposampiero 85
00191 Roma
Tel. 06 3336433 - Fax 06 336423
[Bulgari Milano, Bulgari Napoli]

FRITZ HANSEN
vedi MC Selvini

HEMO THERMBORD s.r.l.
Via Macello 10
39100 Bolzano
Tel. 0471 975447 - Fax 0471 980102
[Foto Peppo]

HI LITE s.r.l.
Via Panizza 2
20144 Milano
Tel. 02 48007877 - Fax 02 48010164
[Salvini]

I GUZZINI ILLUMINAZIONE s.r.l.
S.S. 77 Km 102
62019 Recanati (MC)
Tel. 071 75881 - Fax 071 7588295
[Alessi, Branda, Castellani, Esa Boutique, Le Noir, Linea Elle, Max & Co., Mel Bookstore, Minù, Mosaïque, Nespresso Club, Prestige Annamaria Polci, Tsw.it Progetti di Rete, Tutto Wind, Upim, Via Spiga, Zucchini Viaprimomaggio]

I.C.E.R. di Luigi Pantusa & C. s.n.c.
Via San Salvatore 22
88070 San Mauro Marchesato (KR)
Tel. 0962 53084
[Mosaïque]

IDI CONSTRUCTION COMPANY Inc.
Lexington Avenue 770
10021 New York NY (USA)
Tel. e Fax 001 212 6050967
[Missoni]

IECI s.r.l.
Via Monsignor Luigi Piazza 9/A
20014 Nerviano (MI)
Tel. 0331 588479 - Fax 0331 589057
[Nespresso Club]

ILFER s.r.l.
Via XXV Aprile 31
20091 Bresso (MI)
Tel. 02 66503762 - Fax 02 66502500
[Mel Bookstore]

ILLUMINA s.r.l.
Via Buozzi 11
20060 Liscate (MI)
Tel. 02 9500131 - Fax 02 95350596
[Parafarmacia Essere Benessere]

ILTI LUCE s.r.l.
Via Pacini 53
10154 Torino
Tel. 011 2482291 - Fax 011 853855
[Gioielleria Luca Cazzaniga, Tutto Wind, Gianni Versace]

IMEP s.p.a.
Via Galileo Ferraris 19
52100 Arezzo
Tel. e Fax 0575 984897
[Prestige Annamaria Polci]

IMEP s.p.a.
Via dell'Edilizia 8
58022 Follonica (GR)
Tel. 0566 58689 - Fax 0566 58690
[Les Griffes]

IMET s.r.l.
Via Satrico 53
00183 Roma
Tel. 06 70495804 - Fax 06 70496327
[Mel Bookstore]

IMPRESA AMBROGINI
Via Bastia 9
47039 Savignano sul Rubicone (FO)
Tel. 0541 931104
[Julian]

IMPRESA BONETTI s.r.l.
Via Papa Giovanni 251
24054 Calcio (BG)
Tel. e Fax 0363 906372
[Boss, Nespresso Club]

IMPRESA BOTTI 3R s.r.l.
Z.I. Miral Duolo
06089 Torgiano (PG)
Tel. 075 9889030 - Fax 075 9889043
[Bulgari Napoli]

IMPRESA CARPANEDA s.r.l.
Via Cornalia 19
20124 Milano
Tel. 02 6702813 - Fax 02 6701923
[Bulgari Milano]

IMPRESA CLAUDIO CUCCHI
Via Bigarano 5
48012 Bagnacavallo (RA)
Tel. e Fax 0545 62837
[Pollini Ravenna]

IMPRESA CLAUDIO D'ELIA s.n.c.
Località Centergross 2/A
40050 Funo di Argelato (BO)
Tel. e Fax 051 6646102
[Castellani]

IMPRESA ENRICO MOLTENI & C. s.r.l.
Via Cavera 28
20034 Giussano (MI)
Tel. 0362 850747 - Fax 0362 354533
[Salvini]

IMPRESA NOCERA
Via Forti 1
41012 Carpi (MO)
Tel. e Fax 059 682745
[Tutto Wind]

IMPRESA NUOVA CORNATESE
Via Cesare Battisti 42
20040 Cornate d'Adda (MI)
Tel. e Fax 039 6926068
[Allison Travel]

IMPRESA PIZZOLOTTO
Località Pian del Lago 14/A
32043 Cortina d'Ampezzo (BL)
Tel. 0346 860616 - Fax 0346 865140
[Le Noir]

IMPRESA TIRINTILLI s.r.l.
Via Sant'Agnese 18
20123 Milano
Tel. 02 861129 - Fax 02 863062
[Upim]

INKU ITALIA s.p.a.
Via Jacopo Linussio 52
33100 Udine
Tel. 0432 522727 - Fax 0432 601737
[Linea Elle]

INTEGRAL s.r.l.
Via dei Canzi 24
20134 Milano
Tel. 02 2151910/2408868 - Fax 02 2155062
[Mosaïque]

IOMANN s.r.l.
Corso Genova 190
27029 Vigevano (PV)
Tel. 0381 344567 - Fax 0381 344566
[Parafarmacia Essere Benessere]

ITALMARMI s.n.c.
Via Bovisasca 97
20157 Milano
Tel. e Fax 02 3762233
[Pomellato Montecarlo]

JOLLYFLOOR di Alessandro Giunti s.n.c.
Via Augusto Righi 18
52100 Arezzo
Tel. 0575 382720 - Fax 0575 380025
[Prestige Annamaria Polci]

KALOR SYSTEMS dei Fratelli Terranova
Via Libertà 84
92024 Canicattì (AG)
Tel. e Fax 0922 832579
[Modusvivendi]

KARTELL s.p.a.
Via delle Industrie 1
20082 Noviglio (MI)
Tel. 02 900121 - Fax 02 9053316
[Nespresso Club, Tutto Wind]

KERAM di Graziano Lunardelli
Via Umberto da Canturio 6
22063 Cantù (CO)
Tel. 031 715573 - Fax 031 713945
[Gioielleria Luca Cazzaniga]

KNOLL INTERNATIONAL s.p.a.
Via Flaminia Km 147
06434 Foligno (PG)
Tel. 0742 6781 - Fax 0742 677259
[Monte Napoleone]

KREON
Frankrijklei 106
2000 Anversa (B)
Tel. 0031 3 2312422 - Fax 0031 3 2318896
Ufficio di rappresentanza
Via Forcella 5
20144 Milano
Tel. 02 89420750 - Fax 02 89428785
[Gioielleria Luca Cazzaniga, H. Baum, Maximilian]

L.A.I.S. s.n.c.
Via Fosso Antico 11
63033 Centobuchi (AP)
Tel. 0735 701954 - Fax 0735 703944
[Esa Boutique]

L.N.E. di Sandro Lucchina & C. s.n.c.
Via Poligono 25
21100 Varese
Tel. 0332 222702 - Fax 0332 223342
[Baseblu]

GIACOMO LA BUA E ROMANO DE MICHELI
Alzaia Naviglio Grande 4
20144 Milano
Tel. 02 8321169 - Fax 02 89416231
[Parafarmacia Essere Benessere]

LA LOMBARDA di Luciano Tansini & C. s.n.c.
Via Darwin 22
20019 Settimo Milanese (MI)
Tel. 02 3285057 - Fax 02 3287637
[Upim]

LA PANDA 80 s.r.l.
Viale Lombardia 298/300
20047 Brugherio (MI)
Tel. 039 883869 - Fax 039 880700
[Upim]

LABORATORIO MORSELETTO
Viale dell'Economia 97
36100 Vicenza
Tel. 0444 563155 - Fax 0444 563944
[Bulgari Milano, Bulgari Napoli, Salvini]

LABORATORIO VETRARIO COPPI di Paola Coppi
Via Molinara 52
15100 Alessandria
Tel. e Fax 0131 387740
[Dany & Co.]

LAM di Taddeo Osti
Vicolo Artigiani 4
40069 Zola Predosa (BO)
Tel. 051 758706 - Fax 051 7754234
[Le Noir]

LAMBRO IMPIANTI s.a.s.
Via Gustavo Modena 6
20129 Milano
Tel. e Fax 02 70004243
[Pollini Milano]

LASTON ITALIANA s.p.a.
Via dell'Economia 47
36100 Vicenza
Tel. 0444 569744 - Fax 0444 569676
[H. Baum]

LE SCÉNARIO SA
Avenue Van Volxemlaan 168
1190 Bruxelles (B)
Tel. 0032 2 3447474 - Fax 0032 2 3476061
[Kwesto]

LELLI & C. s.n.c.
Via Luca Signorelli 32
52100 Arezzo
Tel. e Fax 0575 23969
[Prestige Annamaria Polci]

LICHTPROJECT & DESIGN Gmbh
Peutestrasse 53
20539 Hamburg (D)
Tel. 0049 40 7804530 - Fax 0049 40 78045335
[Boss]

LIFT CENTER s.r.l.
Via Taramelli 68
20124 Milano
Tel. e Fax 02 6886903
[Alessi]

LIGHT TARGHET
vedi Studio Pollice

LIMONTA WALL COVERINGS s.p.a.
Via Veneto 5
22040 Garbagnate Monastero (CO)
Tel. 031 850788 - Fax 031 855688
[Gianfranco Ferrè Studio]

LINBURG
vedi Zumtobel Italiana

LINEAQUATTRO s.n.c.
Via Brescia 35
25023 Gottolengo (BS)
Tel. 030 9517588 - Fax 030 9951005
[Allison Travel]

LIPS VAGO ELETTRONICA
Via Pompeo Magno 3
00192 Roma
Tel. 06 3201010 - Fax 06 3200817
[Bulgari Milano, Bulgari Napoli]

LISAR s.p.a.
Via Boccaccio 68/72
22070 Carbonate (CO)
Tel. 0331 836111 - Fax 0331 821420
[Alessi, Baseblu, Kwesto, Missoni]

LITE LAB
vedi Studio Pollice

LOMI s.n.c.
Via Ca' Brion 16
35011 Campodarsego (PD)
Tel. 049 9564986 - Fax 049 9200635
[Minù]

MANUEL LOPEZ TORRES Y HIJOS s.l.
San Nicolas 14-1
15001 La Coruña (E)
Tel. e Fax 0034 981 223935
[Wolford]

LOUIS DE POORTERE ITALIA s.r.l.
Via Lazzaroni 12
21047 Saronno (VA)
Tel. 02 964181 - Fax 02 96418201
[Le Noir]

LUCARINI
Località Ossaia
52044 Cortona (AR)
Tel. e Fax 0575 677707
[Zucchini Viaprimomaggio]

LUCEPLAN s.p.a.
Via Moneta 44/46
20161 Milano
Tel. 02 662421 - Fax 02 66203400
[Boss]

LUCITALIA s.p.a.
Via Pelizza da Volpedo 50
20092 Cinisello Balsamo (MI)
Tel. 02 6126651 - Fax 02 6600707
[Maximilian, Mosaïque]

LUMIANCE BV.
P. Box 6310

2001 HH Haarlem (NL)
Tel. e Fax 0031 23 319121
[Bulgari Milano, Bulgari Napoli]

M.ET.RO s.r.l.
Via della Tecnica 4
45100 Rovigo
Tel. 042 5475401 - Fax 042 5475410
[Minù]

M.P.R. di Guido Mei & C. s.n.c.
Via Antonio Meucci 38
20090 Buccinasco (MI)
Tel. 02 45708465 - Fax 02 45708464
[Upim]

MA.AN. COSTRUZIONI s.r.l.
Via Tortona 31
20144 Milano
Tel. e Fax 02 428690
[Pollini Milano]

MAEMA ARREDAMENTI
Via Genova 32
57014 Collesalvetti (LI)
Tel. e Fax 0586 941110
[Les Griffes]

MAJONI
Via Majon 8
32043 Cortina d'Ampezzo (BL)
Tel. 0436 860696 - Fax 0436 860332
[Le Noir]

ALBERTO MANELLA
Via Tortaia 176
52100 Arezzo
Tel. 0575 910065/0335 5873955
[Prestige Annamaria Polci]

MANIFATTURA PIETRE di Giulio Tanini
Via Arno s.n.
50019 Osmannoro - Sesto Fiorentino (FI)
Tel. 055 308350 - Fax 055 375549
[Minù]

MANNINI ARREDAMENTI di Davide Mannini
Via Fiammenghini 45
22063 Cantù (CO)
Tel. 031 714389 - Fax 031 705180
[Gioielleria Luca Cazzaniga]

TIZIANO MANZONI
Via Giuseppe Verdi 7
20050 Verano Brianza (MI)
Tel. e Fax 0362 904738
[Salvini]

MARCOLINI MARMI s.r.l.
Via Carrara 24
37023 Grezzana (VR)
Tel. 045 8650150 - Fax 045 8650444
[Boss]

MARCONI ARREDAMENTI s.r.l.
Località Indicatore Zona G 50
52100 Arezzo
Tel. e Fax 0575 368035
[Prestige Annamaria Polci]

MARGARITELLI s.p.a.
Via Adriatica 109
06087 Ponte San Giovanni (PG)
Tel. 075 393446 - Fax 075 395348
[Bulgari Milano]

MARGRAF s.p.a.
Via Marmi 3
36072 Chiampo (VI)
Tel. 0444 475911 - Fax 0444 475947
[A. Testoni]

MARCELLO MARIANI
Via delle Regioni 17/B
48012 Bagnacavallo (RA)
Tel. e Fax 0545 62837
[Pollini Ravenna]

MARMOARREDO s.r.l.
Viale dell'Industria 43
35014 Fontaniva (PD)
Tel. 049 5940348 - Fax 049 5941510
[Gianfranco Ferrè Studio]

SABATINO MARTELLINI
Piazza Mario Signori 9
58020 Caldana (GR)
Tel. 0566 81376
[Les Griffes]

MARTINELLI LUCE s.p.a.
Via Bandettini 145
55100 San Concordio (LU)
Tel. 0583 418315 - Fax 0583 419003
[Kwesto, Les Griffes]

MATTEO MARYNI
Via Adam 50
15033 Casale Monferrato (AL)
Tel. e Fax 0142 561691
[Dany & Co.]

MATTEOGRASSI s.p.a.
Via Padre Rovagnati 2
22066 Mariano Comense (CO)
Tel. 031 757711 - Fax 031 748388
Showroom
Via degli Omenoni 2
20121 Milano
Tel. 02 72023842 - Fax 02 8052360
[Pomellato Montecarlo, Pomellato Singapore]

MATTIOLI INSEGNE s.n.c.
Via Paisiello 91
20092 Cinisello Balsamo (MI)
Tel. e Fax 02 66013305
[Allison Travel]

FABRIZIO MAZZEI
Via Acquala 46
54038 Montignoso (MS)
Tel. e Fax 0585 349895
[Gianni Versace]

MC SELVINI s.r.l.
Via Carlo Poerio 3
20129 Milano
Tel. 02 76006118 - Fax 02 781325
[Mel Bookstore, Missoni]

MDF ITALIA s.r.l.
Via Wittgens 5
20123 Milano
Tel. 02 58311300 - Fax 02 58311277
[Nespresso Club]

MEDIA LIGHT s.r.l.
Via Baruzzi 1/2
40138 Bologna
Tel. 051 302101 - Fax 051 4294988
[Baseblu, Gianfranco Ferrè Studio]

PINO MERONI & C. ARREDAMENTI s.a.s.
Via Genova 13/A
22063 Cantù (CO)
Tel. 031 732167 - Fax 031 732305
[Maximilian]

MERONI L.P.C. ARREDAMENTI
Via Grigna 10
22066 Mariano Comense (CO)
Tel. 031 745225 - Fax 031 750810
[Gioielleria Luca Cazzaniga]

METIS LIGHTING SUPPLIES s.r.l.
Via Ariosto 102
20099 Sesto San Giovanni (MI)
Tel. 02 26264067 - Fax 02 26262948
[Dany & Co.]

MILAN ARREDAMENTI s.r.l.
Via del Lavoro 28
45100 Rovigo
Tel. 0425 404334 - Fax 0425 404186
[Gianfranco Ferrè Studio]

MILLENNIUM s.r.l.
Via Flaminia 94/A
47900 Rimini
Tel. 0541 387559 - Fax 0541 390103
[Messori]

MISSONI BY T&J VESTOR
Via Roma 71/B
21012 Golasecca (VA)
Tel. 0331 958101 - Fax 0331 959011
[Missoni]

MOBILUX s.n.c.
Contrada Ancaiano 12
62029 Tolentino (MC)
Tel. e Fax 0733 971843
[Pollini Milano, Pollini Ravenna]

GUALTIERO MOCENNI
Via Carlo Antonio Carlone 3
20147 Milano
Tel. 02 40071019
[Nadine]

MODAR s.r.l.
Via Luigi Magretti 30
20037 Paderno Dugnano (MI)
Tel. 02 9104532 - Fax 02 9106494
[Max & Co.]

MODULAR
Rumbeeksesteenweg 258/260
8800 Roeselare (B)
Tel. 0032 51 226856 - Fax 0032 51 228004
Ufficio di rappresentanza
Via Bazzoni 5
34124 Trieste
Tel. 040 307176 - Fax 040 3221994
[Alessi, Minù, Nadine, Wolford]

MOLTENI ELETTRICA IMPIANTI
Via Matteotti 1/3
22066 Mariano Comense (CO)
Tel. 031 745185
[Gioielleria Luca Cazzaniga]

MORANO & MORANO s.n.c.
Via Arno 22
52100 Arezzo
Tel. e Fax 0575 900897
[Prestige Annamaria Polci]

GIANCARLO NANNI & C. s.n.c.
Via Bizzarri 1/A-B
40012 Calderara di Reno (BO)
Tel. 051 728832 - Fax 051 727063
[Modusvivendi]

NECCHI MODULARE MUSICA s.r.l.
Via Luigi Einaudi 8
15100 Alessandria
Tel. 0131 246914 - Fax 0131 246918
[Mel Bookstore]

NEGRI ILLUMINAZIONE s.r.l.
Via Valassina 52
20035 Lissone (MI)
Tel. 039 794773 - Fax 039 793925
[Allison Travel]

NORD LIGHT s.p.a.
S.S. Aretina Km 13.500 29/N
50069 Le Sieci (FI)
Tel. 055 8309912 - Fax 055 8328369
[Le Noir]

NSI CONSTRUCTION
Nikolai Grinchenko 4
252038 Kiev (UA)
Tel. 0038 044 2683343 - Fax 0038 044 2692902
[Monte Napoleone]

NUOVA MIZAR
Via Guido Rossa 14
31059 Zero Branco (TV)
Tel. 0422 4866 - Fax 0422 486710
[Gianni Versace]

NUOVA POLINEON di Pietrobono & Gasparri
s.n.c.
Via del Trullo 122/D
00148 Roma
Tel. 06 6572643 - Fax 06 6530983
[Mel Bookstore]

NUOVA TECNONEON s.n.c.
Via Bruno Buozzi 1/F
20090 Pieve Emanuele (MI)
Tel. e Fax 02 90725191
[Upim]

O.M.C. s.r.l.
Via Copernico 29/31
63030 Acquaviva Picena (AP)
Tel. 0735 583060 - Fax 0735 583061
[Esa Boutique]

OFFICINA MECCANICA FACISE
Via Tosca Fiesoli 89
50013 Campi Bisenzio (FI)
Tel. e Fax 055 8952106
[Les Griffes, Linea Elle]

OFFICINA MOSSO di Paolo Mosso
Via Torino 81
17024 Finale Ligure (SV)
Tel. 019 694035/0347 0855588
[H. Baum]

ORLANDI s.r.l.
Via San Damiano 3
20122 Milano
Tel. 02 7621161 - Fax 02 76211641
[Nespresso Club]

OSRAM s.p.a.
Via Savona 105
20144 Milano
Tel. 02 42491 - Fax 02 4249380
[Bulgari Milano, Bulgari Napoli, H. Baum, Le Noir, Maximilian, Mel Bookstore, Gianni Versace]

PALMIERI & C. di Vera Veri s.a.s.
Via Monte Leoni 12
58100 Grosseto
Tel. 0564 455057 - Fax 0564 451049
[Les Griffes]

EZIO PAPINI
Via Traiello 3
22050 Valgreghentino (LC)
Tel. e Fax 0341 604180
[Allison Travel]

PARIFUR INTERNATIONAL s.r.l.
Via Taccioli 27
20161 Milano
Tel. 02 66222880 - Fax 02 66221035
[Upim]

LUIGI PASOLINI s.p.a.
Via Di Vittorio 12
25030 Castel Nella (BS)

Tel. 030 2583122 - Fax 030 2780581
[Upim]

PAVISYSTEM di Giampiero Perozzi
Via Roma 348/D
64014 Martinsicuro (TE)
Tel. 0861 796499 - Fax 0861 761999
[Esa Boutique]

GIORGIO PELLEGRINI
Via Monterosa 62
58100 Grosseto
Tel. 0564 456399 - Fax 0564 455628
[Les Griffes]

PERAZZOLI MARMI s.n.c.
Via Val Tiberina 21
63037 Porto d'Ascoli (AP)
Tel. 0735 659131 - Fax 0735 751166
[Esa Boutique]

PHILIPS s.p.a.
Piazza IV Novembre 3
20124 Milano
Tel. 02 67521 - Fax 02 67522165
[Bulgari Milano, Bulgari Napoli, Modusvivendi]

PHILIPS LIGHTING s.r.l.
Via G. Casati 23
20052 Monza (MI)
Tel. 039 2031 - Fax 039 2036119
[Castellani, Kwesto, Upim, Zucchini Viaprimomaggio]

PIAROTTO COMPENSATI
Viale della Repubblica 242
31100 Treviso
Tel. 0422 420300 - Fax 0422 308475
[Tsw.it Progetti di Rete]

PINI IMPIANTI
Via Fratelli Rosselli 94
50049 Vaiano (FI)
Tel. e Fax 0574 987187
[Castellani]

OSCAR PIRAZZOLI
Via Bedeschi 33
48012 Bagnacavallo (RA)
Tel. 0545 61040 - Fax 0545 63922
[Pollini Ravenna]

GIAMPIERO PISTOIA
Via Sicilia 6
90144 Palermo
Tel. 091 6259192
[Modusvivendi]

PITTURA FRESCA di Alessandro & Cooper Torricelli
Via Gobetti 16
47026 San Piero in Bagno (FO)
Tel. 0543 917982
[Vaniglia]

PLEXIFORM ILLUMINAZIONE
Via Antonio Gramsci 45
20032 Cormano (MI)
Tel. 02 66300740 - Fax 02 66300518
[Linea Elle]

POLTRONA FRAU s.p.a.
S.S. 77 Km 74.5
62029 Tolentino (MC)
Tel. 0733 9091 - Fax 0733 971600
[Nadine]

PRISMA s.r.l.
Viale Stazione 27
39042 Bressanone (BZ)
Tel. 0472 802414 - Fax 0472 832188
[Maximilian]

PROMO SECURITY s.r.l.
Via G. Di Vittorio 159
20090 Sesto San Giovanni (MI)
Tel. 02 26221198 - Fax 02 26227303
[Gianni Versace]

DOMENICO PRONO
Via Gramsci 60
30035 Mirano (VE)
Tel. e Fax 041 4355492
[Nadine]

PSM s.r.l.
Via Bombelti 12
33040 Premariacco (UD)
Tel. 0432 716331 - Fax 0432 716345
[Bulgari Milano, Bulgari Napoli]

PUNTO E LEGNO s.r.l.
Via Fratelli Bandiera 13
20061 Carugate (MI)
Tel. 02 92151569 - Fax 02 92151572
[Castellani]

QUARELLA s.p.a.
Via Francia 4
37135 Verona
Tel. 045 8290600 - Fax 045 8205151
[Monte Napoleone]

GIUSEPPE QUERCIA
Via Carso 6
59100 Prato
Tel. e Fax 0574 662042
[Messori]

R.S. DUE di Vincenzi e Valentini s.n.c.
Via del Salice 30
47822 Santarcangelo di Romagna (RN)
Tel. e Fax 0541 624974
[Foto Peppo]

REGGIANI
Via di Cipriani 1/A
50047 Prato
Tel. 0574 635909 - Fax 0574 636512
[Linea Elle]

RENATO TESSUTI s.r.l.
Corso Italia 207
52100 Arezzo
Tel. e Fax 0575 23609
[Prestige Annamaria Polci]

RESPEDIL s.r.l.
Via Ponzetti 13
20050 Morengo (BG)
Tel. 0363 958044 - Fax 0363 958045
[Nadine]

RESTAURI FORMICA
Via Solari 11
20144 Milano
Tel. 02 89402021 - Fax 02 89401419
[Baseblu]

REX CERAMICHE ARTISTICHE s.p.a.
Via Canaletto 24
41042 Fiorano (MO)
Tel. 0536 840911 - Fax 0536 840999
[Foto Peppo]

RICORDI s.r.l.
Via Sile 37
31033 Castelfranco Veneto (TV)
Tel. 0423 722533 - Fax 0423 722513
[Maximilian]

CARLOTTA RIVIZZIGNO
Corso della Repubblica 19
47100 Forlì
Tel. 0543 34316 - Fax 0543 34725
[Vaniglia]

THOMAS ROBERTS
Via Panfilo Castaldi 10
20124 Milano
Tel. 02 29402865
[Via Spiga]

MORGAN ROSSI
Via Alcide De Gasperi 17
24040 Bottanuco (BG)
Tel. e Fax 035 907449
[Allison Travel]

ROYAL MEDICA s.r.l.
Via Marconi 29
35010 S. Pietro in Gu (PD)
Tel. 049 9455110 - Fax 049 9455100
[Tsw.it Progetti di Rete]

LORENZO RUBELLI s.p.a.
San Marco 3877
30124 Venezia
Tel. 041 5216411 - Fax 041 5225557
[Gianfranco Ferrè Studio]

RUCKSTUHL ITALIA
Via Cerva 23
20122 Milano
Tel. 02 76009294 - Fax 02 76009282
[Boss, Julian]

S.A.B.A.H. s.p.a.
Palazzo E/3 Milano Fiori
20090 Assago (MI)
Tel. 02 8259121 - Fax 02 57514105
[Tutto Wind]

S.G.S. di Massimo Spagnoli s.n.c.
Via Costanzo II 8
47100 Forlì
Tel. e Fax 0543 720523
[Vaniglia]

S.M.E. di Maurizio Scotti
Via Marconi 17
21020 Bardello (VA)
Tel. e Fax 0332 730747
[Baseblu]

SACIF s.r.l.
Via Ferruccio Parri 5
47039 Savignano sul Rubicone (FO)
Tel. 0541 944313 - Fax 0541 944746
[Messori]

SAFA ARREDAMENTI s.n.c.
Via Nobili 7
61032 Rosciano di Fano (PS)
Tel. 0721 864127 - Fax 0721 864595
[Pollini Milano, Pollini Ravenna]

SAFETYGLASS s.r.l.
Via Del Mella 11/L
25131 Fornaci (BS)
Tel. 030 3582133 - Fax 030 3582153
[Upim]

SAIER di Lucio Pironi
Via Ortles 82
20139 Milano
Tel. 02 57303101 - Fax 02 57303111
[Bulgari Milano]

SAINT GOBAIN
Via Romagnoli 6
20146 Milano
Tel. 02 42431 - Fax 02 474798
[Tsw.it Progetti di Rete]

BRUNO SALA
Via del Chiostro
21026 Gavirate (VA)
Tel. 0332 730276/0339 2709285
[Baseblu]

SANTA CROCE s.p.a.
Via Postumia Est 71
31042 Fagarè (TV)
Tel. 0422 890051 - Fax 0422 890061
[Tsw.it Progetti di Rete]

AMATO SAPIA s.n.c.
Via Jacini 146
20010 Marcallo con Casone (MI)
Tel. e Fax 02 9761827
[Mosaïque]

SE.CU.MA. s.n.c.
Via Landì 12/14
52100 Arezzo
Tel. e Fax 0575 903770
[Prestige Annamaria Polci]

SECCHIAROLI ELETTRONICA s.r.l.
Via Costantinopoli 1
47831 Miramare di Rimini
Tel. 0541 375700 - Fax 0541 377903
[Julian]

GIUSEPPE SECCO
Via Vercelli 11
35142 Padova
Tel. 049 8757626 - Fax 049 8783239
[Minù]

SENSORMATIC s.r.l.
Via Privata Teocrito 54
20128 Milano
Tel. 02 257751 - Fax 02 27000984
[Julian, Upim]

SIAMQUI
Via Giambellino 69/7
20146 Milano
Tel. 02 4236764 - Fax 02 4236789
[Via Spiga]

SIDE s.p.a.
Via Carlo Cattaneo 90
20035 Lissone (MI)
Tel. 039 2459240 - Fax 039 2459338
[Les Griffes, Linea Elle]

SIKA SA
Rue Pierre Dupont 167
1140 Bruxelles (B)
Tel. 0032 2 7261685 - Fax 0032 2 7262809
[Kwesto]

SIKKENS LINVEA s.p.a.
Via Benedetto Croce 9
20090 Cesano Boscone (MI)
Tel. 02 486051 - Fax 02 4474508
[Alessi, Allison Travel, Kwesto, Nespresso Club, Zucchini Viaprimomaggio]

SILMAR FOTOSTUDIO di Luciano Pergreffi
Via Giosuè Carducci 36
41012 Carpi (MO)
Tel. e Fax 059 651127
[Tutto Wind]

GINO SIMONETTO s.n.c.
Via Leonardo da Vinci 3
35020 Casalserugo (PD)
Tel. 049 643026 - Fax 049 8740399
[Minù]

SITAB
Distributore: T.R.A. s.r.l.
Via Cadore 102
20038 Seregno (MI)
Tel. 0362 220956/7 - Fax 0362 325915
[Pomellato Montecarlo, Pomellato Singapore]

STANDAERT
Witte Leertouwers Straat 48
8100 Bruges (B)

Tel. 0032 50 332732 - Fax 0032 50 330742
[Kwesto]

STUDIO ATTO
Via Mantegna 7
20154 Milano
Tel. e Fax 02 33602911
[Nadine]

STUDIO COSTEL s.r.l.
Via Bizzozero 5
43100 Parma
Tel. 0521 960640 - Fax 0521 256981
[Gianni Versace]

STUDIO DALL'ORTO
Via Gilberto Da Gente 7
43100 Parma
Tel. 0521 944619 - Fax 0521 948108
[Gianni Versace]

STUDIO LUCE
Via Villamagna 7/9
50126 Firenze
Tel. 055 680792 - Fax 055 684985
[Linea Elle]

STUDIO POLLICE
Via Nicolò Machiavelli 34
20145 Milano
Tel. 02 48512993 - Fax 02 48003660
[Alessi, Via Spiga]

STUDIO TECNICO MARCHIONNI
Via Norma Tratelli 2
58022 Follonica (GR)
Tel. 0566 43272 - Fax 0566 48958
[Les Griffes]

STUDIO TERMOTECNICI ASSOCIATI
Via Che Guevara 4
42100 Reggio Emilia
Tel. 0522 323270 - Fax 0522 293659
[Max & Co.]

SUPER SKIN
Via Marco D'Oggiono 4
20123 Milano
Tel. 02 8373925 - Fax 02 89401511
[Nadine]

T.EL.AL. di Francesco Ventricelli & C. s.n.c.
Via XXV Aprile 4
20098 San Giuliano Milanese (MI)
Tel. e Fax 02 98490879
[Mosaïque]

MARIO TAGLIAFERRI
Via Briolini 13
24021 Albino (BG)
Tel. e Fax 035 3453383
[Allison Travel]

TARGETTI SANKEY s.p.a.
Via Pratese 164
50145 Firenze
Tel. 055 37911 - Fax 055 3791266
[Allison Travel, Dany & Co., Kwesto, Mel Bookstore, Messori, Modusvivendi]

TECNICEM s.r.l.
Via Sbodio 16
20134 Milano
Tel. 02 26413207 - Fax 02 2150466
[Plus]

TECNITEL IMPIANTI
Viale Milano 151
26900 Lodi
Tel. 0371 417162 - Fax 0371 417775
[Mosaïque]

TECNO AIR dei Fratelli Bindo s.r.l.
Via Giuseppe Mirri 6
00159 Roma
Tel. 06 4394078 - Fax 06 4386348
[Bulgari Milano, Bulgari Napoli]

TECNOCONFORT s.r.l.
Via Pilata 46
23887 Olgiate Molgora (LC)
Tel. 039 9910160 - Fax 039 9910700
[Upim]

TECNOFER s.r.l.
Strada del Gerbido 27
10095 Grugliasco (TO)
Tel. 011 781337 - Fax 011 7800239
[Pollini Milano]

TECNOLEGNO ALLESTIMENTI s.r.l.
Via Santa Maria del Rosario 5/7
20032 Cormano (MI)
Tel. 02 6151212 - Fax 02 6150414
[Nespresso Club]

TEKNO-LIT s.r.l.
Via Martorello 1
25014 Castenedolo (BS)
Tel. 030 2130328 - Fax 030 2130456
[Tutto Wind]

TERMOCOND s.n.c.
Via della Braida 3
20100 Milano
Tel. 02 55182035 - Fax 02 55180184
[Pollini Milano]

TERMOSAN s.n.c.
Via Castello 13
20040 Colnago di Cornate d'Adda (MI)
Tel. e Fax 039 695078
[Allison Travel]

A. TESTONI s.p.a.
Piazza XX Settembre 1
40121 Bologna
Tel. 051 249043 - Fax 051 246740
[A. Testoni]

RINO TIEPOLO
Via Montagnon 110
35038 Torreglia (PD)
Tel. 049 5211002 - Fax 049 5211372
[Minù]

TISETTANTA UNITEC s.p.a.
Via Furlanelli 96
20034 Giussano (MI)
Tel. 0362 3191 - Fax 0362 319300
[Allison Travel]

FABIUS TITA
Corso Garibaldi 11
20121 Milano
Tel. e Fax 02 86464758
[Dany & Co.]

TOMEI
Via Matteotti 87
55049 Viareggio (LU)
Tel. e Fax 0584 962071
[Gianni Versace]

TOURNEROCHE s.a.r.l.
Rue du Sergent Bobillot 30
92000 Nanterre (F)
Tel. 0033 1 47217964 - Fax 0033 1 47255074
[A. Testoni]

TRONCONI s.a.s.
Via Bernini 5/7
20094 Corsico (MI)
Tel. 02 45867089 - Fax 02 4585011
[Modusvivendi]

TRS di Tavagna s.a.s.
Via Baite 12
31046 Oderzo (TV)
Tel. e Fax 0422 717788
[Missoni]

TWIN s.r.l.
Via Conservatorio 22
20122 Milano
Tel. 02 77291 - Fax 02 7729456
[Gioielleria Luca Cazzaniga]

UNICRAFT s.r.l.
Via Roma 53
31044 Montebelluna (TV)
Tel. 0423 601566 - Fax 0423 24060
[Missoni]

UNITED COLORS dei F.lli Forgione
Via Bartolomeo Colleoni 67
63039 San Benedetto del Tronto (AP)
Tel. 0735 650266 - Fax 0735 563770
[Esa Boutique]

USHIO SPAX Inc.
2-43-15 - 3rd Floor Yamazaki Bld.
151-0063 Tokyo (J)
Tel. 0081 3 54787411
[Unoaerre]

VALE di Valeriano Sisti & C. s.a.s.
Via Amendola 12
20015 Parabiago (MI)
Tel. e Fax 0331 555470
[Mosaïque]

VALLA TENDE
Via I Maggio 16/18
40050 Quarto Inferiore (BO)
Tel. 051 768142 - Fax 051 767576
[Le Noir]

LUC VANHOVE
Krawattenstraat 32
3470 Kortenaken (B)
Tel. e Fax 0032 11 582163
[Kwesto]

VE. CO COSTRUZIONI di Giuseppe Veronese
Via Togliatti 12
22066 Mariano Comense (CO)
Tel. e Fax 031 747707
[Gioielleria Luca Cazzaniga]

VE.BA CENTRO SERVIZI s.r.l.
Z.I. Ovest
06083 Bastia Umbra (PG)
Tel. e Fax 075 8011203
[Branda]

GIUSEPPE VEDOVELLI
Prà Milland 2/A
39042 Bressanone (BZ)
Tel. 0472 801410
[Maximilian]

VENEROM s.n.c.
Via Silvio Pellico 13
47100 Forlì
Tel. e Fax 0543 24074
[Julian]

VENINI s.p.a.
Fondamenta Vetrai 50
30141 Murano (VE)
Tel. 041 739955 - Fax 041 739369
[Prestige Annamaria Polci]

VENTURELLI ARTE E LUCE di Flavio Venturelli
Corso Garibaldi 4/A
48018 Faenza (RA)
Tel. 0546 22666 - Fax 0546 688665
[Vaniglia]

VERNICI LALAC s.p.a.
Via Frua 26
20146 Milano
Tel. 02 4986951 - Fax 02 4989032
[Pomellato Singapore]

VETRERIA CORTICELLA E FELSINEA s.r.l.
Via del Carrozzaio 6
40138 Bologna
Tel. 051 530105 - Fax 051 535640
[Pollini Milano]

VETRERIA DE GUIDI
Via Avesani 12
37135 Verona
Tel. 045 8069169 - Fax 045 8069137
[Pollini Milano]

VETRERIA SILVANO EVANGELISTI
Via Novella 21
47811 Viserba di Rimini (RN)
Tel. 0541 738543 - Fax 0541 733814
[Foto Peppo]

VETRERIA MISA s.n.c.
Via Veronese 36
60019 Cesanella di Senigallia (AN)
Tel. 071 6608232 - Fax 071 668013
[Pollini Milano]

VETRERIA MODERNA
Via Adda 21
52100 Arezzo
Tel. 0575 910737 - Fax 0575 901123
[Zucchini Viaprimomaggio]

VETRERIA MODERNA s.n.c.
Via Molinero 7/R
17100 Savona
Tel. 019 862799 - Fax 019 861886
[H. Baum]

VETRERIA S.A.V.A.S. s.p.a.
Z.I. Trieste
52037 San Sepolcro (AR)
Tel. 0575 733341 - Fax 0575 736262
[Prestige Annamaria Polci]

VETRERIA SPADAZZI
Via Amendola 22
47039 Savignano sul Rubicone (FO)
Tel. 0541 941361 - Fax 0541 942418
[Messori]

VETRO A
Via Taormina 9
21052 Busto Arsizio (VA)
Tel. 0331 624198 - Fax 0331 320611
[Via Spiga]

VIA BIZZUNO s.r.l.
Via delle Fosse Ardeatine 8
40061 Minerbio (BO)
Tel. 051 6606294 - Fax 051 6606197
[Allison Travel, Julian, Maximilian, Monte Napoleone, Pollini Milano, Pollini Ravenna, A. Testoni, Tutto Wind, Vaniglia]

ADAMO VIGIANI & C. s.n.c.
Via Case Nuove di Ceciliano 50/A
52100 Arezzo
Tel. e Fax 0575 310268
[Prestige Annamaria Polci]

PIETRO VIPERINO
Via Giordano Bruno 36
41012 Carpi (MO)
Tel. e Fax 059 652084
[Tutto Wind]

VISMARA VETRO s.r.l.
Via Cavour 143
20034 Giussano (MI)

Tel. 0362 852361 - Fax 0362 852535
[Gioielleria Luca Cazzaniga]

VORWERK
Distributore: Eurocarpet & C. s.n.c.
Via Volturno 84/86
25126 Brescia
Tel. 030 322241 - Fax 030 2410924
[Vaniglia]

ZARDINI
Via Brite De Val 2
32043 Cortina d'Ampezzo (BL)
Tel. 0436 864650 - Fax 0436 868168
[Le Noir]

ZONCA s.p.a.
Via Lomellina 145
27058 Voghera (PV)
Tel. 0383 48441 - Fax 0383 647336
[Nadine, Upim, Wolford]

ZUMTOBEL ITALIANA s.r.l.
Via G. B. Pirelli 26
20124 Milano
Tel. 02 667451 - Fax 02 66745777
[Alessi, Prestige Annamaria Polci, Tutto Wind, Via Spiga]

PROGETTISTI
DESIGNERS

ARTECO: vedi **Ernesto Rocchi, Cesare Trentin - Arteco**

ATELIER MENDINI
Via Sannio 24 - 20137 Milano - Tel. 02 55185185/02 55185255 - Fax 02 59900974

Alessandro Mendini, architetto, è nato a Milano nel 1931. Ha diretto le riviste Casabella, Modo e Domus. Sul suo lavoro e su quello compiuto dall'Atelier Mendini sono uscite numerose monografie in varie lingue. Interessato specialmente al design neo-moderno e contemporaneo realizza oggetti, mobili, ambienti, installazioni. Collabora con varie industrie e compagnie internazionali come Alessi, Philips, Swarovski, Swatch per l'impostazione dei loro problemi d'immagine e di design. È membro onorario della Bazalel Academy of Arts and Design di Gerusalemme, gli sono stati attribuiti il Compasso d'Oro per il design e l'onorificenza dell'Architectural League di New York. È "Chevalier des Arts et des Lettres" in Francia. Suoi lavori si trovano in vari musei e collezioni private. Nel 1989 ha aperto, con il fratello Francesco, l'Atelier Mendini a Milano, progettando la casa Alessi e il Forum-Museum a Omegna (NO), il Teatrino della Bicchieraia ad Arezzo, una torre a Hiroshima, il Museo Groningen in Olanda, il Casino Arosa in Svizzera e altri edifici in Europa. Francesco Mendini, architetto, è nato a Milano nel 1939. Inizia l'attività alla Nizzoli Associati con progetti d'architettura, tra i quali i quartieri, i nuovi uffici e il centro sociale per l'Italsider a Taranto e altri complessi in Europa e in Africa. La sua attività si concentra poi anche nel campo dell'industrializzazione e dell'ingegneria delle costruzioni. È consulente di vari istituti di ricerca edilizia e del CNR e nell'Atelier è responsabile specialmente dei lavori di architettura e allestimento, occupandosi in particolare dello sviluppo dei negozi Swatch nel mondo. L'Atelier Mendini a Milano è formato da circa venticinque architetti, grafici e designer e ha attivato la "Piccola Scuola" sperimentale per l'attività di ricerca nel campo del progetto.

PAOLO BADESCO: vedi **Paolo Badesco Interior Design - Paolo Badesco, Rosanna Carrea, Marco Morselli**

PAOLO BADESCO INTERIOR DESIGN - PAOLO BADESCO, ROSANNA CARREA, MARCO MORSELLI
Via Francesco Domenico Guerrazzi 1 - 20145 Milano - Tel. 02 3494901 - Fax 02 33604494

Paolo Badesco apre il proprio studio a Milano nel 1990. Inizia l'attività dedicandosi all'ideazione di *corner* di vendita e negozi monomarca nell'ambito della profumeria e della cosmesi naturale. Consolida negli anni rapporti di collaborazione con vari gruppi di architetti ampliando il proprio campo operativo alle ristrutturazioni e all'arredamento d'interni a destinazione abitativa e commerciale. All'interno del *team* una precisa suddivisione dei ruoli e una scrupolosa attenzione per il dettaglio consentono di spaziare da progettazioni più tradizionali a esperienze più innovative legate al mondo della moda. Tra i lavori più significativi la realizzazione della nuova sede di rappresentanza di L'Erbolario a Lodi, azienda leader del settore erboristico italiano. Lo studio è attualmente impegnato nella progettazione d'interni di ville e abitazioni per clienti privati e continua la consulenza per L'Erbolario attraverso la realizzazione di punti vendita esclusivi.

CRISTIANO BONI, JAMES UDOM, SERGIO GIORDANO - BUG ARCHITECTS
Via Cassia 5/R 11 - 50143 Firenze - Tel. 055 3245674 - Fax 055 3246710 - bugarch@tin.it

BUG Architects nasce nel 1995 dopo una stretta e prolungata collaborazione dei tre architetti avviata all'inizio degli anni Novanta. Tutti i componenti di BUG Architects si sono laureati in architettura a Firenze dove vivono e lavorano. Ciascuno proviene da una ricca esperienza professionale sia in proprio sia in collaborazione con altri studi di progettazione, soprattutto nel campo dell'*interior design*. Lo studio dedica particolare attenzione alla progettazione contemporanea e all'evoluzione dei materiali. La sua composizione internazionale fa sì che si avvalga spesso della collaborazione di architetti di scuole internazionali di passaggio a Firenze in una ricerca continua d'approfondimento e scambio d'idee sulle nuove tendenze architettoniche. Infatti l'architettura per BUG Architects è *Art sans frontières* e come tale è riprodotta, adottando forme di chiaro riferimento internazionale. Lo studio opera prevalentemente in Italia occupandosi di ristrutturazione d'interni, quali alberghi e appartamenti, della progettazione di negozi, *showroom*, stand e di design industriale in genere. Non mancano comunque esperienze di progettazione anche a livello internazionale, sia in Europa sia in Africa.

ANDREA BRICI
Via Marecchiese 248 - 47900 Rimini - Tel. e Fax 0541 728224

Nasce a Rimini nel 1966. Membro A.I.P.I. (Associazione Italiana Progettisti in architettura d'Interni). Dopo aver completato gli studi presso l'Accademia Cappiello di Firenze collabora con diversi studi di progettazione e design. Nel 1989 progetta e realizza un proprio *show-room* di arredamento. Dal 1992 si occupa di architettura d'interni svolgendo l'attività professionale nel proprio studio di Rimini. Si dedica alla ristrutturazione e progettazione di edifici residenziali, negozi, ville, bar e uffici, interessandosi particolarmente a problematiche legate alla bioarchitettura. Dal 1994 svolge inoltre attività didattica in corsi professionali indirizzati all'arredamento e alla progettazione d'interni.

BUG ARCHITECTS: vedi **Cristiano Boni, James Udom, Sergio Giordano - BUG Architects**

CAPPELLI & ASSOCIATI: vedi **Enrico Cappelli, Paolo Garrisi - Cappelli & Associati**

ENRICO CAPPELLI, PAOLO GARRISI - CAPPELLI & ASSOCIATI
Via San Vito 2 - 50124 Firenze - Tel. 055 221724 - Fax 055 224749 - studioass@tin.it

Nasce a Bibbiena (AR) nel 1941. Si laurea in architettura a Firenze, dove vive e lavora. Dal 1966 al 1969 si occupa della direzione artistica della società d'arredamento Ardeco, dal 1972 al 1977 di quella della Unimarket (moduli arredamento negozi). Socio fondatore dello Studio Tecnico Unidesign (1978/1984) e direttore artistico di Intermezzo (1982/1984) si occupa da tempo della ristrutturazione e dell'allestimento di negozi e punti vendita della grande distribuzione. Libero professionista, titolare della Cappelli & Associati, è stato incaricato delle lezioni di Architettura d'Interni nel corso di Coordinatore d'immagine per la distribuzione commerciale, istituto nel 1986/87 presso l'Accademia di Belle Arti di Brera. Socio fondatore dell'associazione Pianoforte, per lo studio e la promozione delle politiche dei tempi della città, ne presiede la commissione permanente del commercio. Nel 1996 fa parte del gruppo di pilotaggio EURECXTER con il quale organizza una scuola europea, presso il Politecnico di Milano, per la formazione di dirigenti in politiche pubbliche. È responsabile per il corso 1997/98 del modulo di formazione Politiche del commercio.
Paolo Garrisi nasce a Firenze nel 1959, matura le sue prime esperienze lavorative nel campo della grafica editoriale; si laurea in architettura presso l'Università di Firenze. Nel 1986 entra a far parte, come libero professionista, della Cappelli & Associati di cui diventa socio effettivo nel 1987, collaborando alla ristrutturazione e all'allestimento di qualificati spazi commerciali e dedicandosi alla progettazione di corpi illuminanti per la produzione industriale. Tra le più recenti realizzazioni dello studio si ricordano: il centro commerciale integrato IPER Nord Est a Ferrara (1996/1997), i negozi Caractère di Milano e Parigi per il gruppo Miroglio GVB (1997), la ristrutturazione industriale della L.U.C.A. spa di Vimodrone (MI) (1998).

LEONARDO CAPPUCCILLI
Via Donato Dossi 36 - 20040 Cornate d'Adda (MI) - Tel. e Fax 039 692411

Nasce a Lissone (MI) nel 1958 e consegue nel 1977 il diploma di tecnico dell'industria del mobile e dell'arredamento presso l'IPSIA di Lissone. Svolge attività di progettazione prevalentemente nel campo del design e dell'arredamento d'abitazioni e negozi. Dal 1997 collabora con lo studio dell'architetto Gianpiero Nava alla realizzazione di ville private e di spazi commerciali, curando gli aspetti fondamentali del dettaglio e dell'uso dei materiali.

LORENZO CARMELLINI: vedi **vedi Spatium - Lorenzo Carmellini e Rocco Magnoli**

ROBERTO CARPANI, GIULIO MASONI E ARMANDA TASSO ARCHITETTI
Via Giuseppe Mazzini 58 - 15100 Alessandria - Tel. 0131 235648 - Fax 0131 251159 - cmt.arch@iol.it

Roberto Carpani nasce ad Alessandria nel 1947. Si laurea in architettura presso il Politecnico di Milano nel 1971. Ha svolto attività professionale presso la Cooperativa di Progettazione G1 di Novara e attività accademica presso la Facoltà d'Architettura del Politecnico di Torino. Ha partecipato alle seguenti pubblicazioni: *Cultura dell'architettura e cultura della città nel Rinascimento*, Milano 1980; *Rappresentazione dell'ambiente urbano dal Theatrum Sabaudiae al Piano Napoleonico del 1802*, Cuneo 1980; *Il Cappellificio Borsalino e F.llo S.A. di Alessandria*, Roma 1981.
Giulio Masoni nasce a Piombino (LI) nel 1947. Si laurea in architettura presso il Politecnico di Milano nel 1976. Collabora con il maestro Eugenio Carmi alla realizzazione di opere grafico-audiovisive per Pirelli, Italsider, Università di Bologna, RAI. È stato consulente tecnico presso il Comune di Gavi Ligure per la revisione del PRG. Ha effettuato la schedatura dei Beni Storico Architettonici per conto della Soprintendenza di Torino. Dal 1997 è abilitato a ricoprire la figura di Coordinatore per la Sicurezza.
Armanda Tasso nasce ad Alessandria nel 1950. Si laurea in architettura presso il Politecnico

di Milano nel 1975. Ha svolto attività progettuale presso la Cooperativa di progettazione G1 di Novara e attività accademica presso la Facoltà di Architettura del Politecnico di Milano. È stata ricercatrice presso il Politecnico CVUT di Praga e membro del Consiglio di Amministrazione dello I.A.C.P. di Alessandria. Dal 1997 è abilitata a ricoprire la figura di Coordinatore per la Sicurezza.

Lo studio Roberto Carpani, Giulio Masoni e Armanda Tasso Architetti si è costituito nel 1982 e ha subito trasformazioni nel tempo avvalendosi della collaborazione di diversi professionisti. Attualmente operano all'interno dello studio: gli architetti Roberta Buso, nello staff dal 1986, Carlotta Damiano, Gian Luca Frigerio e Sergio Balbi, Stefano Vitiello diplomato all'Istituto Europeo di Design di Milano, il geometra Ottorino Trimboli e Adele Passaniti.

ROSANNA CARREA: vedi Paolo Badesco Interior Design - Paolo Badesco, Rosanna Carrea, Marco Morselli

PAOLO CERMASI E ASSOCIATI

Via Avesella 1 - 40121 Bologna - Tel. e Fax 051 220942 - cermasi@mbox.queen.it

Paolo Cermasi nasce a Bologna nel 1951. Si laurea con lode e dignità di stampa alla Facoltà di Architettura di Firenze nel 1976. Dal 1977 al 1984 svolge attività didattica e di ricerca presso la cattedra di Architettura degli interni e Arredamento del professor Leonardo Savioli e successivamente con i professori Galli e Natalini. Partecipa, come collaboratore o capogruppo, a concorsi internazionali di architettura e a ricerche promosse dal C.N.R. sul riuso dei grandi contenitori nei centri storici in Italia e all'estero, pubblicati presso editrici universitarie e sulla stampa di settore. Dopo alcuni anni dedicati a progetti edilizi e di restauro (Convento dei Santi Leonardo e Orsola per l'Amministrazione Comunale di Bologna; aree a verde e *landscaping* "Quatif Housing Project" in Arabia Saudita per Grandi Lavori; Nuovo Centro di calcolo nazionale a San Miniato per il Monte dei Paschi di Siena) concentra l'attività del proprio studio sull'ideazione di *concept* d'immagine coordinata e di *corporate identity*, con particolare interesse per il settore moda, prestando anche tutti i servizi necessari alla realizzazione delle boutique, con direzione dei lavori e gestione degli appalti in location internazionali (Europa, Asia, Americhe e Australia). In tale ambito si ricordano: gli Uffici di rappresentanza dell'Istituto Mobiliare Italiano a Palazzo Bonaparte, Roma; il progetto guida per le Agenzie passeggeri Alitalia nel mondo; lo *store concept* per le boutique dei Gruppi La Perla, Redwall Italia, Mariella Burani, Gianfranco Ferrè Studio, Mandarina Duck, Borgofiori e Hara Fashion Co. a Seoul in Corea; lo *store design concept* per i negozi Tim Il telefonino, concorso su invito; la *corporate identity* per gli uffici direzionali provinciali delle Assicurazioni Generali di Trieste a Bologna.

PIERLUIGI CERRI: vedi Gregotti Associati - Pierluigi Cerri

MARCO CLAUDI - MILANO LAYOUT

Via Morimondo 2/2 - 20143 Milano - Tel. 02 89126140 - Fax 02 89127093 - claudi@milanolayout.it

Nasce a Camerino (MC) nel 1955 e si laurea in architettura a Milano. Inizia a lavorare presso lo studio di Andrea Branzi occupandosi prevalentemente di design industriale. Nel 1985, insieme ad alcuni colleghi, costituisce lo studio Milano Layout in grado d'affrontare e risolvere tutte le problematiche legate alla progettazione architettonica: progettazione edilizia, ristrutturazione, arredamento, design industriale e grafica. Attualmente lo studio vanta una consistente esperienza nel campo della progettazione di punti vendita svolgendo attività di consulenza per alcune tra le maggiori aziende italiane ed estere: Mercedes Benz Italia (auto/moda), Kawasaki, Nespresso Italia e Pirelli Pneumatici (industria), eyeshop.com e Grand Vision (ottica), Benetton, Esprit, Hugo Boss e Strenesse Group (moda), Rizzoli (libri).

LEONARDO M. CONTISSA

Via Giacomo Matteotti 43 - 22066 Mariano Comense (CO) - Tel. 031 751285 - Fax 031 747713

Nasce nel 1964 e si laurea in architettura nel 1988 presso il Politecnico di Milano. Svolge attività professionale nel campo dell'edilizia residenziale progettando uffici, edifici commerciali e industriali in Italia e all'estero. Si occupa inoltre di architettura d'interni e arredamento, cura allestimenti fieristici per mostre e manifestazioni culturali. Pur lavorando e operando in diversi settori mantiene costantemente, nei propri interventi progettuali, coerenza stilistica, personalità e creatività che assumono sovente connotazioni originali e innovative.

VINCENZO DE COTIIS

Via Armando Diaz 18 - 24122 Brescia - Tel. e Fax 030 293225

CARLO DONATI

Via Appiani 5 - 20121 Milano - Tel. e Fax 02 29006138 - Via Passione 2 - 20122 Milano - Tel. 02 76022195 - Fax 02 76022746 - carlodonati@virgilio.it

Carlo Donati nasce a Zibello (Parma) nel 1965. Si laurea in architettura al Politecnico di Milano nel 1992. Collabora con lo studio Belgiojoso al progetto di ristrutturazione dei chiostri di Sant'Eustorgio e di Palazzo Reale a Milano. Successivamente lavora per lo studio Gregotti Associati International alla realizzazione dei piani particolareggiati del P.R.G. di Torino e Livorno. Nel 1995 si trasferisce a New York dove, in qualità di consulente responsabile per l'architettura del gruppo Versace, si occupa dei lavori di ristrutturazione di casa Versace e

conduce studi storico-architettonici su palazzo Vanderbilt, sede del negozio sulla Fifth Avenue. Attualmente vive e lavora come progettista a Milano dove ha creato con Adriano Donati e Massimo Avanzini la Farnese s.r.l., società che si occupa della progettazione e realizzazione "chiavi in mano" di negozi, uffici e abitazioni, operando prevalentemente nel settore della ristrutturazione nel centro storico di Milano.

GABRIELA DUPEYRON

Via dei Laghi 20 - 00198 Roma - Tel. 06 85350276 - Fax 06 8552424

Nasce nel 1961 a Buenos Aires, in Argentina, e qui studia presso la locale Facoltà di Architettura e Urbanistica. Si trasferisce a Roma nel 1985 collaborando con alcuni studi di architettura, interessandosi in particolare alla progettazione di spazi urbani (tra i principali interventi quelli per i comuni di Udine e Macerata). Ottiene la laurea italiana in architettura all'Università La Sapienza di Roma nel 1998. Collabora attivamente con lo studio Sclavi nella realizzazione di alcuni negozi Bulgari tra i quali quelli di Gedda (UAE), Venezia, Napoli e Mexico City.

EUROPROGETTI

Via Alessandro Manzoni 57 - 60027 Osimo (AN) - Tel. 071 7109117 - Fax 071 7109118 - europroge@tin.it - www.europrogetti.net

La Europrogetti nasce nel 1993 e in pochi anni raggiunge un livello di primissimo piano nella progettazione e realizzazione d'interni in tutta Europa. All'avanguardia nel servizio del *contract* può contare su tecnici e aziende a essa collegate che realizzano, curando ogni minimo dettaglio, quanto studiato in fase di progettazione.

CARLO FORCOLINI

Via Giannone 9 - 20154 Milano - Tel. e Fax 02 341947 - forcolini@planet.it - www.forcolini.com

Carlo Forcolini nasce a Como nel 1947 e si diploma a Milano all'Accademia di Belle Arti di Brera nel 1969. È stato cofondatore, amministratore delegato e *art director* di Alias e Nemo. Dal 1978 al 1984 è residente a Londra dove fonda l'Alias U.K. e diventa *managing director* di Artemide U.K. Dal 1983 a oggi è stato invitato a manifestazioni internazionali a Madrid, Los Angeles, Londra, Amburgo, Colonia, Bruxelles, Tokyo, Sydney, Santiago del Cile, Toronto. Con Giandomenico Bellotti e Mario Botta partecipa nel 1987 alla mostra "I modi del progetto" al Museo Pignatelli Cortes di Napoli. Nel 1991 il Museo della Permanente di Milano gli dedica la mostra antologica "Immaginare le cose". Nel 1997 la prestigiosa Graham Foundation di Chicago lo invita a illustrare i suoi progetti. Ha tenuto seminari in diverse scuole di design e università. Alcuni suoi lavori sono nelle collezioni di design del Cooper Hewitt Museum di New York, nel Museo di Arti Decorative presso il Louvre di Parigi e nel Museo del Design Italiano presso la Triennale di Milano. Ha disegnato per Amar, Artemide, Alias, Cassina, De Padova, Gervasoni, Joint, Nemo e Pomellato. Ha realizzato con Valentina Onesti i negozi Pomellato di Madrid, Barcellona, Lisbona, Anversa, Montecarlo, Cannes, Mosca, Taipei e Singapore.

MASSIMO FORMENTON: vedi Aldo Parisotto, Massimo Formenton - Studio Parisotto & Formenton

SHAY FRISCH PERI - INDIK

Via Attilio Regolo 27 - 00192 Roma - Tel. 06 3211256 - Fax 06 3211729 - indik@iol.it

Nasce a Tel Aviv nel 1963. Studia Industrial Design all'Accademia Bezalel di Gerusalemme e all'Istituto Europeo di Design di Milano. Successivamente frequenta un *master* alla Domus Academy di Milano. Vince il concorso internazionale "Frogjunior" nel 1990 e trascorre due mesi presso lo studio Frogdesign in Germania. Nel 1991 è direttore artistico della rivista di cultura e arte Stile. È coinventore e progettista di un sistema per la separazione dei liquidi "Mixep", che viene impiegato nei processi di disinquinamento delle acque, nel campo industriale e marino. Nel 1993 fonda con Jacob Amichay lo studio di design Indik, occupandosi della progettazione di prodotti, interni di spazi commerciali, abitazioni e allestimenti di mostre e fiere in Europa, Stati Uniti e in Oriente. Ha collaborato con le seguenti aziende: Anna Molinari Blumarine, Avio Interiors, Cipa Adilux, Cleto Munari, ENEA, Farma 2000, Fendissime, Galleria Borghese, Hydrotech, L'Altra Moda, Minuzzi, Naigai, Rapsel, Siarco, Sestante, Stocky-Docky. Ha partecipato a numerose mostre in Italia e all'estero. Dal 1995 è docente di Product Design presso l'Istituto Europeo di Design di Roma e dal 1997 del corso di specializzazione in Ecodesign presso il centro di formazione per l'artigianato e la piccola impresa ECIPA del Lazio. Vive e lavora a Roma.

PAOLO GARRISI: vedi vedi Enrico Cappelli, Paolo Garrisi - Cappelli & Associati

PAOLA GIGLI

Via Ser Petraccolo 7 - 52100 Arezzo - Tel. e Fax 0575 299080 - Parema@etr.it

Nasce ad Arezzo nel 1957. Si laurea in architettura a Firenze nel 1985. Fin dal 1980 collabora con uno studio professionale associato di Arezzo. Nel 1986 vince il concorso bandito dall'Associazione Italiana di Scienze Regionali, sezione italiana della Regional Science Association, svolgendo un periodo di ricerca presso il Department of Town and Country Planning, University of Newcastle upon Tyne, in Inghilterra. Dal 1986 al 1994 è impegnata nell'attività didattica presso l'Istituto di Ricerca Territoriale e Urbana della Facoltà di Architettura di Firenze. Svolge parallelamente la libera professione, in ambito urbanistico e architettonico, per una committenza sia pubblica sia privata.

SERGIO GIORDANO: vedi Cristiano Boni, James Udom, Sergio Giordano - BUG Architects

DUCCIOMARIA GRASSI
Via Fontanelli 10 - 42100 Reggio Emilia - Tel. 0522 452928/0522 455511 - Fax 0522 453267

Si laurea in ingegneria civile a Bologna. Lavora nel campo dell'architettura e del design. Nel 1983 gli viene affidata l'immagine dei negozi Max Mara e la progettazione dei singoli punti vendita in Italia e all'estero. Successivamente l'incarico viene esteso ai negozi Marina Rinaldi, Max & Co. e Penny Black. Realizza gli studi per l'immagine dei *corner* di diverse collezioni d'abbigliamento (Penny Black e New Penny) e la progettazione di *showroom* e uffici (Max Mara a New York, Parigi, Firenze, Milano; Soprotex a Bruxelles e altri). Si occupa inoltre di negozi multimarca, di ristoranti, di ristrutturazioni e di edilizia residenziale e per uffici.

GREGOTTI ASSOCIATI - PIERLUIGI CERRI
Via Matteo Bandello 20 - 20123 Milano - Tel. 02 4814141 - Fax 02 4814143

Gregotti Associati è una società di progettazione fondata nel 1974. La sua attività si svolge soprattutto nel campo della progettazione architettonica e urbanistica e nei settori del design e del *graphic design*. La struttura organizzativa si avvale della collaborazione di 70 persone. Pierluigi Cerri è architetto socio fondatore della Gregotti Associati e membro dell'Alliance Graphique Internationale. Ha diretto l'immagine della Biennale di Venezia del 1976 e della casa editrice Electa; redattore, dal 1982, di Rassegna e Casabella è responsabile dell'immagine di Palazzo Grassi a Venezia. Consulente per l'immagine di Elemond. Ha collaborato con Lotus International, progettato libri per le più importanti case editrici italiane e curato molte pubblicazioni. È *art director* della collana di testi interattivi su cd-rom Encyclomedia e direttore della collana di *graphic design* Pagina. Ha progettato le navi da crociera Costa Classica, Costa Romantica e Costa Vittoria e ristrutturato Palazzo Marino alla Scala a Milano. Ha curato le nuove boutique Trussardi di Milano e Parigi e realizzato numerosi edifici Prada in Italia e negli Stati Uniti. Ha elaborato la *visual identity* di Italia '90 e Pitti Immagine, cura l'immagine di Unifor, I Guzzini, Ferrari Auto, Pirelli e del nuovo centro culturale al Lingotto di Torino. Ha disegnato oggetti per Unifor, B&B Italia, Poltrona Frau, Candle, Fontana Arte, Fusital e progettato installazioni sceniche per Rai 3. Collabora con Alenia, Merloni, Pirelli e Gruppo Shima Seiki, per i quali progetta sistemi espositivi e allestimenti. Nel 1994 ha ricevuto il premio Award for Good Industrial Design dell'Industrie Forum Design di Hannover e nel 1995 il Compasso d'Oro. Ha partecipato a numerose mostre internazionali di design e architettura. Nel 1998 ha fondato lo Studio Cerri & Associati.

INDIK: vedi Shay Frisch Peri - Indik

CORBETT D. JOHNSON
Via Sansovino 1 - 20133 Milano - Tel. e Fax 02 29518775 - 648 Broadway Suite 200 - 10012 New York - NY (USA) - Tel. 001 212 9959696 - Fax 001 212 3881960

Nasce nel 1960 a St. Boniface (Canada). Dal 1987 è residente in Italia dove lavora nel campo dell'architettura e dell'*industrial design*. Ha completato gli studi di architettura in Canada alla B.C.O.I.T. di Vancouver. Si è perfezionato in Italia seguendo un corso quadriennale presso l'Istituto Europeo di Design di Milano. Ha lavorato per lo studio di Franco Raggi collaborando a diversi progetti di zone residenziali, ospedali, uffici e *industrial design*. Dal 1995 si dedica alla progettazione di spazi commerciali collaborando con aziende tra le più specializzate del settore.

LAVIOLA FASHION
Via Giuseppe Mazzoni 13/R - 50134 Firenze - Tel. e Fax 055 433328

Laviola fashion nasce nel 1993 per volere di Anna Magnavacchi e del marito Saverio Tarchi che, dopo una lunga esperienza maturata nel settore della vetrinistica, decidono di dare vita a uno studio di progettazione dedicato alla realizzazione di allestimenti fieristici. Con lo spazio espositivo creato per la casa di moda maschile Messori, in occasione di Pitti Immagine Uomo a Firenze, il successo è immediato. Nuove commesse da parte di altre aziende del settore impegnano lo studio tanto che i due fondatori, optando per una differente strategia progettuale, valutano la possibilità di dedicarsi alla cura dell'immagine globale di un numero limitato di clienti. A ogni singola azienda, operante in ambiti e in segmenti di mercato distinti, Laviola fashion assicura un prodotto esclusivo, unico e studiato nei minimi dettagli. Nel 1998 entrano a far parte dello studio anche i figli Matteo e Simone Tarchi che, grazie alle loro specializzazioni, instaurano nuove sinergie e imprimono un nuovo impulso all'attività progettuale estesa anche agli arredamenti per negozi e *showroom*. Nascono così gli spazi commerciali per la Messori a Bari, Rimini, Ostia Lido e Londra, lo *showroom* per Andreoli a Firenze, la boutique Rondò della Moda a Roma.

REDO MAGGI
Corso Mazzini 148 - 60121 Ancona - Tel. 071 2072236 - Fax 071 2072235

Redo Maggi si laurea in architettura nel 1985. Fin dai primi anni svolge la propria attività

professionale nel settore industriale dell'abbigliamento occupandosi della progettazione e realizzazione di prestigiose sedi aziendali per marchi di fama mondiale. L'esperienza maturata nel campo della moda lo porta a realizzare importanti boutique monomarca e *showroom* in Italia e all'estero rispondendo a diversificate necessità e problematiche di vendita. Progetta inoltre, per committenti privati, prestigiosi negozi e spazi commerciali a New York, Mosca, Vienna e Dubai. Attualmente si contano più di cinquanta architetture d'interni realizzate nel settore dell'abbigliamento, numerose ristrutturazioni d'abitazioni e restauri di edifici di valore storico-culturale.

ROCCO MAGNOLI: vedi Spatium - Lorenzo Carmellini e Rocco Magnoli

GIULIO MASONI: vedi Roberto Carpani, Giulio Masoni e Armanda Tasso Architetti

GUIDO MATTA, ROBERTO VARASCHIN - STUDIO 5/82
Via Avogari 27 - 31100 Treviso - Tel. e Fax 0422 579837

Guido Matta e Roberto Varaschin, architetti, si laureano all'Istituto Universitario di Venezia nel 1977. Dopo alcuni anni di attività professionale individuale presso studi d'architettura, ingegneria e aziende specializzate, fondano nel 1982 a Treviso lo Studio 5/82. Iscritti all'ordine degli architetti di Bruxelles dal 1987 operano in Belgio, in collaborazione con Ronny Forte e lo Studio 5/82 Bx, nell'ambito della progettazione architettonica, del disegno industriale, del *light design*, del restauro urbano, dell'architettura d'interni e della progettazione di sistemi d'arredo coordinati. Nel 1992 lo studio realizza per Aveda Co. USA i progetti per alcuni *corner* in Europa: a Londra e presso i Coin di Milano, Roma, Firenze e Bologna. Nel 1996 con Paola Piat, Maletti e Royal Medica progetta per Selle Royal un programma di sedute in cui studia e ricerca l'applicazione del gel al prodotto industriale.

ALFREDO MATTESINI
Via XXV Aprile 38 - 52100 Arezzo - Tel. 0575 26580 - Fax 0575 26582

Nasce ad Arezzo nel 1959. Collabora con vari studi di progettazione acquisendo esperienza in vari campi: dall'architettura all'*industrial design*. Nel 1988 apre un proprio studio di progettazione che si occupa prevalentemente di ristrutturazione e architettura d'interni. Successivamente il campo d'intervento si estende alla progettazione di spazi vendita: negozi e stand fieristici in Italia e all'estero. Ha curato l'immagine di AEC Illuminazione e di altre aziende che operano nel campo dell'oreficeria in occasione delle più importanti fiere europee. Nel 1996 partecipa al Trend Shop di Milano; nel 1998 al Compa di Bologna dove realizza una linea per il pubblico ufficio "L'informa giovani" e, insieme al gruppo Del Tongo, "Progetto U.R.P."; ad Abitare il Tempo di Verona presenta "La casa calda, la casa fredda"; partecipa al Mapic 1999 a Cannes. Attualmente lo studio è impegnato nella progettazione e realizzazione di negozi specializzati in vari settori merceologici e nella ristrutturazione di spazi abitativi e commerciali.

MILANO LAYOUT: vedi Marco Claudi - Milano Layout

MARCO MORSELLI: vedi vedi Paolo Badesco Interior Design - Paolo Badesco, Rosanna Carrea, Marco Morselli

FERNANDO C. MOSCA
Via dell'Annunciata 27 - 20121 Milano - Tel. 02 6598550 - Fax 02 6598736 - fmosca@iol.it

Fernando C. Mosca nasce in Argentina nel 1961. Si laurea nel 1986 in architettura all'Università Cattolica di Cordoba iscrivendosi successivamente all'Albo professionale di Madrid. Arriva a Milano nel 1987 e collabora, insieme a un gruppo di architetti, con i più importanti stilisti italiani e internazionali in diversi paesi: Spagna, Germania, Inghilterra, Francia, Svizzera, Portogallo, Usa, Messico, Antille Olandesi, Argentina. Nel 1994 apre il proprio studio proseguendo l'esperienza nel campo della moda. Tra le realizzazioni più importanti: i negozi Gio Moretti, Colombo pelletteria, Genny, i tre punti vendita più recenti per il Gruppo Nadine, gli uffici e lo *showroom* di Jil Sander Italia a Milano, Wolford in Spagna, i negozi Expensive (16 in tutta Italia) per il Gruppo Swish e quelli per Sergio Rossi a Düsseldorf, Hong Kong e Houston. Alle esperienze commerciali si aggiungono, nell'ultimo periodo, progetti di edifici a L'Avana (Cuba), la realizzazione di alcune ville private e interventi di restauro come quello della Chiesa di Sant'Antonio da Padova a Milano. Nel settore delle discoteche e dei locali progetta a Milano l'Hollywood, il Banhoff e l'American Sport Cafè.

GIANPIERO NAVA
Vicolo Ghiaccio 3 - 20056 Trezzo sull'Adda (MI) - Tel. 02 90939915 - Fax 02 92091062

Nasce a Cornate d'Adda (MI) nel 1950 e si laurea in architettura al Politecnico di Milano nel 1976. Collabora in studi d'architettura dal 1973 curando la progettazione edilizia, residenziale e pubblica, affinando la propria sensibilità professionale nella ricerca e uso dei materiali e nella progettazione del dettaglio costruttivo. Dal 1982 al 1995 ha curato l'immagine aziendale della Legrand con la produzione di stand fieristici a Firenze, Napoli, Treviso, al Saie di Bologna e della Vemer con stand all'Intel Fiera Milano. Opera prevalentemente nel campo delle ristrutturazioni e degli arredi d'interni a destinazione abitativa e commerciale. Dal 1988 collabora con gli architetti Silvia Pietta e Diego Toluzzo occupandosi di progettazione residenziale e partecipando a numerosi concorsi pubblici. Dal 1993 consolida rapporti di collaborazione con lo studio Velati Design di Luigi Velati con sede a Osaka e dal 1997 con il designer Leonardo Cappuccilli. Tra i progetti più recenti: l'Hotel Cervo e Sporting a Milano, l'Hotel Prestige di Ornago (MI), un complesso residenziale a Besana Brianza (MI). Sono in corso di realizzazione progetti di alberghi a Cambiago (MI), Verona e Lecco. Suoi lavori sono stati pubblicati su riviste di settore. Attualmente sta approfondendo lo studio del *Feng-Shui* sull'insegnamento del bio-architetto Mauro Bertamé.

NEWART
Via Montevideo 8 - 20144 Milano - Tel. e Fax 02 8321854

Newart nasce nel 1995 con l'intento di raccogliere, all'interno della sua struttura, professionisti con esperienze diverse ma con un obiettivo comune: fornire un servizio il più completo possibile nel campo della progettazione di spazi commerciali, dell'architettura d'interni e dell'*industrial design*. Oltre a numerosi interventi di ristrutturazione per privati, Newart sviluppa e affina la propria esperienza nel settore degli spazi commerciali progettando e realizzando le boutique monomarca "Coccinelle", per cui studia e progetta, fino al 1998, anche immagine dei *corner* e degli *showroom* in Italia e in Europa. Per il marchio Laura Urbinati realizza, fino al 1998, uffici e punti vendita in Italia e all'estero. Lo studio ha ultimato recentemente i negozi monomarca Mosaïque, le boutique Maximilian in Alto Adige e si è aggiudicato la gara relativa al progetto dei negozi in *franchising* Spazio Camicia. Per conto di Baroni e Bamec progetta il primo centro commerciale della moda italiana a Riga, in Lettonia. Oltre a numerose boutique multimarca, Newart si sta attualmente dedicando al progetto della nuova immagine della catena di *hair stylist* I Nespola e dei negozi di scarpe e accessori Rucoline. È stata inoltre consulente per la ristrutturazione del Palazzo Ducale di Giovinazzo (BA).

CARMELO NICITRA
Viale della Vittoria 5 - 92024 Canicattì (AG) - Tel. e Fax 0922 859255

Nasce nel 1955. Si laurea in architettura a Palermo nel 1985 e qui inizia la propria attività professionale occupandosi di architettura e *interior design*. Nel 1989 si trasferisce a Canicattì (AG) dove apre lo Studio Nicitra che attualmente si avvale della collaborazione di Graziella Avanzato, degli architetti Giovanna Casalicchio e Mirella Visconti, del geometra Antonio Rubino. Lo studio, attento agli aspetti emergenti della progettazione architettonica e dell'evoluzione di tecnologie, forme e materiali, è impegnato in diversi settori spaziando dall'edilizia pubblica a quella privata, alla creazione di spazi commerciali e allestimenti. Carmelo Nicitra si occupa inoltre d'interventi conservativi, restauro, recupero e arredo urbano, partecipando a convegni sulla rivitalizzazione del centro storico e sulla riqualificazione degli spazi pubblici. Lo studio, che opera prevalentemente in Italia, ha realizzato un centro commerciale a Samara in Russia e altri interventi progettuali a New York, Monaco e Tel Aviv.

FABIO NOVEMBRE
Via Mecenate 76 - 20138 Milano - Tel. 02 504104 - Fax 02 502375 - info@novembre.it - www.novembre.it

"Dal 1966 rispondo a chi mi chiama Fabio Novembre. Dal 1992 rispondo anche a chi mi chiama "architetto". Ritaglio spazi nel vuoto gonfiando bolle d'aria e regalo spilli appuntiti per non darmi troppe arie. I miei polmoni sono impregnati del profumo dei luoghi che ho respirato e quando vado in iperventilazione è soltanto per poi starmene un po' in apnea. Come colline mi lascio trasportare dal vento convinto di poter sedurre tutto ciò che mi circonda. Voglio respirare fino a soffocare. Voglio amare fino a morire."

VALENTINA ONESTI
Via Fratelli Ruffini 3 - 20123 Milano - Tel. 02 48011073 - Fax 02 48515022 - honesty@tin.it

Valentina Onesti nasce a Milano nel 1964. Si laurea in architettura presso il Politecnico di Milano nel 1991. Inizia la professione occupandosi d'architettura d'interni con progetti per appartamenti e uffici. Dal 1996 collabora con Pomellato per cui progetta i *corner* di vendita nei grandi magazzini e presso i concessionari italiani per la linea DoDo. Sempre nello stesso anno inizia con Carlo Forcolini lo studio per una nuova immagine delle boutique Pomellato nel mondo: Madrid, Barcellona, Marbella, Lisbona, Anversa, Montecarlo, Cannes, Mosca, Taipei e Singapore. Studio tuttora in crescita ed evoluzione che punta su novità estetiche ed espositive sempre diverse per ogni boutique.

CHRISTINA PARISI
Via Bagaini 1 - 21100 Varese - Tel. 0332 284588 - Fax 0332 834267 - parisi.christina@cpdesign.it

Christina Parisi nasce a San Francisco (USA) nel 1961. Diplomata geometra nel 1980 si specializza in architettura d'interni presso l'Istituto Europeo di Design di Milano nel 1983. Da allora pratica la libera professione come progettista d'interni. Collabora con Saporiti Italia, Sawaya & Moroni, Gruppo Interfiere e altre aziende nel campo della grande distribuzione. Partecipa al *meeting* di *management* alberghiero presso la Cornell University (USA) e a *stage* di illuminotecnica presso la Guzzini Illuminazione. Nel 1999 tiene lezioni d'architettura d'interni presso il Politecnico di Milano. Svolge la propria attività professionale spaziando dal design dell'oggetto alla gestione cantieristica delle finiture e degli impianti. Rivolge particolare attenzione alla scenografia spaziale e alla qualità della rappresentazione dell'ambiente, con grande attenzione a funzionalità e finalità dell'opera ricercando applicazioni di materiali alternativi.

ALDO PARISOTTO, MASSIMO FORMENTON - STUDIO PARISOTTO & FORMENTON
Via Nazario Sauro 15 - 35139 Padova - Tel. 049 8755255 - Fax 049 661168 - studio.fp@iol.it

Aldo Parisotto nasce a Monselice (PD) nel 1962. Si laurea in architettura a Venezia, relatore James Stirling, nel 1989. Intraprende ancora studente la professione, progettando i negozi d'abbigliamento di Padova e Firenze per l'azienda paterna. Dopo la laurea realizza due orologerie, a Padova e a Udine e progetta con Enrico Baleri l'allestimento del negozio Flos a Padova. Tra il 1989 e il 1990 collabora con lo Studio Caramel di Padova. Dal settembre 1996 svolge attività didattica, come assistente, presso l'Istituto Universitario di Architettura di Venezia.
Massimo Formenton nasce a Padova nel 1964. Si laurea in architettura a Venezia nel 1989. Ancora prima di laurearsi inizia l'attività collaborando con altri professionisti alla realizzazione di alcuni progetti per case unifamiliari e ristrutturazioni. Nel 1990 iniziano l'attività professionale insieme progettando gli allestimenti degli uffici della Serenissima Informatica a Padova e a Trento e firmando alcuni progetti di ristrutturazione di appartamenti. Nel 1991 realizzano l'allestimento del negozio Seeberger a Dorbirn (Austria) cui fanno seguito numerosi progetti per negozi d'abbigliamento nelle più importanti città dell'Austria e della Svizzera (Linz, Vienna, Bregenz, Berna, Ginevra e altre). Parallelamente sviluppano progetti per stand fieristici, progetti d'architettura, ristrutturazioni, allestimenti d'appartamenti e uffici. Dal 1992 seguono la realizzazione dei negozi A. Testoni nel mondo (New York, Parigi, Ginevra, Hong Kong, Seoul, Pechino, Bologna). Partecipano a concorsi regionali (Comune di Rosà - VI) e internazionali (European 1993). Lo studio ha recentemente realizzato due musei per la città di Monselice: il museo Centanin Grassili e l'allestimento dei reperti longobardi presso il Castello.

WILLIAM PASCOE: vedi **Antonio Zanuso, William Pascoe**

BENEDETTO POGLIANI
Via dei Laghi 20 - 00198 Roma - Tel. 06 85350276 - Fax 06 8552424

Si laurea in architettura all'Università La Sapienza di Roma nel 1968 e inizia l'attività professionale nel campo dell'urbanistica e della pianificazione territoriale collaborando con l'ingegner Ghio alla redazione di numerosi piani e progetti di importanza nazionale (Piano Territoriale del Parco Nazionale d'Abruzzo, Piano dell'Area Industriale di Siracusa - Augusta, Programma di Fabbricazione e progetti piano-volumetrici ed esecutivi per la città di Agrigento). Dal 1969 al 1978 svolge attività didattica, in qualità di assistente, presso le cattedre di Morfologia del territorio e di Urbanistica della Facoltà di Architettura di Roma La Sapienza. Tra il 1973 e il 1994, in collaborazione con gli architetti Guidi e Roberti come Studio Associato, si è occupato del settore urbanistico e architettonico oltre che di ristrutturazioni edilizie e di architettura d'interni. A questo periodo risalgono i piani urbanistici generali e particolareggiati per i comuni abruzzesi di Castel di Sangro e Scontrone (AQ), la progettazione della sede centrale della Banca Popolare della Marsica e le consulenze e i progetti per i villaggi Valtur di Nicotera, Pollina, Santo Stefano, Ostuni, Capo Rizzuto, El Kebir e Le Palatuvier. Dal 1975 al 1980 ha diretto l'Ufficio Tecnico della Società per l'Edilizia Industrializzata (S.E.Ind. s.p.a.) attiva nella realizzazione d'importanti interventi di edilizia pubblica e abitativa. Nel campo della ristrutturazione ha curato il progetto e la realizzazione delle opere del castello di Capecchio in comune di Baschi e di diverse case coloniche della valle del Tevere tra Todi e Orvieto e nell'Alto Lazio. A Positano ha curato la ristrutturazione dell'Hotel Murat e di alcune abitazioni unifamiliari di pregio. A Roma ha recentemente realizzato due ristoranti McDonald's. Dal 1997 è consulente dello studio Sclavi per la progettazione dei negozi Bulgari in Italia e all'estero.

HELMUT PUMMER - PUMMER DESIGN
Franz-Joseph Strasse 38 - 80801 München (D) - Tel. 0049 89 335806 - Fax 0049 89 349635 - design.pummer@t-online.de

Ha progettato il *concept design* dei negozi e degli *showroom* Boss. Segue, insieme a professionisti locali, la realizzazione di tutti i negozi Boss nel mondo.

PUMMER DESIGN: vedi **Helmut Pummer - Pummer Design**

ERNESTO ROCCHI, CESARE TRENTIN - ARTECO
Via Grieg 46 - 20147 Saronno (VA) - Tel. 02 96703270 - Fax 02 96704590 - rocchi@telemacus.it - arteco@wso.net

Ernesto Rocchi nasce a Marina di Carrara nel 1950. Si laurea in architettura al Politecnico di Milano. Nel 1981, insieme con Cesare Trentin, fonda Arteco, società dedicata alla realizzazione di spazi commerciali in Italia e all'estero (Israele, Stati Uniti, Inghilterra, Francia, Germania, Arabia Saudita) secondo un approccio progettuale che coniuga costantemente grafica, comunicazione e design attraverso la sperimentazione di nuove tecniche, forme e materiali. Relatore di numerose conferenze tematiche a livello internazionale Ernesto Rocchi conduce e promuove personalmente ricerche nell'ambito del *marketing* della comunicazione e del *visual merchandising* curandone gli aspetti applicativi nell'ambito della progettazione di unità commerciali a larga diffusione. Ha curato varie pubblicazioni per riviste di settore.
Cesare Trentin nasce a Milano nel 1946. Ha curato la realizzazione di sistemi integrati e di sistemi polifunzionali d'arredo seguendone la sperimentazione dalla fase esecutiva del protototipo alla produzione su scala industriale. Svolge ricerche nel campo del design per quanto riguarda l'applicazione di nuove tecnologie espositive e d'arredo su vasta scala.

NICOLO' SCARABICCHI
Corso Colombo 14/7 - 17100 Savona - Tel. 019 8485001 - Fax 019 824414 - Via Francesco Crispi 3 - 20121 Milano - Tel. 02 6552134

Nasce a Savona nel 1949 e si laurea in architettura a Milano nel 1975. Dal 1973 al 1975 lavora come progettista al Design Group Italia avendo come clienti: Bassetti, Burgo Scottex, Gillette, IBM, Philips, Roche e Snia; collabora con SEA (Società Ergonomia Applicata). Ha realizzato numerosi progetti architettonici, allestimenti speciali, mostre e arredi d'interni a Milano, Roma, Baghdad e Riyad. Si occupa d'immagine aziendale, tecniche del *display* e della comunicazione. Dal 1976 al 1993 dirige l'Ufficio Progetti della Naj-Oleari studiando nuovi prodotti e realizzando tutti i negozi della catena in Italia e all'estero. Tra il 1991-1992 collabora con Mino Damato e Vittorio Storaro alla realizzazione di nuovi programmi televisivi. Ha redatto progetti innovativi per la sanità e la scuola, realizzato case ecologiche, giardini e ambienti all'aperto collaborando, come architetto paesaggista, con il Centro Botanico. Nel 1995, centenario di Guglielmo Marconi, cura l'allestimento di "Radio Expo" mostra-spettacolo sul mondo della radio presso la Fiera di Bologna. Nel 1996 collabora alla prima edizione di "Futur Show" mostra sulla comunicazione multimediale presso la Fiera di Bologna.

LAURA SCLAVI
Via dei Laghi 20 - 00198 Roma - Tel. 06 85350276 - Fax 06 8552424

Si laurea in architettura a Roma nel 1972 e inizia la propria attività professionale partecipando a vari concorsi e collaborando con professionisti attivi nella realizzazione di edilizia abitativa e pubblica. Rivolge la propria attenzione al campo del design progettando apparecchi per l'illuminazione. Dal 1979 si occupa principalmente d'architettura d'interni. Da circa dieci anni progetta gli spazi che la Bulgari s.p.a. realizza sia in Italia sia all'estero e in particolare quelli di Milano, Napoli, Roma, Venezia, Amburgo, Chicago, Gedda, Las Vegas, Melbourne, New York, Parigi, San Francisco e molti negozi nell'area giapponese e dell'Estremo Oriente.

STEFANO SEVERI
Piazzale Ramazzini 5 - 41012 Carpi (MO) - Tel. e Fax 059 642013

Nasce a Carpi (MO) nel 1964. Si laurea in architettura a Firenze nel 1992. Nel 1994 fonda uno studio che si occupa prevalentemente di architettura e *interior design*. Oltre a operare nel campo del restauro e della nuova edificazione realizza vari progetti di abitazioni, uffici, *showroom*, disco-bar, negozi. Sviluppa parallelamente alcuni temi d'*industrial design* realizzando apparecchi illuminotecnici per 4D - Quarta Dimensione e lo *styling* di nuovi telefoni cellulari e *cordless* per Spall.

SPATIUM - LORENZO CARMELLINI E ROCCO MAGNOLI
Via Vincenzo Monti 25 - 20123 Milano - Tel. 02 4390267/02 4390418 - Fax 02 48008498 - segr.dept@spatium.it

Lorenzo Carmellini, nato nel 1940, designer e Rocco Magnoli, nato nel 1949, architetto, lavorano a Milano dove, sin dagli inizi della loro carriera, si sono dedicati e applicati ai temi più disparati. Alla fine degli anni Settanta Carmellini e Magnoli s'inseriscono nel settore della moda come progettisti d'immagine, attratti dal fascino, dai ritmi e dall'attenzione per il disegno di una Milano capitale mondiale dell'*Italian Style*. Nel 1978 fondano Laboratorio Associati (oggi Spatium - Studio Associato di Architettura), l'anno successivo lavorano per Gianfranco Ferrè e Gianni Versace. Da allora per Versace hanno seguito senza interruzione l'evoluzione dell'immagine attraverso la realizzazione di boutique, uffici, *showroom* e delle case private di Milano, Moltrasio (CO) e New York che testimoniano il minimalismo degli anni Ottanta, mentre le ricostruzioni di architetture classiche dei primi anni Novanta attestano il più recente dinamismo. Stimolati da esperienze svolte in tutto il mondo per una varietà di committenti gelosi dell'unicità della propria immagine, Carmellini e Magnoli dispongono di un repertorio vastissimo di forme e materiali, tradizionali o sperimentali, che rende riconoscibile ogni loro progetto connotandolo con una propria cifra stilistica rispettosa, sempre e comunque, sia dei valori architettonici preesistenti sia dell'immagine specificamente costruita per il committente. I progetti più recenti sono stati dedicati a insediamenti turistico-alberghieri sia in aree consolidate (Venezia) sia in via di sviluppo (Gold Coast, Australia).

STUDIO 5/82: vedi **Guido Matta, Roberto Varaschin - Studio 5/82**

STUDIO D'ARCHITETTURA SIMONE MICHELI
Via Novelli 43 - 50135 Firenze - Tel. 055 605679/600188 - Fax 055 619245 - simone@simonemicheli.com

Simone Micheli fonda lo studio d'architettura omonimo nel 1990. Vince vari concorsi d'architettura e design in Europa. Organizza mostre trend. Lavora con Abet Laminati, Adrenalina, Arius, Cover, Isa, Jean Klebèrt, Mangani, Poltrona Frau, Stone Italiana, Telecom Italia e altri ancora. Progetta oggetti, allestimenti, case, hotel, negozi e uffici. Progetta per Alcatel Italia, Cerruti, Emu, Frette, Hoechst, Isa, Marzotto, Mascioni, M.B., Montedison, Nestlè, Kronenbourg, Peroni, Perugina, Poste Italiane, Sammontana, Skema, Terzani, Toyota, Vismara. Cura gli eventi espositivi sperimentali per alcune tra le più importanti fiere internazionali. Insegna come *visiting professor* in varie scuole e università europee. Scrive libri di design e architettura legati ai temi del mondo *contract*. È consulente esterno delle più importanti fiere di settore europee. È direttore artistico di varie aziende del settore dell'arredamento. È direttore editoriale, dal 1998, dell'annual Contract International Guide.

STUDIO PARISOTTO & FORMENTON: vedi **Aldo Parisotto, Massimo Formenton - Studio Parisotto & Formenton**

ELISABETTA TANESINI
Via San Domenico 7 - 47100 Forlì - Tel. e Fax 0543 30707

Nasce a Faenza (RA) nel 1965 dove frequenta la Scuola Politecnica di Design. Svolge attività di consulenza e progettazione prevalentemente nel campo dell'arredamento di pubblici esercizi: negozi, bar, ristoranti, hotel e uffici. Collabora inoltre con varie aziende d'arredamento.

ARMANDA TASSO: vedi **Roberto Carpani, Giulio Masoni e Armanda Tasso Architetti**

MATTEO THUN
Via Appiani 9 - 20121 Milano - Tel. 02 6556911 - Fax 02 6570646 info@matteothun.com

Nasce nel 1952 a Bolzano. Allievo di Kokoschka all'Accademia di Salisburgo (A). Si laurea in architettura a Firenze. Collabora con Ettore Sottsass a Milano, con il quale nel 1981 fonda la Sottsass Associati e il gruppo Memphis. Dal 1983 al 1996 gli è affidata la cattedra di Design presso l'Università di Arti Applicate di Vienna (A). Nel 1984 apre a Milano il proprio studio che, da subito, si situa all'incrocio fra design, architettura e grafica, lavorando con respiro internazionale in tutti questi ambiti.

CESARE TRENTIN: vedi **Ernesto Rocchi, Cesare Trentin - Arteco**

JAMES UDOM: vedi **Cristiano Boni, James Udom, Sergio Giordano - BUG Architects**

ROBERTO VARASCHIN: vedi **Guido Matta, Roberto Varaschin - Studio 5/82**

ANTONIO ZANUSO, WILLIAM PASCOE
Via Turati 14 - 20121 Milano - Tel. 02 29002115 - Fax 02 6599831

Antonio Zanuso nasce a Milano nel 1949. Architetto e designer si laurea nel 1974 al Politecnico di Milano dopo un periodo di lavoro con Renzo Piano a Genova e Parigi. Ha al suo attivo molte ristrutturazioni di palazzi storici, interventi di riqualificazione urbana e la realizzazione di alcuni parcheggi sotterranei, uffici e abitazioni private. Partecipa a numerosi concorsi nazionali e internazionali ottenendo premi e segnalazioni come per il progetto del Nuovo Centro Direzionale di Milano, nell'area delle ex Varesine, in collaborazione con l'architetto Teoldi. Nel 1989 vince, con Carlo Chambry e William Pascoe, il concorso per la riqualificazione dell'area urbana posta tra Piazza della Repubblica e la Stazione Centrale di Milano, progetto poi esposto al Salon International de l'Architecture di Parigi. Dal 1990 si dedica al design per Emme Mobili. Nel febbraio del 1993 costituisce uno studio associato con William Pascoe. Tra le più importanti realizzazioni si ricordano: la ristrutturazione del Palazzo ex Stelline a Milano con la Galleria d'Arte "Il Refettorio" e la sede del Credito Valtellinese; una catena di librerie per le Messaggerie Italiane a Milano, Roma, Firenze e Bologna; un nuovo palazzo per uffici per Pioneer; il nuovo Centro Culturale ENI "Fondazione Mattei" e la sistemazione di via Vittor Pisani e Piazza Duca d'Aosta a Milano in corso di realizzazione.
William Pascoe nasce nel 1954 ad Ann Arbour (USA). Consegue nel 1981 il Master of Architecture alla Columbia University di New York. Tra il 1977 e il 1982 collabora con vari studi d'architettura di New York e Chicago acquisendo una vasta esperienza tecnica nel campo della progettazione edilizia. Nel 1983 si trasferisce in Italia collaborando con lo studio dell'architetto Antonio Zanuso a Milano in qualità di responsabile del settore progettazione prima e, dal 1993, come socio. Tra i principali lavori ha diretto la ristrutturazione del Palazzo ex Stelline, il nuovo palazzo per uffici Pioneer e la progettazione relativa ai concorsi indetti dalla Metropolitana Milanese.

OLGA ZOUEVA
c/o C/Cerdena-Sardenya 545/547 (7°-4°) - 8024 Barcelona (E) - Tel. 0034 3 670258444 - Fax 0034 3 9321105599 - c/o Studio Associato Mario Bergamini - Via di Mezzo 272 - 41058 Vignola (MO) - Tel. 059 765252 - Fax 059 764439

Olga Zoueva nasce a Mosca nel 1964 dove si laurea in architettura nel 1986. Vive e lavora a Barcellona (E) dal 1988 dove collabora con L-35 Architetti uno dei più grandi studi d'architettura della città. Realizza molti progetti in tutta la Spagna nel campo dell'architettura soprattutto commerciale: uffici, alberghi e centri commerciali (Continente, Alfapar, Montingala, Glorias, Incosa; Pedralbes Centre, ecc). Sviluppa progetti per concorsi internazionali. Matura grande esperienza nel restauro e recupero di edifici storici tra cui quello del Circulo Equestre, uno dei club più esclusivi di Barcellona. Dal 1993/1998 collabora con Habitat International per cui progetta gli interni, l'immagine corporativa e il nuovo *format*. Lavora in Francia, Germania, Spagna e Italia e dal 1998 è consulente del Gruppo Rinascente per il rilancio della catena Upim (tra i progetti realizzati: Upim di Piazza San Babila, Piazza Duomo e Corso Buenos Aires a Milano).

NOTIZIE DALLE AZIENDE

NEWS FROM THE COMPANIES

4D-QUARTA DIMENSIONE

La 4D-Quarta Dimensione Lighting Design Group nasce nel 1997. È uno studio professionale di consulenza illuminotecnica che, grazie all'esperienza maturata in anni d'attività nel settore e a una profonda conoscenza del light contract, è in grado di rispondere alle varie problematiche progettuali che s'incontrano nell'architettura civile e industriale, negli spazi commerciali, espositivi e monumentali. Grazie a sofisticati software illuminotecnici e ad adeguate attrezzature, lo studio è in grado di verificare gli effetti luminosi desiderati in fase di progettazione mediante rendering tridimensionali e, dotato di laboratorio interno, di realizzare prototipi funzionanti. L'esigenza di creare la società è nata nel momento in cui il settore pubblico ci ha commissionato i primi progetti illuminotecnici inerenti restauri di grandi opere e si è quindi pensato di applicare tale esperienza anche ai settori sopra elencati per offrire così la possibilità al cliente privato di vedere "accesa" la propria struttura ancora in fase di costruzione o di progettazione. In seguito, avendo parte dello staff una provenienza dal settore commerciale, si potrà commissionare una gestione capitolati consistente nella ricerca di prodotti adatti alla realizzazione del progetto.

ARREDOQUATTRO INDUSTRIE

Gli spazi espositivi e commerciali rappresentano il contesto nel quale Arredoquattro Industrie opera dal 1981 realizzando arredi su misura e offrendo le proprie competenze nel soddisfare richieste di natura tecnica, funzionale ed estetica. In particolare l'azienda ha maturato una specifica esperienza nell'allestimento di ambienti destinati alla vendita d'abbigliamento per cui è in grado di fornire, sulla base dell'analisi dei dati merceologici, assistenza nell'organizzazione spaziale e distributiva finalizzata a obiettivi commerciali. Uno staff che unisce professionalità diverse e sinergiche garantisce la realizzazione di qualunque arredo e allestimento, in ambito nazionale e internazionale, con tempestività e puntualità nella consegna. La salvaguardia delle tradizionali tecniche di lavorazione permette di assegnare un carattere specifico ai prodotti dal design più aggiornato ma anche di recuperare o reinterpretare espressioni estetiche e figurative frutto della sedimentazione storica. Da sempre l'azienda ricerca e instaura un rapporto privilegiato con architetti e operatori del settore, ai quali offre la propria esperienza per la soluzione dei problemi tecnici e un supporto concreto nella restituzione grafica e nella traduzione esecutiva d'idee e progetti.

ARTECO

Arteco è un'azienda che dal 1980 progetta e realizza arredamenti per negozi adottando soluzioni d'avanguardia caratterizzate da accurate lavorazioni. Una particolare attenzione alla ricerca dei materiali innovativi sia nella texture sia nella composizione porta poi a prediligere la qualità nel recupero della naturalità, del calore e del colore delle superfici pur assecondando l'evoluzione tecnologica. La gestione degli spazi è affidata principalmente alla flessibilità e all'adattamento di sistemi modulari che contribuiscono a definire e a personalizzare meglio i negozi progettati sempre nel rispetto della tipologia del luogo e delle esigenze del cliente.

Set up in 1997, 4D-Quarta Dimensione is a professional studio for lighting design which, thanks to its long-standing experience in the sector and familiarity with contract work for lighting systems, is able to address the manifold complexities of lighting in both civil and industrial fields, in sales ambiences, exhibition spaces and monuments. Thanks to its experience with leading-edge technology in illumination engineering, the studio can verify lighting effects in each phase of development through the use of 3D rendering, and an internal lab for the production of working prototypes. The decision to set up the company arose when the public sector commissioned the first lighting systems for large restoration programs, and hence the decision to apply the knowhow acquired in the above sectors in order to offer private-sector clients to chance to see their design or construction "illuminated" as work progresses. Moreover, given that several members of the staff had migrated from the retail sector, it was possible to make itemized job estimates in relation to the products needed for realizing the project under commission.

Since 1981 Arredoquattro Industrie has been active in the field of exhibition and commercial spaces, realizing customized fixtures and interiors with an accent on functional and aesthetic specifications. The company has acquired firsthand experience in fitting out spaces destined for the retail of clothing and fashion goods. Taking its cue from an analysis of the merchandise to be sold, the company offers comprehensive advisory service for spatial organization and distribution tailored to the sales objectives. The qualified staff handle a wide range of specializations, and their synergy guarantees the design of any type of furniture or installation, either on national territory or abroad, always sure to be on schedule. The safeguard of traditional skills and craftsmanship means that while each design is endowed with high-tech performance characteristics, the style and aesthetics are the result of an entrenched feeling for style. To this end, the company has always fostered close ties with architects and sector operators, offering a wide gamut of solutions for technical issues and a solid back-up service of CAD modeling and final realization of ideas and projects.

Since 1980 Arteco has been designing and producing leading-edge customized shop furnishings with an accent on quality. Special attention is paid to the use of innovative materials in terms of both texture and composition, with close attention to quality and warmth of natural surface finishes, without forgoing the latest advances in technological innovation. Space management involves the use of high-flexibility customized modules that are adapted each time to give a distinct brand ID for each sales outlet, and tailored specifically to the host environment and needs of the client.

BISAZZA MOSAICO

Fondata nel 1956, Bisazza è azienda leader nella produzione del mosaico di vetro per pavimenti e rivestimenti. Oltre alla sede principale di Alte (VI), conta altre quattro unità produttive, 600 dipendenti e 91 miliardi di fatturato annuo nel 1999. A partire dalla struttura originaria, basata sulla tradizione culturale produttiva veneta, Bisazza si è trasformata in un'azienda all'avanguardia sia per le moderne tecniche produttive sia per il forte dinamismo imprenditoriale. Oltre al classico mosaico di vetro 20x20 mm, Bisazza si distingue per la lavorazione del mosaico Oro, del mosaico tradizionale in Smalti di vetro, dell'Avventurina, una pietra di sintesi elaborata a Venezia nel Seicento di cui l'azienda vicentina è oggi l'unica produttrice al mondo, che dà origine alla serie Le Gemme. L'offerta dei prodotti Bisazza è rivolta sia al settore pubblico (piazze, metropolitane) sia a quello residenziale e, sempre più, ai settori alberghiero e navale. Da alcuni anni l'azienda ha scelto di avvicinare designer e artisti, diversi per cultura e sensibilità, le cui opere hanno dato vita alla Collezione Bisazza costituita da una serie di oggetti ed elementi d'arredo in mosaico. Gli autori fino ad oggi invitati sono: A. Abdelkader, R. Barisani, A. Cibic, R. Dalisi, L. Gibb, R. Gigli, A. Gili, M. Graves, G. Gregori, M. C. Hamel, I. Hosoe, U. Marano, J. Mariscal, A. Mendini, F. e M. Rotella, G. Sowden, E. Tatafiore, Tarshito, O. Tusquets.

BULGARI

Le origini di Bulgari risalgono alla fine del secolo scorso, quando Sotirio Bulgari, il fondatore dell'azienda che ora conta 82 negozi in tutto il mondo, giunse dalla natia Grecia e si stabilì a Roma dove aprì, in Via Sistina prima e in Via Condotti successivamente, un negozio per la vendita di oggetti in argento finemente prodotti da lui stesso. Da allora, era il 1901, molto tempo è passato e Sotirio ha tramandato ai suoi successori, figli e nipoti, lo stesso amore per la cura dei particolari e la finezza della lavorazione artigiana, uniti a uno spiccato spirito d'intraprendenza e a una sicura interpretazione del gusto contemporaneo. Oggi il Gruppo Bulgari, dal 1995 quotato in Borsa, è ambasciatore dello stile italiano nel mondo diffuso con passione attraverso le esclusive collezioni di gioielli, orologi, accessori di pelletteria e seta, le raffinate linee di occhiali e i complementi d'arredo per la casa esposti in una catena di negozi monomarca costruiti all'insegna di uno stile discreto, raffinato e singolare per purezza delle forme e preziosità dei materiali costruttivi. Uno stile che contribuisce a sottolineare la filosofia di un'azienda per la quale la qualità senza compromessi e la dedizione alla clientela costituiscono gli assi portanti del proprio sviluppo.

CERESIO ARREDAMENTI

Fondata nel 1922, Ceresio è un'azienda che progetta e produce arredamenti per negozi di piccole, medie e grandi superfici. Adottando costantemente nuove tecnologie per una produzione a ciclo completo è in grado di operare con molteplici materiali assicurando accurate lavorazioni e soluzioni d'avanguardia. Con la raffinatezza esclusiva del design, Ceresio Arredamenti si propone di coniugare la serialità di una produzione industriale con la cura artigianale. Fornisce inoltre una gamma completa di servizi, principalmente dettati dalle esigenze di clienti e progettisti, che contribuiscono a definire e personalizzare le caratteristiche del punto vendita. Una preventiva analisi del progetto mette in grado un team di persone di concorrere all'ottimizzazione dei tempi di produzione, che vanno dalla lavorazione dei materiali sino alla loro messa in opera, garantendo grande competitività nella fornitura. Il supporto al cliente, nella fase di post-vendita, viene sempre assicurato al fine di ottenere una miglior commercializzazione dei diversi prodotti. Con questi requisiti Ceresio Arredamenti si rivolge da anni ai suoi clienti distinguendosi sempre più per le soluzioni innovative.

Founded in 1956, Bisazza is a leading company in the production of glass mosaics for flooring and facings. In addition to the headquarters in Alte (Vicenza), it has four other production centers, 600 employees and an annual turnover of 91 billion lire in 1999. From its original structure, based on the Venetian cultural manufacturing tradition, Bisazza has been transformed into an avant-garde company, both in terms of its modern production techniques, and because of its impressive entrepreneurial dynamism. Apart from the classical glass mosaic tile of 20x20 mm, Bisazza distinguishes itself for the production of Gold mosaics, of traditional mosaics in glass Enamel, and of the Avventurina, a synthetic stone produced in Venice in the seventeenth century of which the company from Vicenza is today the only producer in the world, and which is the basis of the Le Gemme series. Bisazza products are aimed both at the public sector (squares, underground) and at the residential customer and, increasingly, at the hotel and naval sectors. For some years the company has chosen to engage designers and artists, from different cultural backgrounds and schools, whose works have brought the Bisazza Collection to life. These works are composed of a series of objects and furnishing elements in mosaic. The artists and designers so far invited to collaborate are: A. Abelkader, R. Barisani, A. Cibic, R. Dalisi, L. Gibb, R. Gigli, A. Gili, M. Graves, G. Gregori, M. C. Hamel, I. Hosoe, U. Marano, J. Mariscal, A. Mendini, F. and M. Rotella, G. Sowden, E. Tatafiore, Tarshito, and O. Tusquets.

Bulgari's origins date back to the last century, when Sotirio Bulgari, the founder of a company that now boasts eighty-two outlets around the globe, emigrated from his native land of Greece and settled in Rome, where in 1901 he opened a shop selling gold and silver goods which he fashioned himself. The firm has come a long way since that year, and Sotirio has since passed on to his sons and grandsons his passion and expertise in fine-art silver and goldwork, combined with his keen business acumen and unerring intuition for evolutions in taste and style. Today Gruppo Bulgari, whose shares have been quoted in the Stock Exchange since 1995, is a kind of ambassador of fine Italian style, offering a brand that includes jewelry, watches, leather goods, accessories and fine silks, plus an exclusive line of eye wear and complementary furnishings for the home, all made available through a chain of exclusive stores bearing a company name that has come to be acquainted with a discretely refined and inimitable style admired for the forms and precious materials employed in the creation each item. That style is an endorsement of the firm's philosophy of uncompromising quality and respect for its clientele, the two cornerstones of the firm's continued expansion.

Founded in 1922, Ceresio designs and produces customized fittings for shops and stores of all sizes. With an emphasis on advanced technological production, the company works with a variety of materials that ensure a leading-edge product of the highest quality. Acknowledged for its trademark designs, Ceresio Arredamenti has merged mass production with the craftsman's traditional attention to detail. The company supplies turnkey solutions for all requirements, according to the client's brief, tailoring each project to suit the specific sales outlet in question. A working program is drafted to enable the company's work team to optimize the production schedule, taking the project from the initial development of materials through to their installation on-site, thereby providing a competitive all-round service through to job completion. Comprehensive aftersales client support ensures the proper commercialization of all product lines. With this policy, for years Ceresio Arredamenti has steadily earned a reputation for its delivery of innovative solutions and a consolidated client portfolio.

DANY & Co.

Roberto Cappelletti, rappresentante d'abbigliamento, rileva nel 1987 la Bottega di Dany, negozio uomo-donna noto ad Alessandria da alcuni anni per le scelte non convenzionali e l'indubbia qualità delle sue proposte. Nel 1989 entra Cristina che sino ad allora si era occupata dell'immagine di alcuni punti vendita in Piemonte e in Lombardia. Insieme danno vita a Dany & Co. garantendo un'offerta originale e raffinata. Rimangono nei vecchi locali sino al 1997, anno in cui si trasferiscono nel nuovo spazio. Da sempre Cristina e Roberto Cappelletti si sono rivolti a quel settore della moda proposta come espressione d'arte e a quel mercato dove la griffe s'accompagna alla minuziosa cura del particolare e alla sperimentazione di nuovi materiali. Accanto a prodotti delle aziende di settore più note e apprezzate, tradizionali-reinventate o emergenti, appaiono nel negozio capi di stilisti che fanno dell'abito il prodotto, oltre che di una ricerca formale, anche di un'indagine non consueta sul tema della moda e del piacere di "abbigliarsi". L'attuale successo del negozio, in straordinaria crescita per una città quieta e di gusto tradizionale, è senza dubbio il frutto di un grande sforzo in termini di tempo ed energie, compiuto da due giovani a tal punto appassionati del loro lavoro da ricondurlo a una scelta di vita totalizzante.

ESA BOUTIQUE

Una storia di moda animata da una grande passione. Da venticinque anni indiscusso riferimento per l'eleganza, Esa Boutique prosegue la via del successo nel nome di uno stile senza tempo sinonimo di gusto ricercato. Oggi, come ieri, il punto moda più affermato della zona continua a vestire la clientela più raffinata ed esigente della Riviera Adriatica. La prima boutique risale al 1975; il successo è immediato tanto che negli anni successivi viene aperto un nuovo negozio, dedicato anche all'uomo, nella zona più caratteristica della vecchia San Benedetto. Nel cuore del centro cittadino la signora Esa, mirabilmente coadiuvata dai figli Gianluca e Rita Castellucci, ha realizzato un punto di ritrovo per la sempre più numerosa ed esclusiva clientela. Nell'elegante nuova boutique è stato creato anche uno spazio riservato esclusivamente alla sposa: l'antico mobilio, i ricchi drappeggi e le sontuose murrine fanno da cornice agli abiti più romantici. Buon gusto e intuizione per la scelta delle migliori griffes nel vasto repertorio nazionale e internazionale, uniti alla filosofia che anima i titolari, ovvero qualità, cortesia, servizio per il cliente, rendono le boutique Esa sempre stimolanti e apprezzate dal pubblico più attento ed esigente.

EUROPROGETTI

La Europrogetti nasce nel 1993 e in pochi anni raggiunge un livello di primissimo piano nella progettazione e realizzazione d'interni in tutta Europa. Avvalendosi della collaborazione di ingegneri e architetti di grande esperienza sono state studiate immagini, tecniche realizzative e materiali in una continua evoluzione: ne è un esempio l'immagine dei negozi Pollini curata in questi anni per i punti vendita di Londra, Kiev, Lecce, Basilea, Milano, Ravenna, Siena, fino all'ultimo nato di Foggia. La Europrogetti è all'avanguardia nel servizio del contract potendo contare su tecnici e aziende a essa collegate che realizzano, curando ogni minimo dettaglio, quanto studiato in fase di progettazione.

In 1987 the representative of a fashion firm, Roberto Cappelletti, bought out the shop Bottega di Dany, a much-frequented boutique in Alessandria that had a well-earned reputation for the quality and originality of its offering in fashion wear. In 1989 he was joined by Cristina, who until that time had been in charge of the retail ID of several sales outlets in Piedmont and Lombardy. Together they founded Dany & Co., pooling their experience and ideas to create a wholly original and well-honed outfit. The store remained in the old premises until 1997, when they reopened in a new site. From the outset, Cristina and Roberto Cappelletti have aligned their retail philosophy to the notion of fashion-as-art, with an emphasis on brands that show particular attention to detail and an explorative use of new materials. Complementing the mixture of traditional and reinvented items from the established high-end labels, are fashions in which the designer treats the item as an object of design, an essay in form and the sheer pleasure of dressing. The boutique's current success and growth - unusual for a provincial town of such undemanding, traditional tastes - is without doubt the fruit of the two young owners' evident passion for their field and their approach to their work as a way of living.

The fruit of a lifetime's passion for fashion, for twenty-five years Esa Boutique has been a vital reference point for stylish dressing, ever faithful to its partiality for timeless elegance and élan. Today as yesterday, the area's most prominent sales point for fine fashions, Esa Boutique has continued to dress the most distinguished clientele of the Adriatic Riviera. The first outlet opened in 1975, and its immediate success prompted the owners to open another shop in the following years, located in Via San Benedetto in the old downtown, this time devoted exclusively to menswear. In the heart of the town, the Signora Esa store, run jointly with sons Gianluca and Rita Castellucci, has long become a point of reference for the growing exclusive clientele. Part of the elegant new boutique has been given over especially to wedding attire, where the antique furniture, rich drapes, and sumptuous murrina glass details lend a gloriously romantic backdrop for the lush bridal dresses. A discerning eye for the right choice of designer labels manufactured in Italy and abroad, plus the keen merchandising philosophy of the owners for quality, courteous service, have earned the Esa boutiques an attentive and demanding clientele.

Since its establishment in 1993 Europrogetti has rapidly become a market leader in the field of interior design and project realization throughout Europe. With its body of consultants engineers and architects of long-standing experience, the firm has created virtual and executive plans and materials in constant evolution, witness the brand ID of the Pollini chain of stores in London, Kiev, Lecce, Basel, Milan, Ravenna and Siena, the most recent being the new outlet in Foggia. As contractors for interior design, jointly with a team of technicians and associated firms, Europrogetti is able to carry the design phase right through to realization, taking care of every detail.

GIOIELLERIA LUCA CAZZANIGA

La passione per gli orologi spinge Luca Cazzaniga, intorno ai primi anni Sessanta, a frequentare l'Istituto milanese Galileo Galilei dove, dopo cinque anni, si diploma in orologeria. Nel 1965 inizia così la propria attività commerciale a Mariano Comense, cittadina del comasco, dapprima nel piccolo negozio di sveglie e orologi di Via Volta e in seguito in quello di Via Risorgimento. Attraverso anni d'intenso lavoro e approfondimento si adegua alle esigenze di questo settore in continua evoluzione specializzandosi nell'acquisizione dei prodotti e rinnovando più volte il negozio fino all'ampliamento attuale. Il nuovo punto vendita si rivolge a un vasto pubblico soddisfacendo le richieste della clientela più esigente ma prestando anche particolare attenzione alle tendenze dei giovani. Per questo la politica aziendale è tesa all'acquisizione sia di marchi prestigiosi e consolidati sia di linee trendy di forte richiamo. Questa cura particolare nella scelta è rivolta non solo ai gioielli ma anche agli orologi e agli argenti per la casa che in questi anni hanno integrato il volume delle vendite in modo più che soddisfacente. La gestione è volutamente a carattere familiare: collaborano con Luca Cazzaniga la moglie Adriana e i figli Marco e Chiara.

HUGO BOSS

I marchi Boss, Hugo e Baldessarini, fanno di Hugo Boss una delle imprese d'abbigliamento e lifestyle di maggior successo nel mondo. Con le società controllate in Brasile, Canada, Inghilterra, Francia, Olanda, Hong Kong, Italia, Giappone, Spagna, Svizzera e USA, l'azienda tedesca ha raggiunto nel 1998 un fatturato superiore ai 1.300 miliardi di marchi. Hugo Boss è leader internazionale per la qualità nel mercato dell'abbigliamento maschile e ha lanciato con successo una linea femminile con il marchio Hugo. I tre marchi Hugo Boss interpretano e presentano collezioni complete che identificano ciascuna un preciso stile di vita. Ogni linea è corredata da accessori quali profumi, occhiali, orologi, calzature e capi in pelle che ne evidenziano la personalità e lo stile. Sfilate di grande impatto e campagne pubblicitarie interpretate da celebrità internazionali danno grande visibilità alle griffes. Il marchio Boss è distribuito in tutto il mondo in punti vendita selezionati e negli oltre 250 Boss shops che presentano lo stesso concept a livello internazionale e costituiscono il luogo ideale per conoscere il lifestyle Boss. Hugo si trova nelle boutique di tendenza e in negozi monomarca a Los Angeles, Parigi e Amsterdam. Baldessarini in punti vendita selezionati e di grande qualità.

LES GRIFFES

Les Griffes è il nome di un'impresa individuale nata nel 1990 con l'obiettivo di commercializzare abbigliamento di prestigio, per uomo e donna, caratterizzato da un buon rapporto qualità/prezzo. La continua ricerca di marchi di richiamo ha improntato da subito la strategia commerciale e attualmente, tra quelli trattati, compaiono Armani Jeans, Emporio Armani Underwear, Versace Jeans Couture, Roberto Cavalli, Paul Smith Man, Samsonite Travelwear, Caractère, Blumarine Accessori, Rocco Barocco, Cristina Effe, T. S., Cotton Belt. Partito all'interno di un piccolo spazio, in una via parallela al corso cittadino, Les Griffes è oggi approdato in pieno centro occupando un'area di circa 200 mq. Ciò ha permesso ai proprietari di realizzare la loro idea di un negozio moderno dove il cliente possa entrare anche solo per guardare e trascorrere, in pieno agio, una piacevole mezz'ora, sorseggiando magari un aperitivo.

In the early 1960s Luca Cazzaniga's passion for timepieces prompted him to attend courses at the Istituto Milanese Galileo Galilei in watchmaking. Thus equipped with his diploma, in 1965 he began selling watches and clocks in Mariano Comense near the town of Como, first with a small store for clocks and watches in Via Volta, and then in Via Risorgimento. After years of hard work acquiring skills and know-how he began adapting his product range to suit the constant evolutions under way in the field, specializing in purchasing, while overhauling and eventually enlarging his selling space to create the spacious showroom the store occupies today. The new sales outlet caters to a broad public, satisfying the demanding clientele without ignoring trends in watch production targeted at younger buyers; while the company's policy is largely directed toward finer, high-end products, it also keeps up with the eye-catching styles and models aimed at young people. This policy applies as much to watches as to the silverware for the home, adequately rounding out the sales turnover. A family-run business, the Cazzaniga jeweler's staff includes Luca Cazzaniga, his wife Adriana, and their sons Marco and Chiara.

The brand names Boss, Hugo, and Baldessarini jointly form the backbone of a clothing manufacturer whose fashion label is equated internationally with a distinctive lifestyle. Together with its subsidiaries in Brazil, Canada, Great Britain, France, the Netherlands, Hong Kong, Japan, Spain, Switzerland and the United States, in 1998 the German firm Hugo Boss recorded a turnover of over 1,300 billion DM. An acknowledged international leader in menswear, Hugo Boss has launched a parallel line in women fashions marketed under the label Hugo. Each of the three Hugo Boss labels denote a complete line of fashions that can be identified with a precise style of living and is accompanied by complementary accessories such as perfumes, eyeglasses, watches, footwear and leather goods that point up the personality and style of the wearer. High-profile fashions shows and advertising campaigns starring international celebrities have brought the labels to the public's attention. The Boss label is available all around the globe from carefully selected retail points and through the over 250 Boss shops that present a standard identity at international level, and the best possible place for acquainting oneself with the trademark Boss lifestyle. Clothing under the Hugo label is found in the best boutiques and in the dedicated outlets in Los Angeles, Paris, and Amsterdam. Those under the Baldessarini label can be found in select upscale retail outlets.

The name Les Griffes dates back to the original individual retail point, which opened in 1990 for the sale of high-end menswear and women's fashions, with an edge on the quality-price ratio. The constant quest for leading brands gave shape to the firm's present marketing philosophy based on the retail of the following brand names: Armani Underwear, Versace Jeans Couture, Roberto Cavalli, Paul Smith Man, Samsonite Travelwear, Caractère, Blumarine Accessori, Rocco Barocco, Cristina Effe, T. S., and Cotton Belt. The restrictions of the original sales space in a downtown side street was superseded with the inauguration of a spacious outlet in the very center of town, boasting some 220 sq.m of floorspace, a move that allowed the owners to create a modern store in which customers enter and walk around at their leisure for a half-hour or so, maybe even pausing for an aperitif.

LINEA ELLE

Linea Elle nasce negli anni Sessanta, avvalendosi della profonda conoscenza delle tecniche di lavorazione del pellame dei suoi fondatori, come azienda artigianale a conduzione familiare per la creazione di calzature fatte a mano. Seguendo le trasformazioni del mercato Linea Elle inizia, negli anni Settanta, una produzione in serie e inaugura un primo punto vendita-spaccio per la commercializzazione esclusiva delle proprie calzature. Aumentano modelli, colori e stili, resta costante la qualità dei pellami. Negli anni Ottanta l'azienda avvia, con designer e tecnici specializzati, servizi di consulenza e produzione per altri marchi. Per il riassetto aziendale è fondamentale il lavoro dirigenziale di uno degli eredi, Alessandro Sbolci che, coadiuvato dalla moglie Simonetta Terenzi, trasforma Linea Elle in un marchio moderno di calzature attento alle evoluzioni della moda. Grazie ai successi ottenuti l'azienda si ristruttura negli anni Novanta puntando sulla commercializzazione del proprio prodotto e inaugura, per la clientela più esigente, un primo negozio-immagine a Sesto Fiorentino. Lo spaccio, destinato a un target familiare, adotta un sistema di vendita self-service su calzature multimarca, anche per bambino. Dell'azienda artigianale originaria Linea Elle mantiene oggi solo il nome e la qualità dei servizi.

LINEAQUATTRO

Lineaquattro è un'azienda che opera nel settore dell'arredamento finalizzato alla progettazione e realizzazione di mobili e arredi su misura per negozi, bar, alberghi e abitazioni. Nasce nel 1986 per espressa volontà di quattro amici falegnami che vantano una profonda conoscenza del settore. La buona gestione imprenditoriale, unita alla grande esperienza, hanno permesso la graduale crescita dell'azienda che attualmente occupa 15 addetti, oltre a numerosi collaboratori esterni, e dispone di un laboratorio di 2000 metri quadri dotato di macchinari ad alta tecnologia per la produzione di mobili. Consolidati rapporti con studi di architettura, qualità dei materiali utilizzati, cura dei dettagli e delle finiture, consentono a Lineaquattro di realizzare arredi classici, moderni, rustici o in stile nel rispetto delle diverse e specifiche esigenze del cliente, salvaguardando, nel contempo, la funzionalità degli arredi e assicurando una professionalità che giunge fino alla loro installazione definitiva.

LISAR

Lisar è stata fondata nel 1976 e da subito è riuscita ad affermare la propria immagine nel settore degli arredi speciali, soprattutto dei negozi specializzati, boutique e grandi spazi commerciali. La buona gestione imprenditoriale, unita alla ventennale esperienza nello stesso settore acquisita dai soci fondatori in precedenza, fanno di Lisar un'azienda leader con decenni di tradizione e alcune migliaia di punti vendita realizzati. Le metodologie lavorative industriali e la cura artigianale con cui vengono affrontate le realizzazioni, nonché la ricerca continua dei materiali e delle tecnologiche innovative, sono le garanzie del prodotto per il cliente. L'azienda offre un'assistenza che si distingue per tempestività, accuratezza e attenzione garantendo così, con l'impegno e la preparazione di tutti i collaboratori, la possibilità di esaudire ogni richiesta della clientela. Per questo professionisti e progettisti riconoscono a Lisar l'alta qualità di tutti i servizi necessari alla realizzazione del punto vendita. Così è stata affinata la specializzazione nella realizzazione personalizzata e completa per ogni tipo di negozio e in ogni parte del mondo.

Linea Elle was set up in the 1970s, drawing extensively from the inherited expertise in working leather goods of its founders, who ran a family business producing hand-crafted footwear. To align itself with market trends, in the 1970s Linea Elle started its own mass production and opened its first factory outlet exclusively for its own items. While new models colors and styles were regularly introduced, the premium quality of the leather itself remained unaltered. In the 1980s the firm set up a department of designers and specialist technicians to offer consultancy and production of other brand lines. Ensuring the firm's continuity was the managerial skill of one of the original family firm's heirs, Alessandro Sbolci who, together with his wife Simonetta Terenzi, transformed Line Elle into a well-placed brand of footwear that kept a close watch on the changing fashions. Capitalizing on its successes, in the 1990s the company underwent a complete overhaul and turned to the marketing of its home product, opening a new high-profile boutique for its more demanding clientele in Sesto Fiorentino (Florence). Meanwhile the warehouse outlet, aimed at family buyers, adopted a self-service system for the sale of mixed-label footwear, including children's shoes. Of the original craftsman's workshop, Line Elle has proudly maintained the name, and its reputable service quality.

Lineaquattro specializes in the manufacture of customized fixtures and furnishings for retail outlet interiors, bars and cafés, hotels, and homes. Set up in 1986 by four friends, all wood craftsmen with a long-standing experience in cabinetry. The intuitive management and keen know-how of the team soon brought prosperity to the enterprise, and the firm soon had a staff of 15 complemented by numerous outside collaborators, and some 2,000 sq.m of workshop floorspace equipped with high-tech machinery for the production of furniture. Having established close ties with architects studios, and maintaining its trademark's emphasis on the quality, finish and detailing of the materials used for production, Lineaquattro turns out furniture of all kinds - classic, rustic or period pieces according to the specifications of the client's brief - taking the job through to completion, while not forgoing the sheer functionality of each final solution.

Lisar was founded in 1976 and quickly made a name for itself in the sector of customized furnishings, above all for specialized stores, boutiques and shopping malls. Good management united with twenty years of experience acquired by the founding partners soon established Lisar as a sector leader backed by decades of tradition and now having thousands of retail outlets. The industrial production methods, craftsmanship and care of the product lines are complemented by a constant research into materials and technological innovation, an impressive guarantee of product quality. Acknowledged for its speed, precision and thoroughness, the company's committed and well-trained workforce can satisfy their clients' every need. For this reason professionals and planners recognize the quality of the services Lisar supplies for refurbishment projects in the retail sector, with its specialization in tailor-made projects for any type of shop all over the world.

MAX & Co.

Il progetto di negozio Max & Co., strategico all'interno di Max Mara Fashion Group, prende l'avvio nel 1986 con l'inaugurazione del primo punto vendita. Oggi, a seguito di un rapido sviluppo, i negozi Max & Co. sono 300, di cui oltre 200 in Italia. All'estero le presenze sono concentrate soprattutto in Medio ed Estremo Oriente, con una crescente diffusione in Europa e in Sud America. Gli spazi recentemente inaugurati a Londra, Leeds e Buenos Aires, si affiancano ai punti vendita istituzionali di Parigi, Berlino, Bruxelles, Mosca, Tokyo, Hong Kong. Le collezioni Max & Co. nascono per proporre alla consumatrice capi d'abbigliamento, ma anche accessori e complementi, frutto di una costante ricerca di materiali e textures particolari. Sono progettate per essere mixate in modo personale, secondo il concept di una moda-kit che lascia spazio alla creatività individuale. Il negozio Max & Co. è uno spazio libero e luminoso, un contenitore di sistemi moda da scomporre e ricomporre. Un mondo da scoprire dove lo shopping diventa un'esperienza dinamica, un luogo capace di sorprendere con iniziative ed eventi sempre nuovi.

MAXIMILIAN

Maximilian è entrato nel campo dell'abbigliamento maschile nel 1989 con il primo negozio a Bressanone (BZ) diventando presto leader nel settore per l'uomo che cerca una moda innovativa e di tendenza. Nel 1996, dopo il successo ottenuto, Maximilian ha aperto il secondo negozio d'abbigliamento uomo-donna e accessori in pelle nel centro storico di Brunico (BZ) e, per soddisfare le esigenze della clientela femminile, è nata nel 1999 la boutique Maximilian Donna a Bressanone. Il successo di Maximilian non si basa solo sulla clientela locale ma anche, e soprattutto, sul turismo straniero che ha trovato un punto di riferimento della moda maschile e femminile Made in Italy. Carte vincenti sono state sicuramente la combinazione abbigliamento-accessori in pelle (proposti a partire dalle borse fino alle cinture e ai portafogli) e l'impegno nell'instaurare un rapporto di fiducia tra cliente e venditore. Per consolidare le posizioni raggiunte sono previste due nuove aperture, a Bressanone e Brunico, al fine di soddisfare una clientela sempre più numerosa e allo stesso tempo sempre più attenta a un mercato che lascia spazio solo agli operatori più competenti.

MEL BOOKSTORE

È una nuova iniziativa nata dall'esperienza di Messaggerie e del gruppo Il Libraccio. La più importante distribuzione italiana, Messaggerie, si presenta in forma inedita insieme a un'organizzazione, Il Libraccio, che si propone da quasi vent'anni come riferimento per studenti, ricercatori e appassionati del libro. Mel Bookstore è una nuova e originale libreria-megastore che, in uno spazio di oltre 1.600 mq, offre una vastissima scelta di titoli (oltre 50.000 dedicati a narrativa, saggistica, musica, fumetti e più di 2.000 a turismo, tascabili, editoria per ragazzi) oltre a testi scolastici e a un settore molto fornito di circa 5.000 compact disc. In questo megastore sono in vendita inoltre articoli di vario interesse e curiosità: T-shirt, calendari, cartoline, ex-libris e segnalibri, fotografie, gadget e altro. Dall'idea "Nuovo ma non solo" è nato un ampio reparto dedicato alla compravendita di libri usati di ogni tipo, anche scolastici, compact disc, fumetti, ecc. L'intento è quello di far circolare libri e materiali relativi ad argomenti e interessi vari per renderli accessibili a un pubblico giovane, dati i bassi prezzi e la possibilità di rivendere i propri. Si tratta quindi di un servizio offerto al pubblico sempre più aperto a scambi e nuove possibilità.

The concept for the Max & Co. shops, part of the Max Mara Fashion Group, took form with the opening of first store in 1986. Owing to the swift growth and a healthy sales record there are now some 300 Max & Co. outlets around the world, 200 of which in Italy alone. Stores abroad are largely concentrated in the Middle and Far East, but are now spreading through Europe and South America. New outlets have opened in London, Leeds, and Buenos Aires, complementing those already established in Paris, Berlin, Bruxelles, Moscow, Tokyo, and Hong Kong. The brand collections created provide a ready range of fashions, supplemented by accessories and other complementary items as part of the label's ongoing research into special materials and textures. The pieces are devised to be combined and worn according to the mood of the wearer, like a "fashion kit" that allows an ample margin for individual choice. The Max & Co. stores offer a notably airy and bright ambience composed of a system of containers that can be dismantled and reassembled, where shopping becomes a dynamic experience and the place itself affords different ideas and events at every new visit.

Maximilian made its debut with a first store in Bressanone (Bolzano) in 1989 as a sales outlet for men's fashions, and rapidly established itself as a leading shop for the man seeking an innovative, up-to-date look. This early success led in 1996 to a second store for both men and women's fashions, complemented with accessories in leather. The site of new outlet was Brunico (Bolzano), and later yet another new shop, Maximilian Donna, was launched, this time devoted exclusively to women's fashions and located again in Bressanone. Maximilian's success is not based solely on the local clientele, as many tourists from abroad shop here, who have made it their preferred store for exclusive Italian fashion design. One of the keys to the store's success is the combination of clothes with accessories of all kinds (including handbags, belts, and wallets) and the company's commitment to establishing a friendly, welcoming rapport between store assistants and customers. To continue the firm's consolidation program, two new outlets are due to be inaugurated in Bressanone and Brunico, to keep up with the ever-growing but increasingly discerning clientele that shows a preference for professionalism and competence.

This new bookstore is the fruit of a merger between the nationwide booksellers Messaggerie and Il Libraccio, representing two quite separate concepts of marketing printed matter. The former, one of the country's leading retailers of books, has teamed up with a company that has long been a reference point for students, researchers, and bookworms in general. Mel Bookstore is a new-generation type of book haven sprawling over 1,600 sq.m of selling footage on different levels, stocking a nigh exhaustive choice of titles (over 50,000 devoted to novels, essays, music, comic-strips, and over 2,000 to travel, paperbacks, and children's books); besides these is a big section for textbooks and a room for compact discs. Other items on sale include T-shirts, calendars, art cards, ex-libris plates and bookmarks, photographs, and gadgets. The retail concept of selling "not only new" books has generated a large department for the purchase and sale of books of all kinds, including second-hand textbooks, recordings, comic-strips, and so forth. The idea is to keep material circulating and available to the younger crowd, who are now in a position to buy textbooks cheap and even sell off their own once they have finished with them. In this way the store's function is more like a public amenity, fostering a constant exchange of ideas and new opportunity.

MESSORI

Messori si caratterizza nel privilegiare la qualità alla quantità. L'estrema cura e attenzione nella selezione dei tessuti, nei tagli sartoriali, nella preziosità dei dettagli e nell'esclusività delle linee attestano il marchio in una fascia alta di mercato. Frutto di un'attività stilistica all'avanguardia, le collezioni total look Messori vestono un uomo capace di non uniformarsi alle tendenze che si esprime con naturalezza e libertà. La forte propensione all'innovazione e alla ricerca inducono l'azienda a scegliere tessuti sempre nuovi e di grande pregio. Tutti i capi sono studiati nei minimi particolari da Germana Martinelli, coniuge e contitolare di Lanfranco Messori, che, oltre al gusto per un'eleganza formale e a un forte spirito innovativo, dedica alla modellistica un'accurata analisi. La stilista è coadiuvata per la linea calzature e jeans da Gianmarco Messori, naturale erede dei valori dell'azienda. Puntando alla maggior visibilità sul mercato Messori ha aperto boutique monomarca a Rimini, Roma, Toronto, Caracas e Londra. Un prodotto di alta qualità, un'efficiente distribuzione, fiere, sfilate, ufficio stampa, pubblicità, showroom, punti vendita e corner dimostrano che l'azienda è disposta a creare un rapporto costante e continuativo con i propri clienti e a consolidare ed espandere la propria presenza sul mercato internazionale.

MOSAÏQUE

Mosaïque nasce nel 1983 con una piccola produzione artigianale di accessori in pelle per abbigliamento. La passione per la ricerca e la creazione di prodotti di qualità di Alessandro Bardelle, fondatore dell'azienda, è stata riconosciuta nel tempo da una clientela di alto livello che vi si è identificata. È nata così una distribuzione che potesse accontentare questi estimatori soprattutto nei momenti di spensieratezza e vacanza. Il marchio Mosaïque è diffuso nelle più importanti città e località di villeggiatura del mondo. Recentemente sono stati aperti due punti vendita a Milano, in Via S. Marco e Via De Amicis e uno a Cortina in Corso Italia. Questi nuovi spazi commerciali rappresentano l'inizio della nuova strategia di Mosaïque che punta sull'introduzione diretta del concetto aziendale per dare impulso alla notorietà del marchio e promuovere l'apertura di una catena internazionale di negozi diretti e in franchising, allargando anche l'offerta merceologica ad altri settori quali la casa, i profumi, la cartoleria, ecc. attraverso accordi di licenza con operatori specializzati nel settore.

MODUSVIVENDI

Modusvivendi è la realizzazione nel 1997, da parte di Marcella Licata e Salvo Spiteri, di un progetto tenuto a lungo nel cassetto. Un modo nuovo e moderno di "fare libreria" che ha dato spazio alla piccola e media editoria di ricerca proteggendosi dal marketing fin troppo aggressivo dei grandi gruppi editoriali tendente a monopolizzare gli spazi con il conseguente appiattimento dell'offerta e la penalizzazione delle proposte. Nel tracciare la filosofia commerciale della libreria, oltre a comprendere settori specializzati come la fotografia, il cinema, il teatro, l'arte e l'architettura, si è tenuto conto di aspetti e fenomeni che fanno irreversibilmente parte della nostra cultura: Internet, la multimedialità, il linguaggio dell'immagine e l'esigenza di un punto d'incontro. Da due postazioni i clienti hanno la possibilità di navigare sia in locale che sul www, da un computer si fanno demo di cd-rom legati all'editoria e da un retroproiettore incassato nella scaffalatura si trasmettono ininterrottamente immagini di cultura e cult movies. Oltre agli eventi culturali, alle mostre fotografiche, ai reading e alle presentazioni di libri, un divano dà ai lettori la possibilità di intrattenersi in libreria per consultare libri, confrontarsi, conversare... insomma "un modo di vivere".

Messori has made its watchword quality against quantity. Extreme care in the choice of fabrics, the cut of the cloth, the exacting detail and choice nature of the lines stocked, have ensured the label an exclusive, upscale class of consumer. With its radical philosophy on style and coordinated "total look" solution retailing aimed at the man who tends to sidestep the going trends in favor of a freer, more natural image of himself. The drive for innovation and new ideas has prompted the firm to choose high-quality fabrics of entirely new invention. Every article of clothing, every detail, is carefully designed by co-owner Germana Martinelli, wife of Lanfranco Messori. Besides a refined sense of formal elegance and a flair for innovation, Germana creates each model after extensive analysis. The principal fashion lines are complemented by the footwear and jeans designed by Gianmarco Messori, who has inherited the family's business sense and feeling for style. In order to established the label on the market worldwide, Messori opened new own-brand outlets in Rimini, Rome, Toronto, Caracas, and London. Added to the intrinsic quality of the label are the efficient distribution, the trade fairs, fashion shows, press office, advertising, showroom, and retail outlets and concessions, all directed toward offering continuity of presence and rapport with its clientele, and to expanding its brand presence on the world market.

Mosaïque began in 1983 as a small crafts workshop for handmade leather accessories and fashion coordinates. The talents of the company's founder, Alessandro Bardelle, were soon acknowledged by the rapid establishment of an elite type of customer. Spurred by success, Bardelle set up a distribution network to address this esteemed clientele, particularly as regards leisure and sportswear. The Mosaïque label has outlets in major cities and resorts all over the world. Two new sales points have recently opened in Milan, one in Via San Marco, the other in Via De Amicis; meanwhile another new store opened in Corso Italia, Cortina. These new outlets are part of Mosaïque's retail strategy aimed at the direct application of the firm's policy of growing its market presence and the imminent launch of a chain of new own-brand sales points and franchise stores, broadening the offering to include other sectors such as household goods, perfumes, and stationery through licensed agreements with specialist operators in each sector.

Modusvivendi was launched in 1997 by Marcella Licata and Salvo Spiteri, originating from a project the founders had kept on the shelf for some time. Their idea was to open a sales point that represented a new concept of the bookstore, far from the aggressive marketing ploys of the large publishers, whose tendency to monopolize the market leads invariably to an blanket uniformity in the range of titles offered, penalizing the buyer's choice. In their formulation of the philosophy behind the business of bookselling, besides the usual specialization in areas such as photography, cinema, theater, art, and architecture, the founders looked at such irreversible factors influencing book sales, such as the Internet, multimedia, new visual languages, and not least the idea of a "meeting place." In this store two interactive consoles allow users either to browse websites on the Net or to explore publishers' offering on demo CD-ROMs; meanwhile overhead video screens set high into the bookshelves run continuous cult-movie clips spliced with cultural features. Alongside a program of cultural events staged at the store, including photographic exhibitions, readings and books presentations, a sofa is provided for customers to take a break and leaf through their choice of book, meet other readers and exchange views - to create a lifestyle.

NESPRESSO CLUB

Sull'onda del successo ottenuto in diversi mercati europei e d'oltreoceano, che in meno di dieci anni ha portato 350.000 intenditori in trenta paesi del mondo a diventare soci del Club Nespresso, questa straordinaria creazione firmata Nestlé fa il suo ingresso in Italia in concomitanza con l'apertura della boutique Nespresso a Milano. Il Club Nespresso è stato determinante per il successo del marchio. Fondato nel 1989 solo per la Svizzera, rappresenta oggi il canale di distribuzione esclusivo delle capsule di caffè e degli accessori in tutto il mondo e il luogo attraverso cui Nespresso veicola la promozione dei propri prodotti e servizi. La sua vocazione tuttavia non è solo quella di raccogliere ordini ma di offrire un servizio continuo alla clientela, riferire informazioni sul sistema e le miscele di caffè e registrare i commenti dei soci. Attraverso il Club si possono ottenere consigli personalizzati e consegne rapide e sicure, in 48 ore, di caffè e accessori ordinati via posta, fax, e-mail, numero verde o direttamente acquistati in negozio. Oggi il Club Nespresso è presente nei principali paesi europei (Svizzera, Italia, Inghilterra, Francia, Spagna, Olanda, Belgio, Germania, Austria), in Giappone e Malesia, a Singapore e Hong Kong, in Australia e negli Stati Uniti.

PLUS

In Piazza Missori a Milano, di fronte alle mura antiche, si trova Plus: il negozio di abbigliamento femminile aperto da Susanna Santagostino, un cognome di lunga tradizione nel tessile e nell'abbigliamento. Leitmotiv della boutique è quello di unire al gusto e alla qualità il senso del corpo: in altre parole di offrire qualcosa di più alle clienti. Il punto vendita è stato recentemente ampliato di 100 metri quadrati, raggiungendo così i 250 metri quadrati di superficie espositiva su due livelli, per creare un reparto dedicato alle calzature, agli accessori e all'oggettistica per la casa. Plus ospita oggi le collezioni: Martino Midali, Luciana Zuffi, Incotex, NN Studio, Anteprima, Victor Victoria, Strenesse Blue per l'abbigliamento e Duccio Del Duca, Sergio Rossi, Strenesse, Vic Matié, Gianna Meliani per le calzature.

POMELLATO

Pomellato nasce a Milano nel 1967 come piccola casa orafa e si sviluppa nel corso degli anni, con una crescita che è conferma di una giusta intuizione di mercato e di un'alta qualificazione della produzione, in un'azienda a carattere internazionale.
Coerentemente al simbolo di marca, un cavallo pezzato che si differenzia dal branco, Pomellato fin dagli esordi distingue la sua produzione per stile e qualità con l'uso di forme bombate, morbide e senza spigoli. Offre alta oreficeria prodotta in serie ma realizzata a mano con ricerca, cura del particolare e qualità indiscussa. Con la scelta anticipatrice di firmare i gioielli e avviare una politica di marca, l'azienda si inserisce nel mercato, all'epoca concentrato essenzialmente su pochi nomi di livello internazionale, grazie a un forte carattere innovativo le cui linee ispiratrici sono coerenza stilistica, creatività legata alla cultura e alla miglior tradizione orafa lombarda, attenzione alla moda e capacità di parlare ad acquirenti di target diversificati e sofisticati. La griffe viene dunque a colmare il vuoto fra i grandi gioiellieri dei pezzi unici e la produzione industriale. Il successo di questa politica aziendale porta nel 1982 all'apertura del primo negozio monomarca a Milano e cinque anni dopo a Parigi in Faubourg Saint-Honoré. Dopo l'apertura a New York, sulla 5th Avenue presso Bergdorf Goodman, da circa un anno la presenza negli Stati Uniti si è estesa ad altre città in collaborazione con Saks Fifth Avenue. Il marchio Pomellato è attualmente presente a Los Angeles, Houston, Miami, San Francisco, Boston, Atlanta, Chicago, Chevy

---

In the wake of its successes across Europe and on the other side of the Atlantic, which in less than ten years have seen contracts with 350,000 Nespresso Club franchise operators in thirty different countries around the globe, this highly successful enterprise set up by Nestlé has recently established a foothold in Italy with the inauguration of the Nespresso boutique in Milan. Club Nespresso retail identity was fundamental for the brand's success. Founded in 1989 originally for Switzerland alone, today it represents the exclusive channel of distribution for coffee capsules and accessories around the world, and the means by which Nepsresso furthers the diffusion of its brand ID and services. Its purpose is not, however, merely to take orders, but to offer a round-the-clock customer service, supply information on the coffee-makers and mixing, and deal with feedback from franchise partners. The Club network offers personalized consultancy and a prompt 24-hour delivery of coffee and accessories ordered via post, fax, e-mail, freephone, or from direct purchase on-site. Today Club Nespresso outlets are found all across Europe (Switzerland, Italy, England, France, Spain, the Netherlands, Belgium, Germany, Austria) and in Japan, Malaysia, Singapore, Hong Kong, Australia and the United States.

In Piazza Missori, Milan, close by remnants of the old city walls, rises the new women's fashion store Plus, opened by Susanna Santagostino, a family name that has a long tradition in fabrics and clothing. The boutique's leitmotif is a happy union of good taste and quality with a heightened sense of one's own body. The aim is to offer something new, something extra to the clientele. After recent enlargements the store's retail space now covers a total of 250 square meters on two levels, and involves a separate department for footwear, accessories and household objects. Among the labels carried by the store for clothing: Martino Midali, Luciana Zuffi, Incotex, NN Studio, Anteprima, Victor Victoria, Strenesse Blue; and for footwear Duccio Del Duca, Sergio Rossi, Strenesse, Vic Matié, Gianna Meliani.

Pomellato made its debut in 1967 as a small outfit producing quality gold- and silverwork, and over the years the founders' keen business acumen and intuitions regarding the market led the firm from strength to strength, turning it rapidly into an international company of renown. In line with the company logo, a dappled horse that stands out from the crowd, from the outset Pomellato's trademark style and quality lie in its shrewd deployment of gentle, bulging forms with smoothed edges and corners. Pomellato's fine goldwork is machine-produced and then carefully hand-worked by skilled craftsmen, a procedure that has made undisputed production quality its hallmark of distinction. Somewhat ahead of its time, the company decided to put its name on all their goldwork, when there were still few established international trademarks in the field. Underlying the label's innovative lines was a basic stylistic coherence combined with a traditional legacy of the finest Lombard craftsmanship, together with a close watch on shifts in taste and style so as to better address the sought-for upscale clientele. The label filled a gap in production between firm's that produced unique, one-off pieces, and those that produced industrially. The success of this marketing policy led to the creation of an own-brand store in 1982 in Milan, and five years later in the Faubourg-Saint-Honoré, Paris. After the inauguration of the new concession at Bergdorf Goodman's on Fifth Avenue, New York, the label's presence in the United States has spread to Los Angeles, Miami, San Francisco, Boston, Atlanta,

Chase, Greenwich, Frontenac, Bal Harbour e Mc Lean. Nel 1997 sono stati aperti negozi monomarca a Taipei, Anversa e Barcellona. Nel 1998 sono stati inaugurati i negozi di Lisbona e Montecarlo e i corner di Atene e Salonicco. Nel 1999 quelli di Singapore e Marbella e sono previste aperture a Mosca e Cannes.

Attualmente i negozi monomarca sono 19 e circa 300 i concessionari nel mondo. Una distribuzione selettiva attenta al territorio e ai requisiti del punto vendita. Secondo le tendenze più recenti della progettazione di spazi commerciali, tutti i negozi Pomellato sono concepiti seguendo un'idea guida che supera le specificità locali per proporre un'immagine coerente in tutto il mondo con un tocco di individualità per ciascuna boutique. Uno stile preciso e riconoscibile, di volta in volta rivisitato nel rispetto del contesto architettonico in cui viene ospitato, teso a esaltare il prodotto su cui deve concentrarsi l'attenzione di chi entra.

Nella strada principale del centro di Arezzo, al 205 di Corso Italia, sorge Prestige, boutique per l'uomo e la donna, gestita dalla titolare Annamaria Polci. Completamente ristrutturato nell'aprile 1999, il negozio gode di una vasta esposizione grazie alle sei ampie vetrine. Ogni stagione Annamaria Polci propone la moda abbinata al gusto e alla gioia di vestire. La vasta scelta delle griffes distribuite, al primo piano per l'uomo e al secondo per la donna, attira sempre una clientela dinamica in cerca di eleganza e di voglia di nuovo. Al momento della scelta il cliente riceve consigli qualificati dal personale e anche il pubblico più giovane trova in Prestige il suo punto di riferimento. Spesso il negozio si trasforma nei colori e nella disposizione di abiti e arredi, in linea con il diverso stile di ogni marchio, così da creare una molteplicità di corner. In questo modo Prestige è in grado di offrire sempre un ambiente caldo e in continua evoluzione. Attenta alle innovazioni tecnologiche Prestige è presente con un proprio sito nella rete mondiale di Internet all'indirizzo www.prestigeboutique.com. "Grande attenzione alle innovazioni nel rispetto rigoroso della tradizione", questo l'imperativo/obiettivo della titolare.

La Respedil, nata nei primi anni settanta come impresa artigiana gestita dai titolari, Recanati e Spreafico, è ormai presente nel settore edile da più di dieci anni. Conosciuta e stimata per la qualità e il prestigio delle sue realizzazioni, la Respedil è specializzata nelle lavorazioni in gesso e nelle decorazioni antiche a stucco, ma rivolge particolare attenzione anche a tecniche di più recente applicazione per soddisfare le diverse esigenze della propria clientela. In collaborazione con importanti studi e team d'architetti ha sviluppato, nel corso degli anni, un'importante capacità di consulenza e una vivace predisposizione ed elasticità verso tecniche nuove e settori diversificati. Grazie alla fiducia acquisita sul mercato la Respedil ha consolidato il proprio prestigio e ampliato la propria clientela sia in ambito nazionale sia internazionale. Tra gli interventi principali ricordiamo la realizzazione di alcuni edifici e negozi nelle maggiori città italiane ed estere: Prada a Milano, Venezia, Napoli, Firenze, Singapore e New York; Anteprima, Genny, Palazzo Trussardi, la Banca Comit e la discoteca Hollywood a Milano; il Seminario Arcivescovile San Pietro a Seveso e la residenza estiva del principe dell'Arabia Saudita a Ginevra.

Chicago, Chevy Chase, Greenwich, Fontenac, Bal Harbour, and McLean. Other flagship stores opened in the course of 1997 in Taipei, Antwerp, and Barcelona. The following year saw new stores in Lisbon and Montecarlo, and concessions in Athens and Salonika, and in 1999 Singapore and Marbella; two further outlets are planned for Moscow and Cannes. To date, a total of 19 own-brand stores and 300 concessions have been opened round the world. Carefully gauged to the geographical context, each Pomellati outlet is refitted with leading-edge retail designs, following a corporate concept that allows for an individual character for each store by taking account of its site specifics while maintaining a consistent brand identity the world over. The resulting style is precise and recognizable, tuned each time to the host building's architecture context, so that the whoever enters is drawn immediately to the products on display.

Located at 205 Corso Italia, Arezzo, the Prestige fashion boutique for men and women's fashions is owned and run by Annamaria Polci. Given a complete facelift in 1999, the store's ample glazed frontage offers a generous window display area, where each season Annamaria Polci proposes her selection the of latest fashions in which the keynote is the sheer pleasure of dressing in style. The wide range of designer labels - ground floor for men, first floor for women - attract the type of dresser looking for elegance and something entirely new. The store assistants are always ready to provide qualified advice to the clientele, which includes many young shoppers who find a valid point of reference in Prestige. Often the store's displays undergo a dynamic change of color scheme according to the label being proposed, generating a multiple setting of different brand corners. In this way Prestige manages to offer a dynamic shopping environment in constant evolution. Always abreast with the latest technologies, Prestige has its own website (www.prestigeboutique.com), which conveys the owner's business philosophy of seamlessly blending innovation with a rigorous respect for tradition.

Respedil, which opened in the early seventies as an artisan firm managed by its owners, Recanati and Spreafico, has been operating in the construction sector for over ten years now. Know and respected for the quality and prestige of its work, Respedil specializes in plaster work and old stucco decorations. However it also pays particular attention to more modern techniques in order to satisfy the diverse requirements of its customers. In collaboration with important studios and teams of architects it has developed, over the years, significant consulting experience and a lively and flexible approach to new techniques and diverse sectors. Thanks to the confidence that it has acquired in the market, Respedil has reinforced its prestige and widened its clientele both in Italy and abroad. Among its principal works are buildings and shops in major Italian and foreign cities: Prada in Milan, Venice, Naples, Florence, Singapore and New York; Anteprima, Genny, Palazzo Trussardi, the Comit Bank and Hollywood disco in Milan; the Archbishop's Seminary of Saint Peter in Seveso and the holiday residence in Geneva of the Prince of Saudi Arabia.

R.S. DUE

La R.S. Due è una giovane azienda nata dalla siner-gia delle esperienze professionali acquisite nel set-tore artigianale dai due soci fondatori Vincenzi e Valentini. Sviluppatasi velocemente è oggi una realtà consolidata in grado di soddisfare le richieste della committenza sotto ogni profilo. I fattori che hanno contribuito alla crescita e al successo della R.S. Due sono numerosi: cura del dettaglio, montaggi realiz-zati con la massima precisione, manutenzione e pun-tualità nelle consegne. Ma il vero punto di forza è l'e-strema versatilità con la quale si realizzano lavori di carpenteria pesante e leggera. La R.S. Due, grazie al continuo aggiornamento di tecniche e macchinari, realizza con precisione opere in acciaio inox per interni ed esterni, assecondando le esigenze dei progettisti. L'incessante ammodernamento non esclude comunque la capacità di utilizzare antiche tecniche come quella del ferro battuto, forgiato in officina da mani esperte, per la creazione di vere e proprie opere d'arte. L'azienda, offrendo la possibi-lità di impiegare le più varie tecniche di lavorazione, è al servizio del committente per l'esecuzione di opere destinate ad alberghi, bar, banche, negozi, ville e abitazioni private.

SALVINI

Contemporaneità e libertà creativa, sono questi gli elementi che possono facilmente identificare un gioiello Salvini. Una storia che nasce a Valenza, capi-tale mondiale della gioielleria, e di questo distretto è una figlia indipendente e innovativa. Grande tradi-zione orafa, profonda ricerca sulla qualità delle gemme e una vera capacità di anticipare i cambia-menti. Salvini gioca con la tradizione, il design e la moda sovvertendo gli schemi, con lo sguardo sem-pre rivolto a una donna dolcemente forte, affascinan-te e volitiva. Dal 1998, infatti, Salvini sceglie per inter-pretare la propria immagine Francesca Neri, immor-talata dai migliori fotografi. Francesca Neri è la donna della frontiera temporale: semplice, consape-volmente contraddittoria, pronta a riflettere e a rive-dere le sue scelte. Una donna che cerca il contrap-punto alla sua semplicità in un'eleganza architettoni-ca di grande rigore: i gioielli Salvini.

TSW.IT

Un palazzo del Quattrocento nel cuore di Treviso è la sede della TSW.IT, società nata per offrire le poten-zialità di Internet a chiunque ne possa trarre vantag-gio. La complessità tecnologica della rete e la sua continua evoluzione fanno sì che il suo utilizzo pre-supponga una conoscenza e un'esperienza diretta in diversi settori. Evidentemente queste competenze non sono sempre a disposizione di tutti; ciononon-stante l'impiego di Internet può risultare fattore fon-damentale di potenziamento aziendale, sia nel setto-re produttivo e gestionale sia in quello commerciale. In relazione a questi aspetti TSW.IT offre un servizio di consulenza completo, in grado di soddisfare esi-genze diverse con risposte adeguate e specifiche sia sul piano tecnologico sia informativo garantendo la massima qualità per lo sviluppo, la realizzazione e la gestione del progetto Internet. TSW.IT si propone anche di fornire analisi di mercato nel settore di Internet e in generale sulla possibilità da parte del cliente di sviluppare progetti per la propria azienda, sfruttando quegli aspetti della rete che ne potranno migliorare l'attività produttiva e la qualità del lavoro.

Fruit of the combined talents and professional expe-rience acquired in the artisan sector by its founder-members Viencenzi and Valentini, the newly estab-lished company R.S. Due soon developed into a dynamic company able to address client briefs of all kinds and complexity. While the contributing factors to the company's success are an essential attention to detail, precision of assembly, an efficient mainte-nance program, and prompt delivery, the real cor-nerstone is the great versatility with which metalwork is carried out, with the use of high-precision presses for steel units for interior or exterior assembly, accu-rately addressing the requirements in the client's brief. This constant program of updating does not rule out more established techniques of metalwork such as wrought iron, cast by experts in the work-shop, for the creation of full-fledged works of art. With this wide range of facilities and technical know-how, the company offers a full range of creations for hotels, bars and cafés, banks, shops, villas and pri-vate houses.

An innate spirit of timeliness and creative freedom are the hallmarks customers have learned to associ-ate with Salvini jewelry. The firm began its life in the town of Valenza (Alessandria), renowned the world over for the consummate workmanship of its gold-and silverwork, but immediately asserted an innova-tive, independent brand image of its own with a long tradition in the craft, expert choice of gems and an ability to keep apace with changes in taste and style. Salvini plays on this combination of tradition, design and style, subverting the standard formulas and tun-ing its production to an attractive but strong, discern-ing type of woman. In 1998 Salvini chose the popu-lar Italian actress Francesca Neri as the ideal incar-nation of such female qualities to endorse the brand identity. Immortalized by numerous world-famous photographers, Francesca Neri is a woman on the edge of time: knowingly contradictory, but ready to rethink and review her choices. A woman who seeks a counterpoint to her own guilelessness through the cogent architecture of Salvini jewelry.

A fifteenth-century palazzo in the heart of Treviso is host to TSW.IT, an Internet access-point for easy entry into the World Wide Web. The technical com-plexities of the web and its constant evolution pre-sume a certain knack and hands-on experience in navigating its various sectors. But while such advance knowledge is not everyone's privilege, the Net's vast potential can be of fundamental impor-tance to business, as much as an aid to production and management as to boosting sales. To this end TSW.IT offers an all-round package of Internet advi-sory solutions that cover a wide range of needs with customized assistance programs tuned to making the very most of each website presentation. TSW.IT also supplies consultancy programs for e-commerce in the relevant sector, showing clients where they can expand their company taking advantage of the net-work to improve productivity and quality.

Unoaerre, il più grande produttore di gioielleria d'alta qualità, ha ottenuto una gran notorietà grazie al design, al valore artistico e all'eccellenza della sua produzione. Fondata nel 1926 ad Arezzo, sulle colline toscane, da Leopoldo Gori e Carlo Zucchi, l'azienda s'afferma a livello internazionale in Europa, Usa e Giappone. Il nome significa "Numero uno ad AR", Arezzo. Grazie alla tecnologia produttiva all'avanguardia e a una visione creativa Unoaerre lavora circa 40 tonnellate d'oro ogni anno ma, nonostante la quantità di gioielli prodotti, l'azienda non ha mai perso di vista l'importanza del design, dell'innovazione e della qualità. Da sempre legata alla tradizione orafa e in stretto rapporto con la storia, Unoaerre ha collaborato con grandi maestri dell'arte, della scultura e della moda, quali Annigoni, Dalì, Cascella, Greco, Messina e, più recentemente, Gio Pomodoro, raccogliendo, dal 1920 a oggi, un'importante e incomparabile collezione storica di gioielleria di design. Unoaerre offre alla propria clientela una varietà di linee e collezioni in grado di soddisfare le esigenze di qualsiasi tipo di mercato.

"Scarpe appoggiate su dei ripiani a un passo da me, e tutto sembra promettere che qualcuno verrà a riprenderle, lasciandosi portare via da loro. È sicuramente parte di un rituale: questa moltitudine di cose evoca una moltitudine di persone, tutte diverse, a giudicare da quello che portano. Cerco allora d'immaginarmi i loro volti, il loro profumo, le loro storie, che un po' s'incrociano con la mia che ora è qui a un passo da loro. Loro, l'oro, che avvolge questa situazione spaziale come note di musica barocca sul pentagramma di un giardino Zen. E il rumore dei miei passi sulla passerella di legno quasi disturba il senso di pace che si respira in questo luogo, preambolo di un tempio, o tempio stesso, dove i piedi hanno radici come le gambe dei tavoli, dove chi entra riconoscerà le scarpe che aveva lasciato per fermarsi un po' a meditare, se le rimetterà ai piedi e ricomincerà a camminare". Così Fabio Novembre, architetto, descrive il suo lavoro per il marchio Via Spiga. Azienda italo-americana che unisce la tradizione del Made in Italy, attraverso Ernesto Esposito, alla potenza commerciale americana. Nel suo ventesimo compleanno, la collezione Via Spiga, del gruppo Intershoe, con negozi monomarca a New York, Dallas, Miami e New Port, vanta un successo mondiale in espansione.

Unoaerre, the world's largest manufacturer of fine gold jewelry, has earned a worldwide reputation for its design, craftsmanship and excellence in jewelry production. Founded in 1926, in the Tuscan hill town of Arezzo, Italy, by Leopoldo Gori and Carlo Zucchi, the company's international presence spans Europe, U.S. and Japan. The name (in italian) means "Number one in AR", Arezzo. Through the company's state-of-the-art-production technology and creative vision, Unoaerre turns approximately 40 tons of gold jewelry each year but, despite the volume of jewelry produced, the company has never lost sight of the importance of design, innovation and quality. It has always remained committed to the "Art of the Goldsmith" and maintains a close relationship with the history, Unoaerre has collaborated with the great masters in art, sculpture and fashion, including Annigoni, Dalì, Cascella, Greco, Messina, and most recently, Gio Pomodoro. As such it has developed an unparalleled important historical collection of superior jewelry designs from 1920 to the present. Unoaerre offers to its customers a variety of lines and collections able to satisfy the needs of every market range.

"Shoes resting on ledges close at hand, expectantly awaiting the return of their owners and allowing themselves to be taken away. It's evidently part of some ritual: this multitude of things evokes a multitude of people, each one different, to judge from what they wear. So I try and imagine their faces, the perfume they wear, their life stories, some of which intertwine with my own now that I am a few steps from them. Here, gold envelopes this place like notes of Baroque music on the stave of a Zen garden. And the sound of my own footfall seems almost an intrusion on the hush of the place, like some hallowed threshold, or a temple itself in which whoever enters will recognize the shoes he removed at the door, now he has lingered for a moment's inward reflection, put them back on his feet and begin once more to walk." Thus the architect Fabio Novembre describes his interiors for the dedicated outlet of Via Spiga, an Italo-American brand that unites the tradition of Italian design through Ernesto Esposito, with the redoubtable might of American commerce. Now in its twenty-first year, the Via Spiga label (Intershoe Group) with its own chain of shops in New York, Dallas, Miami, and New Port, is steadily expanding round the world.

NUOVI AMBIENTI ITALIANI / *NEW ITALIAN ENVIRONMENTS*

NUOVI NEGOZI A MILANO / *NEW SHOPS IN MILAN*
S. San Pietro - M. Vercelloni

Oltre 15.000 copie vendute in tutto il mondo e 3 ristampe testimoniano il grande successo di questo titolo. 82 negozi milanesi appositamente fotografati per il libro, con
testi di commento e schede tecniche dei materiali impiegati e delle aziende che li
hanno realizzati.

*More than fifteen thousand copies sold world-wide and three reprints are testimony to
this book's great success. Photographs of eighty-two Milanese shops are accompanied by commentaries and technical tables, specifying the materials used and the
firms responsible for their construction.*

1988 (3ª ristampa 1990), 210 x 297, 250 pp., 418 ill. col., testo italiano/inglese
€ 77,90 / L. 150.000 (brossura/paperback)   ISBN 88-7685-047-3

1

NUOVI NEGOZI IN ITALIA / *NEW SHOPS IN ITALY*
S. San Pietro - M. Vercelloni

Selezione di 86 inediti e prestigiosi negozi italiani, illustrati da foto appositamente realizzate, con testi di commento e schede tecniche con gli indirizzi dei fornitori e le specifiche dei materiali impiegati. Strumento indispensabile, vendutissimo ancora oggi.

*Eighty-six selected, unpublished Italian shops, especially photographed for this book,
are accompanied by commentaries, technical tables and the names and addresses of
the firms responsible for their construction, along with the specifications of the materials used. An indispensable tool, still widely sold today.*

1990 (2° ristampa 1993), 210 x 297, 288 pp., 400 ill. col., testo italiano/inglese.
€ 77,90 / L. 150.000 (rilegato/hardback)   ISBN 88-7685-032-5

2

1990. STADI IN ITALIA / *STADIUMS IN ITALY*
S. San Pietro - M. Vercelloni

I 12 eccezionali stadi di calcio dei Mondiali di Italia 90 documentati da un ricchissimo
apparato iconografico con disegni e modelli, foto di cantiere e foto appositamente realizzate delle architetture ultimate. Testi critici e di progetto. Antologia d'immagini e
appunti per una storia di stadi, circhi e anfiteatri. In appendice normative, standard e
sicurezza negli stadi; regolamento italiano e F.I.F.A. del calcio.

*The twelve exceptional soccer stadiums of the World Cup Soccer championship, held
in Italy in 1990, are documented by a very rich iconography of drawings, models, building yards and completed projects photographs. Critical and descriptive texts accompany the anthology of images and notes of this historical survey on stadiums, circuses
and amphitheaters. The appendix contains the regulations, standards and stadium
safety, along with the F.I.F.A. and Italian soccer regulations.*

1990, 210 x 297, 460 pp., 800 ill. di cui 340 a col., testo italiano/inglese.
€ 93,40 / L. 180.000 (rilegato/hardback)   ISBN 88-7685-024-4

3

GRAND HOTEL IN ITALIA / *GRAND HOTELS IN ITALY*
S. San Pietro - M. Vercelloni

I 20 più significativi grand hotel italiani in città, al mare e in montagna. I testi affiancano
spettacolari ed esclusive immagini fotografiche, sottolineando aspetti progettuali e
architettonici; le schede tecniche offrono informazioni dettagliate sui materiali impiegati e sugli aspetti funzionali; un accurato profilo descrive i servizi offerti dai grand
hotel proponendo il volume anche come utile guida.

*Twenty of the most significant grand hotels in Italy, located in cities, seaside and moun-
tain resorts are contained within this book. The texts accompanying the spectacular
and exclusive photographs emphasize the design and architectural aspects. The technical tables offer detailed information on the material used and the functional aspects.
An accurate profile describes the services offered by the hotels, rendering this volume
a useful guide.*

1992, 210 x 297, 256 pp., 339 ill. col., testo italiano/inglese.
€ 93,40 / L. 180.000 (rilegato/hardback)   ISBN 88-7685-043-0

4

NUOVE ABITAZIONI IN ITALIA / *URBAN INTERIORS IN ITALY*
S. San Pietro - M. Casamonti

Proponendosi come concreto riferimento sulle tematiche dell'abitare sempre in bilico
tra desiderio e funzionalità, il libro offre un panorama eterogeneo di 22 recenti interni
urbani di altrettanti architetti italiani di fama internazionale. Lettura locale per locale
attraverso testi e immagini di grande formato, dettagliate schede tecniche con materiali e fornitori.

*This book offers a varied perspective on the issue of a living style that is continually
poised between pleasure and functionality. The 22 projects presented here are of urban
interiors designed by internationally acclaimed Italian architects. It features detailed
commentaries with large pictures and technical tables, which indicate materials used
and suppliers.*

1993, 210 x 297, 240 pp., 242 ill. col., testo italiano/inglese.
€ 93,40 / L. 180.000 (rilegato/hardback)   ISBN 88-7685-056-2

5

NUOVI NEGOZI A MILANO 2 / *NEW SHOPS IN MILAN 2*
S. San Pietro - P. Gallo

46 recentissime architetture di importanti negozi milanesi e di differenti merceologie presentate in modo molto scenografico grazie alle splendide fotografie di grande formato che permettono di apprezzare meglio anche i dettagli. Testi critico-descrittivi spiegano i progetti anche attraverso disegni e schede tecniche con informazioni sui materiali e le tecniche impiegate.

Forty-six important and recently built Milanese shops of various kinds, are presented in a very picturesque manner, thanks to the large, splendid photographs, which provide a better understanding of the details. Critical and descriptive texts provide explanations, while drawings and technical tables specify the techniques and materials used.

1994, 210 x 297, 228 pp., 285 ill. col., testo italiano/inglese.
€ 77,90 / L. 150.000 (rilegato/hardback)   ISBN 88-7685-068-6

6

NUOVI NEGOZI IN ITALIA 2 / *NEW SHOPS IN ITALY 2*
S. San Pietro - P. Gallo

L'aggiornatissima documentazione proposta in questo volume analizza la progettazione e l'allestimento di 52 nuovi negozi di differenti merceologie, presentati da testi critici e da straordinarie immagini di grande formato. Disegni di progetto e schede tecniche chiariscono le soluzioni adottate specificando tecniche, materiali impiegati e aziende coinvolte.

The current volume analyzes the design and arrangement of fifty-two new shops of various sorts, accompanied by critiques and large extraordinary images. Project drawings and technical tables clarify the chosen solutions, specifying the techniques and materials used and the names of the architectural firms.

1994, 210 x 297, 260 pp., 331 ill. col., testo italiano/inglese.
€ 77,90 / L. 150.000 (rilegato/hardback)   ISBN 88-7685-069-4

7

VETRINE A MILANO / *WINDOW DISPLAYS IN MILAN*
S. San Pietro

Primo volume veramente esauriente edito in Italia: 170 esempi di vetrine dei più famosi negozi milanesi suddivisi per vie e di differenti merceologie, presentati in modo molto scenografico grazie alle splendide grandi immagini tutte a colori realizzate appositamente. Ogni vetrina ha una dettagliata scheda tecnica con informazioni riguardanti progettisti, vetrinisti, materiali, tecniche e artigiani che le hanno realizzate. In appendice un preziosissimo repertorio di indirizzi di progettisti, vetrinisti e fornitori. Due capitoli sono dedicati agli allestimenti per Natale e alla manifestazione "Futurshop-Progetto Vetrina" (Fiera di Milano).

The first complete volume on this subject published in Italy, it contains 170 samples of display windows of the most famous shops in Milan. They are categorised according to address and type of merchandise and are artistically presented, thanks to the especially created pictures. Technical tables for each picture contain information on the designers, artisans, window dressers and the materials and techniques used in creating each window. The appendix contains an invaluable index of the designers, window dressers and suppliers. One chapter is specifically dedicated to Christmas, while another chapter is dedicated to the "Futurshop-Progetto Vetrina", held at the Milan fairgrounds.

1995, 210 x 297, 260 pp., 170 ill. col., testo italiano/inglese.
€ 77,90 / L. 150.000 (rilegato/hardback)   ISBN 88-7685-074-0

8

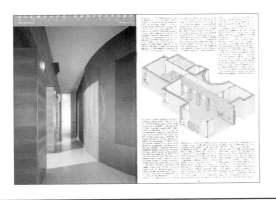

NUOVE ABITAZIONI IN ITALIA 2 / *URBAN INTERIORS IN ITALY 2*
S. San Pietro - M. Vercelloni

Dopo la fortunata apparizione nel 1993 del primo volume (6.000 copie vendute) ecco finalmente il secondo che completa con altre e più recenti realizzazioni il primo. 21 nuovi ambienti urbani di famosi architetti italiani letti locale per locale con immagini tutte a colori di grande formato. Testi rivolti anche a un pubblico non specializzato, disegni, piante e schede tecniche con dettagliate informazioni su materiali, tecniche e artigiani impiegati per le realizzazioni, descrivono approfonditamente ogni appartamento.

After the initial success of the first volume in 1993 (6.000 copies sold), this second volume completes the first by providing more recent projects. A room-by-room analysis of the 21 urban interiors designed by internationally renowned architects is embellished by large, color photographs. Texts are written in laymen's terms and drawings, plans and a technical table containing detailed information on materials, techniques and the artisans involved are also included.

1995, 210 x 297, 256 pp., 250 ill. col., testo italiano/inglese.
€ 93,40 / L. 180.000 (rilegato/hardback)   ISBN 88-7685-075-9

9

VILLE IN ITALIA E CANTON TICINO / *VILLAS IN ITALY & CANTON TICINO*
S. San Pietro - P. Gallo

Decimo volume della collana, l'opera individua 16 ville al mare, in campagna, in montagna, sui laghi o sui fiumi particolarmente curate nell'architettura anche degli interni. Sono prese in considerazione sia nuove realizzazioni, sia ristrutturazioni e ampliamenti di rustici già esistenti. Dal Canton Ticino a Pantelleria, dalla Brianza alla Liguria e alla Toscana, dal Lazio alla Puglia, per tutte il comune denominatore è la grande qualità degli interventi eseguiti, il particolare contesto del verde in cui si calano, con parchi, giardini e piscine e la varietà tipologica delle loro architetture.

The tenth volume in the series, this book discusses sixteen seaside, country, mountain, lakeside and riverside villas wich are characterized by carefully designed architectures and interiors. New constructions, as well as restorations and expansions of existing country homes are included. From the Canton Ticino to Pantelleria, from Brianza to Liguria and Tuscany, from Lazio to Puglia, the common trait is the fine precision and quality of the work, as well as the particular landscapes in which these willas are located. They illustrate a variety of architectures that include parks, gardens and swimming pools.

1995, 210 x 297, 232 pp., 312 ill. col., testo italiano/inglese.
€ 77,90 / L. 150.000 (rilegato/hardback)   ISBN 88-7685-076-7

EDIZIONI L'ARCHIVOLTO - via marsala 3 20121 milano - tel (39) 02.29010444 - (39) 02.29010424 - fax (39) 02.29001942 - archivolto@homegate.it

NUOVI AMBIENTI ITALIANI / *NEW ITALIAN ENVIRONMENTS*

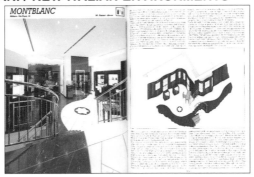

NUOVI NEGOZI IN ITALIA 3 / *NEW SHOPS IN ITALY 3*
S. San Pietro - P. Gallo

Immagini a colori di grande formato, dettagliate schede tecniche, disegni di progetto, repertori con note sui progettisti nonché i realizzatori coinvolti in ciascun intervento costituiscono, insieme ai testi critico-descrittivi, il complesso apparato che guida alla lettura degli ambienti anche milanesi presentati in questo volume, che fa parte di una fortunata serie dedicata alla progettazione di negozi e spazi commerciali. Il libro vuole essere un osservatorio sulla realtà e costituisce una ricca fonte di documentazione e di aggiornamento per architetti, designer, operatori del settore o anche per chi voglia cogliere le ultime tendenze.

The latest volume in this series dedicated to stores and commercial environments, this book is a guide to new spaces including some in Milan. It is characterized by large color photographs, detailed technical tables and floor plans, as well as information on the designers and architectural firms. The book wants to provide facts and it is a perfect source of information for architects, designers and professionals involved in the field, but also for anyone who wants to keep updated on the latest trends.

1995, 210 x 297, 260 pp., 363 ill. col., testo italiano/inglese.
€ **77,90** / L. 150.000 (rilegato/hardback)   ISBN 88-7685-077-5

11

NUOVI ALLESTIMENTI IN ITALIA / *NEW EXHIBITS IN ITALY*
S. San Pietro

Il volume corredato da grandi immagini a colori, presenta 37 significativi allestimenti di mostre culturali, esposizioni, fiere e manifestazioni di vari settori progettati da noti architetti. L'accurata selezione dei progetti, operata unicamente secondo criteri qualitativi, conferisce al libro il valore di un importante documento sull'architettura d'interni e in particolare su realizzazioni destinate, per loro natura, a essere effimere. I commenti critici, le schede tecniche dettagliate, i nominativi dei realizzatori e dei produttori coinvolti lo rendono anche valido strumento di lavoro per i professionisti del settore.

The large colour pictures in this volume illustrate a series of important designs by well-known architects, of cultural exhibitions, shows, trade fairs, and events of various kinds. The projects were selected solely on the basis of their standards of quality, making the book a valuable source of information on interior design, but most particularly on projects destined to be short-lived by their very nature. The commentaries, detailed technical descriptions and information regarding the contractors and manufacturers involved will also make it useful to professionals in the sector.

1996, 210 x 297, 240 pp., 339 ill. col., testo italiano/inglese.
€ **93,40** / L. 180.000 (rilegato/hardback)   ISBN 88-7685-084-8

12

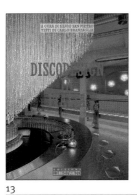

DISCODESIGN IN ITALIA / *DISCODESIGN IN ITALY*
S. San Pietro - C. Branzaglia

Immagini imprevedibili, tutte a colori e di grande formato accompagnano il lettore in un viaggio ricco di sorprese nel variegato mondo italiano della notte. Il volume, corredato di testi descrittivi, di note tecniche e dettagliati apparati, presenta ventiquattro discoteche che fanno tendenza all'insegna della fantasia più sfrenata. È il regno dell'eccesso, del kitsch e degli effetti speciali: uno spaccato sociologico sulla realtà del divertimento notturno italiano, caso unico al mondo. La più completa e complessa rassegna di stili mescolati senza pudore per ottenere atmosfere capaci di varcare la soglia del senso comune.

Surprising images, all in color and large format, accompany the reader on a journey full of surprises through the variegated world of Italian nightlife. The volume, which includes descriptive texts, technical notes, and detailed information, presents twenty-four trendsetting discotheques were the imagination has been allowed to run riot. It is a tour of the kingdom of excess, kitsch, and special effects. A sociological cross section through the reality of nightlife in Italy, a phenomenon with no parallels in the world. It is the most complete and intricate survey of styles, shamelessly blended to create atmospheres capable of surpassing the boundaries of common sense.

1996, 210 x 297, 240 pp., 293 ill. col., testo italiano/inglese.
€ **93,40** / L. 180.000 (rilegato/hardback)   ISBN 88-7685-085-6

13

NUOVI NEGOZI IN ITALIA 4 / *NEW SHOPS IN ITALY 4*
S. San Pietro - P. Gallo

Un'ampia e aggiornatissima panoramica dei nuovi ambienti commerciali realizzati in Italia con l'inserimento, per la prima volta in questa fortunata collana, anche di alcune importanti realizzazioni all'estero firmate da architetti e aziende italiani. Le immagini a colori e di grande formato sono corredate da un ricco apparato costituito da testi critici, dettagliate schede tecniche, disegni di progetto e appendici che segnalano i nominativi di progettisti, aziende, artigiani e fornitori coinvolti nella realizzazione di ciascun intervento e guidano alla lettura degli allestimenti fornendo una documentazione puntuale e di immediata utilità.

A broad and extremely up-to-date panorama of the new commercial interiors that are being produced in Italy, with the inclusion, for the first time in this popular series, of a number of important projects carried out by Italian architects and firms abroad. The large-scale color illustrations are accompanied by critical texts, detailed technical descriptions, plans, drawings and appendices giving the names of the designers, firms, craftsmen and suppliers involved in each intervention and offering a guide to the interpretation of the designs through a precise documentation that will prove immediately useful.

1997, 210 x 297, 260 pp., 339 ill. col., testo italiano/inglese.
€ **93,40** / L. 180.000 (rilegato/hardback)   ISBN 88-7685-096-1

14

LOFTS IN ITALY
S. San Pietro - P. Gallo

Loft indica, nell'accezione americana, un unico grande ambiente destinato in origine ad attività industriali riconvertito poi in abitazione o spazio di lavoro. Progressivamente questo termine ha assunto significati più ampi definendo non solo un fenomeno che ha radici nella realtà del contesto urbano statunitense ma anche spazi molto più eterogenei di luoghi dismessi e legati a una successiva trasformazione d'uso nella costante ricerca di un modo di abitare e lavorare alternativo. Gli esempi proposti - abitazioni, studi d'artisti e uffici - testimoniano la poliedricità contemporanea del fenomeno in Italia, una moda che dura ormai da dieci anni.

The term "loft" refers to any large factory, warehouse, or workshop space that is converted for use as living accomodation or other new activity. In time the expression has acquired a broader meaning, passing from the specifics of American urban situations to a more general use of industrial space that has been refurbished, in the constant pursuit of new modes of living and working. This presentation showcases examples of loft conversions - homes, professional workshops, and even offices - attesting to the sheer diversity of the phenomenon here in Italy, a trend that has been in vogue for ten years now.

1998, 210 x 297, 250 pp., 320 ill. col., testo italiano/inglese.
€ **93,40** / L. 180.000 (rilegato/hardback)   ISBN 88-7685-099-6

15

NEW SHOPS 5 MADE IN ITALY
S. San Pietro - P. Gallo

Questo libro, documentando le più recenti tendenze che riguardano la progettazione di spazi commerciali, quasi inevitabilmente travalica i confini nazionali testimoniando come "le immagini" del commercial landscape siano analoghe a Milano e a New York, a Beirut come a Tokyo secondo una tendenza che progressivamente supera le specificità locali per identificare modalità espressive e di comunicazione dal carattere internazionale. Accanto ai testi che aiutano a interpretare gli esempi presentati e a ricche appendici, immagini di grande formato e qualità fanno sì che il libro divenga uno strumento di consultazione e uno straordinario repertorio di immediata e grande utilità.

Since this book presents the most recent trends in the planning of retail space, its contents are almost inevitably bound to ignore national boundaries, demonstrating how commercial landscapes are essentially the same in Milan, New York, Beirut and Tokyo. There is, in fact, a clear tendency to go beyond the constraints imposed by the local tradition, opting for more expressive and communicative techniques of an international character. The accompanying texts provide an interpretation of the examples presented, coupled with large format pictures and a detailed appendix. The book can, therefore, be used as a reference, providing an immediate repository of information

1998, 210 x 297, 292 pp., 320 ill. col., testo italiano/inglese.
€ **93,40 / L. 180.000** (rilegato/hardback)   ISBN 88-7685-101-1

RENOVATED HOUSES / *CASE RINNOVATE*
S. San Pietro - P. Gallo

Una ricerca inconsueta caratterizza questo volume che affronta il tema, poco indagato in modo sistematico, del rinnovamento di costruzioni extraurbane preesistenti. L'idea sottesa ai progetti selezionati presuppone la rivitalizzazione del passato più che la sua conservazione e ciò indirizza verso la vivace e creativa sperimentazione di tutte le potenzialità - tecniche, materiche e linguistiche - offerte dell'architettura contemporanea. L'identità precisa delle realizzazioni qui riprodotte attraverso immagini di alta qualità è sempre il frutto di una ricerca che assume il passato come componente del nuovo avvalorando l'idea che la storia sia sempre storia contemporanea.

This new book is characterized by an unusual study of renovated suburban homes, a topic that has been researched very little. The project's philosophy presupposes a recollection of the past rather than a true preservation of it, allowing a vibrant and creative experimentation of the techniques, materials and linguistic expression offered by modern architecture. The identity of the creations that are reproduced here, is the result of a study based on the notion that the past is a component of the new. In this way, history is viewed as a modern recounting, a contemporary history.

1999, 210 x 297, 240 pp., 390 ill. col., testo italiano/inglese.
€ **93,40 / L. 180.000** (rilegato/hardback)   ISBN 88-7685-107-0

NEW VILLAS 2 IN ITALY & CANTON TICINO
S. San Pietro - P. Gallo

Luogo dello svago e del riposo, emblema di prestigio e benessere, la villa costituisce sempre un'eccezionale occasione progettuale per riflettere sul ruolo dell'architettura e sul suo rapporto con il paesaggio. Ciò accade anche per le realizzazioni selezionate in questo volume nato dal successo del precedente Ville in Italia e Canton Ticino. La rassegna di progetti pubblicati - e si tratta volutamente solo di nuove edificazioni - costituisce una documentazione rappresentativa dell'interpretazione contemporanea di un tema che affonda profonde radici nella storia ma che subisce incessanti aggiornamenti. Sono dimore certamente eccezionali quelle qui raccolte e raccontate da immagini straordinarie che attestano la varietà, tutta contemporanea, degli indirizzi progettuali.

Symbol of prestige and venue of relaxation, the villa has always provided an exceptional opportunity for understanding architecture's relationship with the countryside. This holds true for the projects selected in this second volume of Villas in Italy & Canton Ticino. Purposely and solely comprised of new projects, this collection represents the contemporary interpretation of a theme, which, though it is firmly rooted in history, is also exposed to an endless amount of reinterpretations. The extraordinary pictures of the homes described in this volume reflect a variety of completely novel solutions.

2000, 210 x 297, 232 pp., circa 334 ill. col., testo italiano/inglese.
€ **93,40 / L. 180.000** (rilegato/hardback)   ISBN 88-7685-113-5

URBAN INTERIORS 3 IN ITALY
S. San Pietro - A. Scevola

L'idea dell'abitare, campo d'indagine di particolare interesse, è nuovamente indagata in questo volume che succede ai primi due di questa serie usciti nel 1993 e nel 1995. Attraverso straordinarie immagini di grande formato il libro conclude così una sorta di racconto delle tendenze che hanno caratterizzato gli anni 90 documentando gli orientamenti di fine secolo, il vivere contemporaneo, in qualche misura l'idea di casa del 2000 che sembra essere sempre più indirizzata verso un'evoluzione in senso minimalista. Schede tecniche con materiali e fornitori e biografie dei progettisti concludono il volume.

Living, a concept of particular interest, has been newly studied in this third volume of a series. The first two books were published in 1993 and 1995. Extraordinary large format photographs conclude a sort of visual narrative of the trends that have characterized the 90's. It documents the course taken during the last part of the 20th century, reflecting on modern living and the idea that the house of the year 2000 seems to be increasingly evolving toward a minimalist tendency. Technical information containing names of suppliers, the materials used and biographies of the designers complete the volume.

2000, 210 x 297, 240 pp., circa 334 ill. col., testo italiano/inglese.
€ **93,40 / L. 180.000** (rilegato/hardback)   ISBN 88-7685-110-0

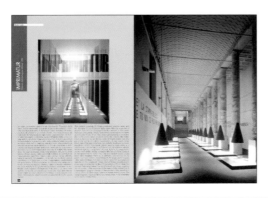

NEW EXHIBITS 2 MADE IN ITALY
S. San Pietro - M. Servetto - I. Migliore

Preziosa raccolta che documenta le tendenze in atto del progetto nel campo dell'allestimento commerciale, culturale, per la moda e per la scenografia. I contenuti fortemente sperimentali che da sempre hanno caratterizzato il progetto d'allestimento italiano fanno sì che i progetti presentati costituiscano un documento di forte interesse anche per il campo più allargato dell'architettura e dell'architettura d'interni. Il criterio d'indagine per categorie tende a evidenziare le contaminazioni e trasversalità tra le diverse sezioni: tra moda ed elementi culturali, tra esigenze commerciali e spettacolarità, con digressioni nel campo dell'arte, della musica, dei media.

This precious collection documents new and current trends in the planning of commercial, cultural, fashion and stage installations. The highly experimental nature of these projects, a factor that has always characterized Italian installations, ensures that they provide information that is of interest to sectors encompassed by the wider fields of architecture and interior decorating. These projects have been divided into categories, according to specific criteria, to emphasize the cross-sectional elements that define them. They include fashion and cultural elements, commercial and entertainment needs, with digressions into the fields of art, music and the media.

2000, 210 x 297, 232 pp., circa 394 ill. col., testo italiano/inglese.
€ **93,40 / L. 180.000** (rilegato/hardback)   ISBN 88-7685-111-9

NUOVI AMBIENTI ITALIANI / *NEW ITALIAN ENVIRONMENTS*

NEW SHOPS 6 MADE IN ITALY
S. San Pietro - P. Gallo

Nono volume della più nota serie internazionale dedicata ai negozi, iniziata nel 1988. Una variegata e studiata indagine di vari "tipi" del commercial landscape italiano realizzati in tutto il mondo che documenta l'incessante processo di rinnovamento che riguarda questo particolare ambito della progettazione d'interni. Un repertorio come sempre ricchissimo e recentissimo, a testimoniare la molteplicità degli orientamenti, nel quale emerge, oltre al minimalismo, una certa tendenza a sperimentare l'idea del lusso e della preziosa raffinatezza come una cifra che sembra caratterizzare la fine del millennio.

This is the ninth volume of the most famous international series, begun in 1988, dedicated to stores. It provides a varied and detailed study of the different "types" of Italian commercial landscapes projected worldwide, documenting the never-ending process of renewal that concerns this particular field of interior design. As always, the book offers a rich and recent repertoire that attests to the multiplicity of trends, which include, in addition to minimalist orientations, a certain tendency to experiment with the idea of luxury and refinement, a concept that characterizes the end of the millennium.

2000, 210 x 297, 288 pp., circa 372 ill. col., testo italiano/inglese.
€ 93,40 / L. 180.000 (rilegato/hardback)   ISBN 88-7685-108-9

21

ITALIAN DESIGN

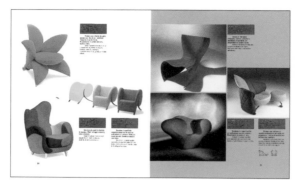

MOBILI ITALIANI CONTEMPORANEI
CONTEMPORARY ITALIAN FURNITURE
C. Morozzi, S. San Pietro - Prefazione di A. Mendini

Oltre 1000 pezzi di produzione italiana, creati da designer italiani e stranieri, illustrati con immagini tutte a colori, documentano la storia del mobile dal 1985 al 1995. Suddiviso in sette sezioni, corrispondenti alle diverse tipologie, con testi storico-critici e prefazione di Alessandro Mendini, colma una lacuna nell'editoria di settore presentandosi come esauriente repertorio, ma anche come strumento di riflessione sui movimenti e sulle tendenze degli ultimi anni. Una dettagliata storia per immagini, con esaustive didascalie di ogni pezzo. Indici e indirizzi dei progettisti e delle aziende.

Over one thousand pieces created in Italy by Italian and foreign designers. Large color illustrations trace the history of furniture from 1985 to 1995. It is divided into seven sections according to distinct typologies and the accompanying texts provide an historical and critical commentary of the period and the evolution of furniture. Alessandro Mendini's introduction mediates the lack of publications in this field, presenting not only an exhaustive range of examples, but also a reflection on the latest shifts and trends. It provides an illustrated history with detailed information on each piece, as well as an index with addresses of the designers and companies.

1996, (2ª ristampa 1999), 240 x 297, 260 pp., oltre 1000 ill. col., testo italiano/inglese.
€ 98,60 / L. 190.000 (rilegato/hardback)   ISBN 88-7685-087-2

1

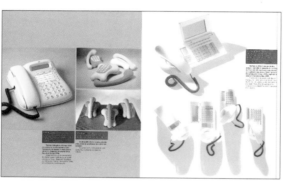

PRODOTTO INDUSTRIALE ITALIANO CONTEMPORANEO
CONTEMPORARY ITALIAN PRODUCT DESIGN
A. Scevola, S. San Pietro - Prefazione di G. Giugiaro

Con prefazione di Giorgetto Giugiaro, l'opera affronta in modo organico e sistematico un tema trascurato dall'editoria. Oltre seicento oggetti italiani o disegnati da progettisti italiani per produzioni straniere, selezionati in relazione all'innovazione tipologica, tecnologica o dei materiali impiegati. Le didascalie dei prodotti permettono di individuarne le caratteristiche e i dettagli tecnici. Cinque grandi sezioni tematiche con testi introduttivi che evidenziano la relazione tra progetto, problemi e sinergie della produzione. Rivolto a progettisti, aziende e a operatori di settori molto diversificati.

With an introduction by Giorgetto Giugiaro, this work represents a systematic picture of a subject hitherto neglected by publishers. The over 600 objects presented have been produced in Italy or created by Italian designers for foreign manufacturers and they have been specifically selected on the basis of their innovative techniques and materials. The characteristics and details of each product are specified. Divided into five sections, the book's introductory texts discuss the relationship between production design, problems and synergy. Aimed at designers, and operators from diversified fields.

1999, 240 x 297, 240 pp., oltre 600 ill. col., testo italiano/inglese.
€ 98,60 / L. 190.000 (rilegato/hardback)   ISBN 88-7685-088-0

2

INTERNATIONAL ARCHITECTURE & INTERIORS

URBAN INTERIORS IN NEW YORK & USA
Testi di M. Vercelloni - Fotografie di P. Warchol - A cura di S. San Pietro

Dalla tradizione tutta americana del loft, ai lussuosi palazzi newyorkesi degli anni '20 su Central Park, da interventi in architetture simbolo, come le torri di Chicago di Mies van der Rohe, alla vecchia Centrale di Polizia di New York, trasformata in esclusivo condominio. Lo stimolante confronto tra i diversi progetti, il loro grado di approfondimento compositivo e i variegati impieghi materici compongono una eterogenea e straordinaria tavolozza che si inserisce nella ricca e fondamentale tradizione della ricerca architettonica americana sulla casa privata di abitazione. Concludono il volume le biografie dei progettisti e le schede descrittive di ogni progetto.

From the wholly American tradition of the loft to the luxurious New York townhomes of the twenties, overlooking Central Park, and from the restructuring of such architectural symbols as Mies van der Rohe's Chicago skyscrapers to the old central police station in New York, converted into a condominium, this book provides a stimulating comparison of projects. The thought that has gone into their composition and the variety of materials used present a heterogeneous and extraordinary picture, which is in line with the rich and fundamental tradition of American architectural research on private homes. Biographies of the designers and descriptions of each project are included.

1996 (1ª ristampa 1999), 230 x 297, 232 pp., 242 ill. col. + 51 b/n, testo inglese/italiano.
€ 93,40 / L. 180.000 (rilegato/hardback)   ISBN 88-7685-086-4

1

NEW AMERICAN HOUSES. SEA, COUNTRY & CITIES
Testi di M. Vercelloni - Fotografie di P. Warchol - A cura di S. San Pietro

I diciannove progetti di case unifamiliari selezionati per questo libro offrono un diretto approfondimento del discorso iniziato col primo volume della collana sugli appartamenti, sia per il sinergico confronto di linguaggi e figure, differenti poetiche e percorsi progettuali proposti, sia per l'arco di tempo esaminato (l'ultimo decennio), sia soprattutto per il medesimo autore dei servizi fotografici. Le foto sono corredate da ricchi apparati iconografici composti da piante, sezioni, disegni di particolari costruttivi. La descrizione dei materiali è riportata a conclusione del volume con le biografie dei progettisti.

The nineteen homes discussed in this book offer a deeper understanding of the discussion that was begun in the first volume in the series on apartments. The discussion continues with a comparison of both, language and form, as well as of the different pathways that have guided the projects. In addition, the time period being discussed is also the same (the last decade) as are the author and the photographer. The pictures contain rich iconographic explanations that include blueprints, sections and construction details. A list of materials used is provided at the back of the book, along with the designer's biography.

1997, 230 x 297, 232 pp., 259 ill. col. + 113 b/n, testo testo inglese/italiano.
€ 93,40 / L. 180.000 (rilegato/hardback)   ISBN 88-7685-097-X

2

NEW RESTAURANTS IN USA & EAST ASIA
Testi di M. Vercelloni - Fotografie di P. Warchol - A cura di S. San Pietro

I trentasei progetti selezionati realizzati in America, Giappone e Malesia nell'ultimo decennio sono firmati nella quasi totalità da progettisti americani, a esclusione di alcuni locali realizzati in Giappone dall'inglese Nigel Coates e dall'irachena Zaha Hadid. Si tratta quindi di un confronto tra progetti appartenenti alla cùltura occidentale e a quella americana in particolare, dove, a differenza che in Europa, l'architettura del ristorante si spinge oltre il semplice progetto d'interni, per abbracciare la dimensione scenografica e spettacolare in cui sperimentare, a volte in totale libertà, nuovi linguaggi e brillanti soluzioni compositive.

This book focuses on restaurants design, offering a broad and stimulating array of thirty-six designs realized over the last decade in the United States, Japan, and Malaysia. The restaurants we have chosen are nearly all designed by North American architects, except for a number of local ones in Japan done by the British Nigel Coates and the Iraqi Zaha Hadid. The book offers a comparative overview of the new western architecture, particulary of the kind emerging in the U.S., where, unlike in Europe, restaurant design involves not just the interiors but the building's entire setting, sometimes allowing total freedom to experiment new languages and imaginative layout solutions.

1998, 230 x 297, 240 pp., 257 ill. col. + 60 b/n, testo testo inglese/italiano.
€ 93,40 / L. 180.000 (rilegato/hardback)   ISBN 88-7685-098-8

NEW OFFICES IN USA
Testi di M. Vercelloni - Fotografie di P. Warchol - A cura di S. San Pietro

Questo libro vuole proporre al lettore un panorama aggiornato sul divenire del paesaggio interno dell'ufficio americano, sulle figure chiamate a definirne funzioni e percorsi, sui diversi modi di affrontare il progetto d'interni per spazi di lavoro qualificati che non devono più solo rispondere a esigenze quantitative e di semplice funzionamento razionale-distributivo. Tutti gli uffici sono corredati da disegni di progetto e schede tecniche con descrizione di materiali e arredi, note dei progettisti sulle soluzioni adottate negli specifici progetti e loro biografie aggiornate.

The aim of this book is to provide an update on the evolving interior landscape of the American office, the stylistic models used in defining functions and distribution and the different ways of approaching an interior design project aimed at providing quality spaces. This involves more than merely responding to quantitative and logical functional needs. All the offices presented are accompanied by descriptions, as well as by technical data that list the materials and furniture and the designers' notes on the solutions used. The designers' biographies are also included.

1998, 230 x 297, 236 pp., 255 ill. col. + 54 b/n, testo inglese/italiano.
€ 93,40 / L. 180.000 (rilegato/hardback)   ISBN 88-7685-100-3

NEW SHOWROOMS & ART GALLERIES IN USA
Testi di M. Vercelloni - Fotografie di P. Warchol - A cura di S. San Pietro

Il volume raccoglie ventisette progetti di showrooms, gallerie d'arte, allestimenti significativi, piccoli musei e ristrutturazioni di musei anche famosi come il Whitney Museum of American Art di New York, dalla fine degli anni '80 ad oggi. I progetti selezionati, per lo più inediti e mai raccolti sistematicamente come in questo caso, offrono un composito e ricco scenario sull'architettura degli spazi "per esporre" made in Usa. Testi descrittivi accompagnano tutti i progetti, corredati anche da disegni. Concludono il volume le biografie dei progettisti e le schede descrittive di materiali e soluzioni tecniche riferite ai progetti selezionati.

The present volume showcases twenty-seven projects that include showrooms, art galleries, installations, small museums and modernization schemes for internationally renowned museums, such as the Whitney Museum of American Art in New York, all realized in the United States from the end of the 1980's. The projects have never been published or systematically collected in this way. They offer an excellent view into the rich architecture of 'exposition' spaces in the USA. Each project is accompanied by a detailed description. Biographies of the designers and technical charts are included.

1999, 230 x 297, 224 pp., 228 ill. col. + 63 b/n, testo inglese/italiano.
€ 93,40 / L. 180.000 (rilegato/hardback)   ISBN 88-7685-102-X

LOFTS & APARTMENTS IN NYC
Testi di M. Vercelloni - Fotografie di P. Warchol - A cura di S. San Pietro

Altri venticinque straordinari progetti di nuovi spazi domestici newyorkesi, realizzati dalla fine degli anni '80 a oggi, raccolti in un efficace confronto che offre un composito e ricco scenario sui nuovi modi d'intendere l'abitare e di vivere la casa, sia dal punto di vista funzionale e distributivo, sia per quanto riguarda l'immagine architettonica e l'atmosfera degli interni. Il 'tipo' del loft, spazio industriale newyorkese per eccellenza, impiegato negli anni '60 dagli artisti di Soho come ineguagliabile casa-laboratorio, si confronta con una serie di nuovi esclusivi appartamenti, di abitazioni per collezionisti d'arte e di fotografia.

Another twenty-five extraordinary new projects of New York living spaces, created between the end of the 80's and the present, and collected in a way that allows easy comparisons, offering a rich perspective on new living styles from both, a functional and a distributive point of view. It also provides insight on the architectural imagery and atmosphere of the interiors. The loft, the New York-style industrial space converted for residential use, originally used by Soho artists in the 60's as an incomparable home-lab, has been converted into exclusive apartments, providing living space for art and photography collectors.

1999, 230 x 297, 240 pp., 259 ill. col. + 36 b/n, testo inglese/italiano.
€ 93,40 / L. 180.000 (rilegato/hardback)   ISBN 88-7685-104-6

NEW STORES IN USA
Testi di M. Vercelloni - Fotografie di P. Warchol - A cura di S. San Pietro

Ventinove progetti di negozi e boutiques, tutti realizzati negli Stati Uniti dall'inizio degli anni '90 ad oggi, si confrontano in questo libro configurando uno scenario eclettico e composito. Gli interni commerciali selezionati coprono un panorama che raccoglie negozi di tendenza e punti vendita più tradizionali, spazi rivolti a un pubblico più vasto e nuove esclusive boutiques. Significativi allestimenti, a volte paragonabili a vere e proprie gallerie d'arte, che offrono una stimolante e ricca rassegna sull'architettura del negozio made in Usa. Ogni progetto è stato fotografato da Paul Warchol, professionista newyorkese di fama internazionale.

This book provides an eclectic and compound scenario, contrasting twenty-nine design projects of stores and boutiques, all created in the United States beginning in the 90's. These commercial environments have been selected to reflect a wide variety of stores: from trendy to more traditional, from spaces intended to appeal to a wider public to a unique selection of new and exclusive boutiques. At times comparable to art galleries, their interesting layouts offer a rich and stimulating survey of commercial architecture made in the USA. Each project has been photographed by Paul Warchol, a professional New Yorker of international fame and repute.

1999, 230 x 297, 240 pp., 218 ill. col. + 63 b/n, testo inglese/italiano.
€ 93,40 / L. 180.000 (rilegato/hardback)   ISBN 88-7685-105-4

EDIZIONI L'ARCHIVOLTO - via marsala 3   20121 milano - tel (39) 02.29010444 - (39) 02.29010424 - fax (39) 02.29001942 - archivolto@homegate.it

REFERENZE FOTOGRAFICHE

Copertina ant.: Olimpia Lalli (Julian - Milano Marittima - RA)
Copertina post.: Alberto Ferrero (Allison Travel - Cornate d'Adda - MI)
Risguardo ant.: Alberto Ferrero (Via Spiga - Milano)
Risguardo post.: Olimpia Lalli (Vaniglia - Forlì)

p. 10: Alberto Ferrero (foto 1, 2, 4, 8, 9)
Olimpia Lalli (foto 3, 5, 6)
Filippo Simonetti (foto 7)

p. 11: Federico Brunetti (foto 2, 7)
Didier-Boy De La Tour (foto 1)
Donato Di Bello (foto 8)
Alberto Ferrero (foto 3, 4)
Olimpia Lalli (foto 5, 9)
Matteo Piazza (foto 6)

Giuseppe Bellani: p. 46/49
Paco Brei Estudio: p. 92/95
Federico Brunetti: p. 112/115; 172/175
Enzo Bruno: p. 17/19
Marco Carloni: p. 128/131
Didier-Boy De La Tour: p. 194, 196, 197
Donato Di Bello: p. 144, 147/149
Willo Font: p. 182/185
Mitsuru Fujito: p. 226/231
Janos Grapow: p. 186/189
Olimpia Lalli: p. 66/71; 136/143; 160/167
Miguel Martinez: p. 151/153
Alberto Muciaccia: p. 206/209
Federico Nider: p. 28/31
Adriano Pecchio: p. 42/45; 222/225
Matteo Piazza: p. 82/87; 88/91
Walter Prina: p. 236/239
Lorenza Ricci: p. 24/27
Pietro Savorelli: p. 62/65; 214/217
Filippo Simonetti: p. 96/99
Patrick Tan Kok Keong: p. 218/221

**Tutte le altre fotografie
sono state realizzate
da Alberto Ferrero**

Fotolito: Grafiche San Patrignano - Rimini
Stampa: Euroteam - Nuvolera - (BS)
Legatura: Pedrelli - Parma